마흔통

마흔통

상 처 입 은 중 년 의 마 음 회 복 기

마크 라이스-옥슬리 지음 / 박명준 · 안병률 옮김

북인더갭
BOOKintheGAP

우리 멋진 아이들과
샤론에게 이 책을 바칩니다.

감사의 말

건강을 회복하도록 도와준 분들, 그리고 이 책을 쓰도록 이끌어준 분들이 있습니다. 양쪽 모두에 도움을 준 분들도 있습니다. 우선, 환자의 마음을 이해하고 위로할 뿐 아니라 실력까지 겸비한 의사인 존 윌킨스, 사샤 칸, 네리다 버니 같은 이들을 만났으니 나는 무척 운이 좋은 사람입니다. 순조롭게 복직할 수 있도록 보살펴준 헤더 캠벨, 알렉스 베이든에게 감사를 드립니다. 직장 동료들은 내가 자리를 비운 수개월 동안에도 연락을 끊지 않았고, 회사로 돌아온 나를 따뜻하게 맞아주었습니다. 인내심을 갖고 기다려준 상사 해리엇 셔우드와 데이비드 먼크에게, 여러모로 배려를 해준 주디스 소울에게, 예전의 감을 되찾도록 도와준 제이미 윌슨, 폴 해밀로스, 맥스 베나토, 마틴 호지슨에게, 회복중의 남자가 할 수 있는 흥미로운 소일거리를 찾아준 찰스 잉글리시와 이언 캐츠에게 감사를 전합니다.

가족들과 친구들의 사랑을 빼놓을 수 없을 것입니다. 특히 줄리앤, 캐롤린, 케리에게, 그리고 도시락을 가져다주거나 우편함에 뭔가를 남겨준 모든 이들에게 감사하고 싶습니다(우울증 환자가 "쾌차하세요"라고 쓰인 카드를 받는 경우는 드물답니다). 그리고 힘든 시간을 함께 견뎌준 이들, 특히 자신의 사연을 들려준 이들에게, 지금 여러분이 어디에 있든 모두에게 고마운 마음을 전합니다. 슬프게도, 아픔을 겪고 있는 우리들 대부분은 자신의 이야기가 세상에 알려지는 것을 원치 않으니 여기에 여러분의 이름을 적지는 않겠습니다. 하지만 언젠가는 기회가 있겠지요. 이 책에 전문적 지식을 덧입혀준 여러 임상의와 교수들께도 감사를 전합니다. 일일이 언급할 수 없을 정도로 많은 분들의 도움을 받았지만, 특히 팀 캔토퍼 박사, 마크 윌리엄스 교수, 콜린 에스피 교수, 데이비드 힐리 교수, 존 샤프 박사를 빼놓을 수 없습니다. 나는 이들의 생각을 마치 내 것인 양 제시하지 않으려고 주의했습니다. 또한 '우울증'이란 단어가 다른 여러 언어에서 어떻게 사용되고 있는지 이해하는 데 도움을 준 『가디언』지의 동료인 톰 파핏, 태니아 브래니건, 자일스 트렘릿, 헬렌 피드에게, 그리고 같은 이유로 클레멘스 클리브 도야드에게 감사를 전합니다.

감사의 말

생각의 단초를 '알아보고' 책을 쓰도록 격려를 아끼지 않은 출판전문가들이 아니었다면 이 책은 세상에 나올 수 없었을 것입니다. 나를 믿어준 PFD의 애너벨 머룰로와 팀 바인딩에게, 훨씬 근사한 책으로 만들어준 리틀 브라운 출판사의 팀 휘팅과 조 걸린에게, 그리고 수전 드 수아송과 조 후드의 지원에 깊은 감사를 드립니다.

마지막으로, 문자 그대로 나를 구해준 분들이 있습니다. 어쩌면 이 책에서 짧지만 쓰기 가장 어려운 부분인 것 같습니다. 수천 번 감사한다 한들 내가 받은 큰 은혜를 다 표현할 수 없다면 그때는 어떻게 해야 할까요? 어머니, 자녀가 성장해 성인이 되었다 해도 부모의 책임은 결코 다함이 없음을 어머니는 친히 보여주셨어요. 이 모든 시간을 지나올 수 있도록 도와준 어머니의 은혜에 제가 보답하는 유일한 길은 어머니가 나를 돌봐준 것처럼 나도 어머니의 손주들, 내 자녀들을 돌보는 것이라고 믿어요.

샤론, 그저 고맙고 사랑하오. 인생의 후반전, 우리 잘해봅시다.

차례

__회복

들어가며

런던의 장미

텐스 강의 선상(船上). '런던의 장미'^The London Rose라는 이름의 배
는 아마 필리핀 해상이었다면 침몰도 감수해야 될 정도로 다
소 낡긴 했지만 내 생일파티를 열기에는 무난할 정도로 깔끔
하게 정리돼 있다. 선상에는 무도회장이 있고, 생수 한 병을 무
려 2.5파운드에 파는 바가 있으며, 귓속에 웅웅 하는 소음을 남
길 정도로 크게 울려대는 스피커가 있다. 처남은 제임스 브라
운^James Brown('소울의 대부'로 통하는 미국 가수 ─옮긴이, 이하 작은 괄호 속 설
명은 옮긴이의 것임) 복장을 했는데, 여간해선 보기 힘든 모습이다.
저기 장인·장모님 커플은 레논과 요코이고, 소니 앤 셰어^Sonny
& Cher(60~70년대를 풍미한 부부 가수) 차림을 한 커플은 부모님이다.

'고스포트 페리에서 열린 선상 우드스탁 축제'랄까, 딱 그런 분위기다. 멋진 아이디어라며 친구들이 축하의 말을 건넨다.

하지만 이 순간 나는 인생에서 가장 끔찍한 시간을 보내고 있다. 정확히는 모르지만, 흔히들 신경쇠약이라 하는 것을 겪고 있는 중이다. 앞으로 몇 주 동안 나는 광증의 변경까지 다녀올 테고, 주위 사람들은 나 때문에 두려움에 떨게 되리라. 나는 내년의 시간 대부분을 장외(場外)에서 보내게 될 것이다. 나 자신을 바보 같다 생각하며 밤마다 뜬눈으로 지새우면서 전에는 무척 좋아하던 그 시간과 싸울 것이다. 초조함을 이기지 못해 서성이고 벽을 뚫어져라 쳐다보다가, 방사성 동위원소 치료 후유증처럼 몸을 부르르 떨 테고 귀가 먹먹할 것이다. 가장 암담한 순간, 나는 자살을 생각할 것이다.

파도에 쓸려 출입금지된 우울증의 해변에 표착하겠지만, 거기서 나는 지금껏 살아온 마흔 해 동안 알고 있던 것보다 더 많이 나 자신에 대해 알게 될 것이다. 나는 다시 태어나 인생을 더 잘 살고, 더 천천히 살며, 덜 미친 듯이 사는 법에 눈을 뜨기 시작할 것이다.

하지만 그건 나중에 있을 일. 지금은 템스 강의 선상에서 신경쇠약을 앓고 있을 뿐이다. 해머스미스, 첼시, 웨스트민스터가 싸구려 공포영화의 밋밋한 배경화면처럼 눈앞을 스쳐 흘러간다. 옆 선실에서 흘러나오는 음악소리가 귓가에 밀려왔다 사라지고 문은 열렸다 닫히기를 반복한다. 배가 출렁이는 게 도움이 안 된다. 날씨는 유난히 온화하다. 10월 초가 종종 그렇듯. 별로 닮아 보이지 않는 지미 헨드릭스^Jimi Hendrix(미국의 전설적인 기타리스트) 가발 사이로 나는 어머니에게 속삭인다. "어디 가지 마세요." 그러고는 학교에 입학하는 첫날인 양 어머니의 손을 꼭 붙든다.

누구든 3초 이상 바라볼라 치면 여지없이 눈과 귀로 피가 몰린다. 부러진 날개를 펴고 다시 나는 법을 배우려는 새처럼 가슴은 누방망이질 친다. 좀 놀아다녀보지만 쉼이 필요하다. 앉아 있으면 곧 몸을 일으켜 움직여야 한다. 몸이 안 좋은데 이유를 정확히 모르겠다고 몇몇 사람에게 말을 걸지만, 선상 파티에 어울리지 않는 인사말이다. 더이상 대화가 이어지지 않는다. 음식을 입에 넣어본다. 훌륭한 음식이지만, 나한테는 아니다. 샴페인 잔에 물을 따라 홀로 축배를 든다.

사람들, 나를 아는 이들이 모두 이곳에 있다. 여러 경로를 통해 친구가 된 이들이다. 지난 몇 개월간 아이들을 학교에 데려다주며 알게 되어 나를 세 아이의 상냥하고 평범한 아빠로 기억하는 학부모들. 이들과는 달리 나를 진지한 기자로 생각하는 현 직장 및 옛 직장의 동료들이 있다. 학창 시절의 내 모습을 알고 있는 친구들도 있다. 더 거슬러 올라가, 내가 착용하던 치아교정기나 내 짓궂은 장난까지 기억하고 있는 친구들도 있다. 그리고 내 누이들처럼, 내가 걷기 전부터 나를 알고 있던 이들도 있다. 있어야 할 모든 사람들이 여기에 있다. 나만 빼고 말이다.

우리 삼총사가 한 곡 뽑기 위해 일어선다. 음악은 참으로 내 첫사랑이었다. 그런데 이곳의 음악은 참기 힘들다. 두 대의 낡은 확성기에서 흘러나오는 소리는 끔찍하다. 나는 간단한 코드를 크게 퉁겨 보사노바 음악을 잠재운 뒤, 이 날을 위해 작곡해두었던 블루스 곡를 치기 시작한다. "'어쩌다 마흔이 되었을까?'라는 블루스 곡입니다." 사람들이 웃는다. 그들은 내가 농담을 한다고 생각한다. 나는 후렴을 부른다. "이제 마흔살이라네. 내게는 제1면 뉴스 같은 소식. 내 바람은 이것뿐, '어쩌다 마흔이 되었을까?' 블루스를 노래하는 것…"

중요한 순간이다. 마흔. 젊을 때 우리는 마흔이 된다는 게 어떤 것인지, 그 나이와 함께 찾아오는 가능성의 점진적 상실이 어떤 것인지 짐작조차 하지 못한다. 우리는 아직 앞날이 창창하다고 생각한다. 신문에 이름이 오르는 사람들은 대부분 우리보다 나이가 많다. 웬만한 유명인들보다 우리는 아직 몇 년씩은 젊다. 비록 그 차이가 야금야금 줄어들고 있기는 하지만, 아직 시간이 있다. 사람들에게 1969년생이라고 말할 때면 신선하고 조숙한 느낌이 든다. 이 연배에 거둔 성취는 무엇이든 두 배의 가치가 있다. 성공에 대해 크게 초초해할 필요가 없다. 시간이 알아서 해결해줄 테니까. 하지만 시간이 다하기 시작했다면 어떻게 되나? 80년대생들에게 추월당하기 시작한다면? 사실 우리가 가졌다고 생각했던 가능성 중 어느 하나도 성취하지 못할 거라고 생각하면 끔찍하다. 우리 인생에서 중대한 일이 일어날 거라면 마흔살 전에 일어났어야 하는 것 아닐까, 하는 생각이 강하게 밀려온다. 노래는 2절로 접어든다.

그래, 어떤 사람들은 내게 말하지,

마흔살은 새로운 서른살이라고.

하지만 십 년 전 파티 때는 예쁜이들이 더 많았는걸…

서른 살thirty과 파티party의 운율을 맞추느라 쇄 콩을 들었는데, 웃음소리가 커지는 걸 보니 잘했다 싶다. 그런데 사실이 아니다. 십 년 전, 나는 지금도 내가 사랑하고 있는 여인과 결혼한 직후였다. 사실 예쁜이들은 오지 않았다. 솔직히, 언제 한 번이라도 그런 적이 있었는지조차 잘 모르겠다. 지금 확신할 수 있는 것은, 지난 몇 분 동안 내 행동이 아주 이상했다는 것뿐이다. 행사 사진이 그 증거다. 눈은 불거져 있고 얼굴은 파랗게 질려 있다. 노래는 3절로 이어진다.

내 잔의 절반이 빈 게 아니다. 나는 운좋은 놈이다. 살아오는 동안 항상 기대할 게 많았다. 변화가 있었다면 아마도 지난 2~3년 동안이었으리라. 그건 마치 내 인생 전반부의 점 마흔 개를 연결하고보니, 행복한 사내의 모습이 나타나기는커녕 심술궂은 눈으로 나를 흘겨보는 늙은이의 모습이 떠올라 마음이 쓰린 것과 같았다. 감사할 게 많았지만, 항상 부정적인 데 눈이 갔다. 육아의 부담, 긴급한 업무, 내 모든 시간과 수고가 다른 사람에 대한 의무와 복종에 쓰인다는 느낌 등.

우리는 간신히 곡을 끝내고 60년대의 마지막 밤인 양 춤을 춘다. 나는 몇 번이고 생각을 억눌러보지만 더이상 문제가 없는 척할 수 없다. 음악소리가 너무 커서 입 안의 이빨이 덜그럭거린다. "뭔가 심각한 문제가 있는 것 같아요." 나는 수많은 귀에 대고 고함친다. 그러나 돌아오는 것은 싱긋 웃는 얼굴과 끝내주는 춤뿐, 아무도 듣지 못한다. 지난 목요일 내가 거짓 병가를 내고 사무실을 급히 빠져나왔다고 생각하는 동료들이 이 배에 있다. 나는 해명하려고 한다. 아프다고, 뭔가 문제가 있다고, 사무실로 다시 돌아가기 어려울 것 같다고 그들에게 말한다. 그들은 내가 취했다고 생각한다. 내가 마시고 있는 것은 물이건만.

자정 무렵 퍼트니 부두에 도착한다. '런던의 장미'는 어지럽게 깐닥거리며 선착장에 가닿는다. 우리는 배에서 내려 런던의 밤 속으로 발을 디딘다. 파티 참석자들은 내일의 약속과 각자의 삶을 찾아 흩어진다. 나는 기타와 앰프를 싣고 얼굴을 잔뜩 찌푸린다. "집에 가면 좀 나아질 거야." 샤론^{Sharon}이 말한다. 이제야 내 말을 진지하게 받아들이는군, 나는 생각한다. 집에 도착하는 순간이 두렵다. 파티가 공식적으로 끝나고 나한테 일어나는 일과 직면하게 될 그 순간이 무섭다. 차가 집앞에 도착하자 우리는 엉망이 된 가발 차림으로 내린다. 보모들이 작별인사를 하고 편안한 주말을 맞으러 유유히 돌아간다. 아내와 나는 밤을 지새우던 아이들을 각자의 방으로 흩어보낸다. 아이들이 진정이 된다. 밤이다. 집이 고요해진다.

침대에 눕자 심장이 실험실 햄스터마냥 뛴다. 미래를 바라보니 병상에 누운 비참한 이, 자신의 살갗조차 불편해 몸을 이리저리 뒤척이는 불쌍한 이가 보인다. 온수 배관에서 텅텅 소리가 울려 자리에서 일어나 보일러를 껐다가 재가동한다. 이것은 시작일 뿐, 이날 밤 나는 자신으로부터 도망하여 평화로운 곳을 찾고자 여섯 번이나 더 무얼이며 욕실 빛 집안 곳곳을 서성인다. 하지만 그런 곳은 없다. 2시 30분, 3시 17분, 4시 9분, 내 정신은 여전히 총총한데, 늙어가는 기타맨의 연주소리를 스피커 바로 옆에서 듣고 난 직후처럼 귀에서는 마른 쇳소리가 울린다. 5시경 언뜻 잠이 드는가 싶더니 40분 만에 깬다. 6시 45분에 자리에서 일어나 아래층으로 내려간다.

이후 몇 시간의 기억은 산산조각나 있다. 나도 모르게 장인어른에게 불쑥 던진 내 말이 귀에 들린다. "만성피로증후군에 걸린 것 같아요." 숙취가 가시지 않은 장인어른의 얼굴에 당혹스런 표정이 어린다. 놀라고 불편한 기색이다. 뭔가 먹고 싶다. 사과 하나, 차 한 잔이 간절하더니 이내 식욕이 사라진다. 음식이 위에 들어가면 흥분하고 예민해지기 때문이다. 이리저리 서성대지만 갈피를 못 잡는다. 의자에 앉아 쉼을 찾지만 곧 다시 서성인다. 배가 고프지만 아무것도 먹고 싶지 않다. 어머니 아버지가 와서 아침식사를 하시면 좋겠다. 하지만 정작 두 분이 오시자 아침식사를 끝내고 싶고 집에 아무도 없으면 좋겠다는 생각뿐이다. 부모님이 가신다. 아내가 나를 바라보며 운다. 이것은 단지 시작일 뿐이다.

무
너
짐

Breakdown

1
시작

언제 시작되었는지 정확히 말할 수는 없다. 아마도 오른쪽 눈을 감싸고 물음표 모양으로 두통이 며칠간 머물던 2009년 7월의 어느날이 아니었을까 싶다. 신종플루려니 생각했다. 약간 무심하고 기력이 없을 뿐 몸이 그다지 불편하진 않았다. 이따금 변기의 물을 내리거나 하면 브라이언 에노^{Brian Eno}(새로운 사운드를 시도한 영국의 가수 겸 프로듀서)가 프로듀싱한 음악처럼 일그러진 소리가 귓가에 번졌다. 때로는 누군가 내게 말을 하고 있는데 그 얼굴이 하이볼(독한 술에 소다수와 얼음을 섞은 음료) 잔 바닥면을 통해 보는 것처럼 일그러져 보이곤 했다. 나는 멍해지면서 이런 생각을 했다. '재밌는 얼굴이군. 뺨에 사마귀가 세 개라니.

세 점을 연결해 삼각형을 만들면 부등변삼각형이 될까, 아니면 이등변삼각형이나 정삼각형이 될까?'

두통은 사라졌다가 다시 찾아왔고, 그 후로는 아예 자리를 잡았다. 9월 초, 두통에 이어 두 다리에 피로감이 밀려왔다. 소화계에도 약간 이상이 생긴 듯했다. 감기를 앓으면서 이명 증상이 왔는데 엄청나게 신경을 긁었다. 이명은 지금까지도 남아 있어, 발음하는 데 애를 먹고 있다. 걸을 때면 술 취한 사람처럼 비틀댔고, 이상하게도 적당한 보폭을 가늠하기가 어려웠다. 회의실과 기차역 승강장은 시간이 멈춘 듯 보였고, 오래된 베타맥스 방식의 비디오테이프에 녹화된 영상이 돌아가듯 쉬익 하는 소리가 들렸다. 몇 주가 지나자 물먹은 솜처럼 피로가 온 몸을 휘감았다. 가을이 손짓하고 있었지만 그 빛깔과 무상함은 또다른 한해의 죽음을 예고하는 듯했다.

9월 내내 일련의 짧은 증상들이 나타나 불안해졌다. 내 주위의 세상이 삐뚤어진 수평선과 수직선이 교차하는 조악한 피카소 모조품처럼 초현실적 인상으로 다가왔고, 에스프레소 10여 잔을 쉬지 않고 마신 것처럼 숨이 가빠졌다. 이런 증상은 2분가량 지속되다가 사라졌고, 그런 일이 있었나 싶을 정도로 드문 간격을 두고 다시 찾아왔다.

10월 초에는 자축할 정도였다. 다 끝났다! 2~3일간 기분이 더없이 좋았다. 만성두통 때문에 찍은 MRI 촬영 결과도 깨끗했다. 그래서 나는 결심했다. '그래, 심기증(건강 염려증) 환자인 양 바보같이 굴 필요 없지. 살 생각을 하자고.' 다음날, 불안을 야기하던 여러 증상 중 하나가 재발했다. 이질에 걸린 듯 온 몸이 떨렸는데, 전보다 훨씬 심각했다. 갑자기 컴퓨터 화면을 읽을 수가 없었다. 열어놓은 10여 개의 창에서 정보를 읽어낼 수 없었다. 나는 실비오 베를루스코니(이탈리아 총리)에 관한 사설을 황급히 써서 교열기자에게 넘겼다. 잘 썼는지 신경쓸 계제가 아니었다. 동료가 다가와 수다를 늘어놓기 시작했다. 그의 입에서 나오는 말에 집중하려니 몸이 떨리고 경련이 일었다. 어쩔 수 없이 그의 얼굴에서 시선을 옮겨 뒤쪽 중간 즈음에 초점을 맞췄다. 그러지 않으면 중심을 잃고 쓰러질 것 같았다. 나는 그날 오전 시간의 절반을 화장실에서 허리굽히기를 하면서 마음을 추스르며 보냈다. 그렇게 하면 모든 게 원상복구라도 될 것처럼 말이다. 결국 집에 돌아와 침대에 누워서는, 감기에 걸려서 그런 거라고 자신을 속이려 했다. 그 다음날, 나는 마흔살이 되었다. 샤론과 나는 자축하러 런던에 갔다. 식사를 하고, 연극을 보고, 호텔에 묵었다. 나는 가만히 있을 수 없었다. 잘못 선택했다. 우리가 묵은 좁은 호텔방 사면에서 불안감이 터져나왔다. 텔레비전 소음과 화면의 움직임이 견디기 힘들었다. 아내와 『워 호스』War Horse라는 영화를 보았는데, '더 심해질 수도 있어, 마르코. 참호에 처박힐 수도 있어'라고 생각하던 기억밖에 나지 않는다. 다음날 아침, 템스 강 북쪽 제방 옆으로 역까지 이어진 길을 따라 걷다가 지나가는 사람들을 부러운 눈길로 바라보기 시작했다. 저 남자도, 저 여자도, 저 사람들도 나와 같지 않아. 나한테 무슨 문제가 있는 걸까?

이 모든 일이 훨씬 이전부터 시작된 내리막을 가리키는 이정표 같았다. 한동안 기분이 나쁘고 짜증스럽더니, 어느 순간 축구나 친구초대처럼 한때 무척 좋아하던 일들에 대해서조차 상반되는 감정이 생겼다. 내가 사람들을 만나는 상황을 피하고 있었던 것이다. 동료와 바에서 조용히 맥주 한잔 할 생각을 하니 무서웠다. 술은 당기지 않았고, 텔레비전은 설명이 안 될 정도로 나를 불안하게 하고 집중하지 못하게 만들었다. 집에서 영화를 볼 때면 화면을 보는 대신 얼마나 더 견뎌야 하는지를 알려주는 DVD 플레이어 계기판 숫자에 주목하고 있었다. 그저 견뎌내야 하는 일이었다.

어쩌면 몇 개월 전, 그러니까 네다섯시경에 잠을 깨 한여름의 어스름한 빛을 응시하기 시작할 무렵부터 악화되기 시작한 것인지도 모른다. 어쩌면 그 전에, 직장에서 승진하여 더 많이 일하게 되었는데도 어린 세 아이와 여전히 함께하는 왕성한 아빠가 되려고 노력하던 무렵부터인지도 모른다. 어쩌면 아이들과 야근으로 점철된 긴 세월의 어느 순간에, 늦게 자고 일찍 일어나며 심할 때는 눕자마자 일어나야 했던 시절에 그 씨앗이 뿌려졌는지도 모른다.

그래서 이 모든 일이 어디서 시작되었는지 확실히 말할 수는 없다. 얼마나 멀리까지 돌아가야 하는지 누가 알겠는가? 우리는 모두 나중에 우리의 영혼을 형성할 어린 시절에 기원을 둔 존재들이다. 그 시절이 얼마나 행복했든 평범했든 관계없이 말이다. 텐트를 갤 때와 비슷하다. 텐트를 접기 시작할 때 안쪽에 공기층이 생기면 일곱 번 접은 뒤에는 보관용 주머니에 담을 수 없을 정도로 부풀어오른다(텐트 주머니를 아직 갖고 있다면 말이다. 나는 있는지 없는지 모르겠다).

나는 1969년 끝자락에 햄프셔^{Hampshire}(잉글랜드 남부 영국해협에 접한 주) 지방의 지붕 높고 추운 어느 집에서 태어났다. 시간과 장소가 관건이다. 항상 그렇다. 그 시기의 진수가 세미한 전통이 되어 내 안에 부어져 나를 옭아맸다. 흐트러진 포크송—닉 드레이크, 조니 미첼—은 지금도 부고(訃告)처럼 마음을 허하게 한다. 고대의 낙엽, 점점 낮아지는 하늘, 티타임 무렵의 황혼, 도로 위의 전조등 불빛은 나의 근원을 일깨워주고 내가 거기서 벗어날 수 없는 이유를 상기시켜준다. 달, 통기타, 베트남, 반(反)문화. 나는 이런 것들에 끊임없이 마음을 빼앗겨왔다. 60년대생, 온화한, 중년의, 큰일을 벌이기에는 너무 늦은, 이따금 지난 시간을 그리워하는. 이게 나다.

부모님은 지금도 글렌딘^{Glendene}에 살고 계신다. 그렇지만 전과는 다른 집이다. 옛 집은 높고 좁았으며, 침실이 세 개 있었고 바깥에 화장실이 있었다. 화장실 벽에는 1939년 9월 3일자 신문 1면이 붙어 있었는데, 지금도 머리기사의 문구가 기억난다.

"국왕, '한마음으로 침착하게 맞서면, 승리하리라.'" 30년대에 만들어져 그 시절의 음색을 내는 듯한 피아노가 한 대 있었고, 누이와 어머니는 구슬픈 가락의 곡들을 연주하곤 했다. 이 피아노 앞에 앉아서 나는 곡 만드는 법을 스스로 익혔는데, 그 특유의 음색 때문에 죄다 구슬픈 곡만 나왔다. 안방 하나, 아기방 하나, 그리고 두 누이와 내가 함께 쓴 방이 하나 있었다. 코너를 돌 때마다 뒷문이 활짝 열리는 자동차도 한 대 있었다. 그리고 항상 금세 과열되는 텔레비전이 있었는데, 주머니 속 짤랑거리는 동전으로 채널을 돌릴 수 있었다.

70년대 글렌딘은 외진 느낌이었다. 학교에서 1마일, 교회에서도 1마일 거리였는데, 두 곳 모두 한참을 걷고 또 걸어야 도착할 것처럼 하염없이 멀게 느껴졌다. 글렌딘은 방대한 녹지에 찍힌 점이었다. 겨울의 글렌딘은 외풍이 들고 냉기가 돌았지만, 그렇다고 지나치게 추웠던 기억은 없다. 글렌딘은 여름에 진가를 발휘하는 집이었다. 어린 시절 우리는 많은 시간을 집 밖에서 보냈는데, 나는 누이들을 졸라 아지트 만들기, 형사와 도둑 놀이를 했고 내가 장화를 신고 경기하는 조건으로 골넣기 시합도 했다. 피부암이나 소아성애자 걱정이 없던 그 시절, 우리는 햇살을 받으며 누워 있었고 총총걸음으로 학교까지 걸어다녔다. 태양은 찬란했고, 흐린 날에는 실내에 들어가 소파 뒤나 계단 아래 벽장에 숨었다. 누이들과 사이가 틀어지면 나는 아버지 방에 들어가 아버지의 시계를 바라보곤 했다. 그 시계는 초기 디지털 제품 중 하나였는데, 시간이 잘 수행하는바 메트로놈처럼 규칙적인 리듬으로 숫자가 맞아떨어지는 게 좋았다. 째깍하는 소리와 함께 2가 순식간에 3으로 바뀌고, 8이 단번에 9가 되는 광경에서 나는 눈을 뗄 수 없었다. 나는 그와 같은 시각(時刻)의 변화가 좋았다. 비록 일시적일지 모르나 영광스러운 해결에 이르는 것처럼 보였다.

이따금 정전이 되었고, 보드게임이 있었고, 7시 55분이나 3시 24분에 시작하는 텔레비전 프로그램이 있었다. 우리는 사이가 틀어졌다가 화해했고, 티격태격하다가 주먹다짐을 했다. 어머니는 우리 때문에 지칠 때면 마당으로 소풍을 내보냈다. 건포도 약간, 사과 하나, 치즈 한 덩이를 타파웨어 밀폐용기에 담아주시면서 말이다. 우리는 영국의 모든 왕과 여왕의 이름과 연대를 순서대로 외우려고 노력했다. 여왕 즉위 25주기 기념일(1977년) 전에 끝낸 사람에게는 25펜스를 주겠다는 아버지의 약속 때문이었다. 이따금 나는 70년대의 향수에 사로잡혀 그 시절이 얼마나 좋았는지 경탄하곤 한다. 만일 내가 이 책을 쓰지 않는다면, 앤드류 콜린스^{Andrew Collins}(영국의 배우)의 기발한 책 제목처럼 『어디서부터 모든 일이 풀리기 시작했을까?』^{Where Did It All Go Right?}라는 책을 쓰고 있을 것이다.

나는 여섯살이 될 때까지 누이들과 욕조와 책, 침실을 같이 썼다. 나중에 아버지는 침실 중간에 칸막이 벽을 설치하여 방을 둘로 나눴다. 비로소 약간의 사적인 공간이 생겼다. 글렌딘의 외적 변화는 이게 다가 아니었다. 세월은 장소에 부피를 더해줬다. 할머니를 모시기 위해 건물 뒤쪽을 확장해서 방을 새로 몇 개 만들었다. 지금 정원이 있는 자리가 1973년에는 돌밭이었다. 그 시절에 찍은 모닥불 사진을 보면, 우리는 카자흐스탄에서 '주말 동안 살아남기'를 하는 것처럼 보인다. 그 후로도 헛간 몇 개와 온실, 그리고 서른다섯 해가 지났지만 여전히 튼튼한 입식수영장도 뚝딱 만들었다. 그리고 어머니가 거창하게 수목원이라 부르기 좋아하는 텃밭도 몇 이랑 있다.

하지만 바뀌지 않는 것도 있다. 뒷마당의 주인인 양 서 있는 떡갈나무. 사방치기 놀이를 위해 바닥에 그려놓은 금처럼 서로 맞물려 온실까지 이어진 보도석(步道石). 차가운 손을 녹이거나 젖은 개가 몸을 말리던 모닥불. 사람 나이로 치면 108세가 되었을 산비둘기. 사람들도 그대로다. 큰 키에 마음 따뜻하고 한시도 가만 있지 못하는 조급한 성격의 아버지는 그때나 지금이나 헛간을 하나 더 짓거나 시멘트를 배합해 뭔가를 만들 궁리중이다. 따뜻하게 품어주는 어머니는 전화를 받을 때면 예나 지금이나 전화번호를 다시 한번 묻는데, 그러는 이유를 도통 모르겠다. 그리고 나도 별로 바뀐 게 없다. 지금도 나는 손등에 메모를 하고 주차된 차에 내 모습을 비춰본다. 지금도 스테이크용 HP 소스와 볶은 땅콩이라면 사족을 못 쓴다. 어른들로 가득 찬 회의실에서 때로 나는 작은 소년 같다고 느낀다. 가장 좋아하는 색은 초록이며, 가장 재미있게 생각하는 동물은 말이다. 가장 마음에 들지 않는 신체 부위는 발가락이며, 사막에서 겨우 자라나는 풀처럼 푸석푸석한 머리카락도 마음에 안 들기는 매한가지다. 그때나 지금이나 놀이와 노래, 그리고 근사한 차 한 잔을 좋아한다.

그렇다고 60년대생 시골 소년이라고만 할 수는 없다. 나는 X세대이며, 세 누이의 동생이자 오빠인데 이 점이 중요하다. 누이들은 모두 착했고, 나는 누이들을 하나같이 좋아했다. 줄리앤 ^Julianne 누나와는 남자형제처럼 가장 친하게 지냈다. 우리는 여러 모임과 표현을 만들어냈고, 역겨운 샌드위치 만들어 먹이기를 했다. 「몬티 파이든」^Monty Python 과 「엉터리 아홉시 뉴스」(둘 다 BBC의 인기 코미디 프로그램)의 긴 단락을 인용했고, 되도 않는 그 농담들을 낡은 릴 테이프에 녹음한 후 테이프가 늘어지도록 듣고 또 들었다. 줄리앤은 비행기에 실려가는 우편행낭 흉내를 잘 냈다. 여름날 아침 7시면 나는 줄리앤을 깨워 놀이를 다시 시작했다. 줄리앤은 학구적인 것과는 거리가 멀었다. 프랑스에 1년 체류할 때 우리를 초대한 집주인에게 나한테 꽃가루 알레르기가 있음을 설명하려던 적이 있었다. 줄리앤은 온갖 과장된 몸짓으로 재채기하는 사람 흉내를 내면서 이렇게 말했다. "에… 르 솔레이 페트일 브르스르스프.(Er, le soleil fait-il brrthrrsppp)" 이 말은 후에 우리 가족의 구호 중 하나가 되었다. 1982년, 줄리앤은 집을 떠나 무용학교로 들어갔다. 한동안 상실감에 빠졌던 기억이 난다. 내가 집에서 행한 『소년신문』^Boy's Own 류의 행동들 중 9할은 미래의 발레리나의 애정어린 후견이 있었기에 가능한 일이었다.

캐롤린Carolyn 누나는 책벌레였다. 우리가 함께 놀고 싶어할 때, 누나는 항상 책을 읽거나 피아노 음계를 연습하고 있었다. 누나가 계속해서 놀기를 거절할 때면 우리는 누나의 방 문 앞에서 "책 읽어! 싫어, 싫어, 싫어, 싫어, 싫어" 하는 노래를 불렀고, 그러면 마침내 누나가 방문을 밀치고 나와 우리의 머리끄덩이를 잡아당기곤 했다. 하지만 캐롤린 누나는 진심으로 우리를 보살펴주었다. 서너살 무렵의 내게 읽고 셈하는 법과 카드게임 하는 법, 악보 읽는 법을 가르쳐주었다. 커가면서 누나와 나는 점점 더 가까워졌고 공통점도 점점 더 많아졌다. 여러 언어, 대학 생활, 대륙에서의 근무, 그리고 아들-아들-딸을 둔 것까지.

케리Kerry는 아기였다. 나를 '워와'라고 불렀는데—아기들 말로 오빠라는 뜻이다—지금도 그렇게 부를 때가 가끔 있다. 우리는 아버지가 평벽을 세워 둘로 나눈 방을 함께 썼기에 늘 서로 아웅다웅했다. 케리는 밤에 문을 열어두고 싶어했고 나는 닫고 싶었다. 그래서 반만 열어두어야 했는데, 누구에게도 만족스럽지 못했다. 나는 케리를 사정없이 못살게 굴었는데, 케리가 도서관에서 빌려온 책을 몰래 숨겨뒀다가 6개월 후 연체료가 어마어마하게 쌓였을 즈음 제자리에 갖다두곤 했다. 우리는 밤에 아직 깨어 있음을 서로에게 알리는 표현법을 개발했다. 나중에 우리는 '삐대기' 기술도 완벽하게 익혔는데, 해야 할 허드렛일이 있거나 피하고 싶은 중대한 일이 있을 때면 가만히 사라지는 기술이었다. 우리는 텔레비전을 실컷 보았다. 요즘 우리가 하듯 텔레비전 시청시간 제한 같은 것은 없었다. 그날그날 일정에 따라 조정이 있었을 뿐.

평온했던 그 시절을 돌아보니, 길을 잃을 만큼 큰 정원에서 우리 네 남매가 함께 어울려 놀던 긴 세월이 즐거운 기억으로 떠오른다. 하지만 줄리앤과 케리 사이에는 7년의 터울이 있었다. 케리가 우리 놀이에 제대로 낄 만큼 성장했을 무렵 줄리앤은 이미 런던의 무대에서 파드되(발레의 2인무)를 추고 있었다. 넷이 다 같이 놀 수 있었던 시간은 아마도 고작 3~4년 정도였을 테고, 이후로는 손님들이 있을 때, 즉 사촌들이 오거나 우리 가족의 프랑스인 친구들이 영어 실력을 늘리기 위해 여름 동안 우리 집에 머물 때에야 넷이 모두 모일 수 있었다. 프랑스인 가족이 가져온 것으로 기억되는 놀이 중에 '195'라는 신나는 술래잡기 놀이가 있었다. '연필과 종이'라는 놀이도 있었는데, 연필이나 종이와는 아무 관계가 없는 애매한 놀이였다. 내가 가장 좋아했던 것은 정어리였고, 또 사냥하던 무리가 갑자기 두세 명으로 줄어드는 설정의 속임수 드라마를 좋아했다. 특히 낯선 소녀들 사이에 끼어서 좁은 공간에 비집고 들어가기를 좋아했는데, 이따금 그네들의 입맞춤을 받기도 했다.

개도 몇 마리 있었다. 콜리 종이었던 텔리타는 먹지 말아야 할 것—꼬마 아이들의 살 같은 것—을 먹어서 안락사시킬 수밖에 없었다. 늙고 영리한 개 샌디는 원반 물어오기를 즐겼는데, 예외가 있다면 진흙탕을 만날 때였다. 녀석은 운전해서 먼 길을 돌아와야 하는 우리 생각은 전혀 하지 않고 진흙탕에 몸을 던졌다. 젬마는 샌디의 새끼 중 가장 약하고 왜소하게 태어난 암컷이었는데, 우리 할머니가 한 방울씩 먹인 아르마냑(프랑스산 브랜디) 한 병을 다 먹고는 생명을 보전할 수 있었다. 누구에게나 무심하고 태연하게 거닐던 클레오라는 고양이도 한 마리 있었다. 우리 안에서 알을 낳고 서로 쪼아대고 아무 데나 똥을 싸며 짧은 생애를 형편없이 살다 간 닭들도 몇 마리 있었다.

1972년 즈음부터 우리 집에서 함께 지내기 시작한 할머니는 고집불통의 귀부인이었는데 텔레비전 뉴스를 보다가 버럭 화를 터뜨리곤 했다. 틈날 때마다 우리에게 던지시던 명언("공짜는 없당게!" "얼굴에 철판 깔았냐!")과 감기를 '고뿔'이라 하시던 기억이 우리의 어린 시절에 아로새겨져 있다. 할머니에게는 모드, 비 같은 이름을 가진 친구들이 있었는데, 어떻게 이름이 한 글자일 수 있을까 생각하며 우리는 꽤 재미있어했다. 할머니는 세 명의 남편과 몇 마리의 개와 고양이, 그리고 트라이엄프 1300(영국 자동차)보다 오래 살았고, 팔순 생일을 맞아 그래파이트 테니스 라켓을 장만하실 만큼 건강했다. 아흔살에 사우스 다운즈 웨이(160km에 달하는 영국 남부의 트레일 코스)를 걸었고, 내가 글을 쓰는 지금도 우리와 함께 지내고 있다.

부모님은 두 분 모두 가부장제와 『데일리 텔레그래프』*Daily* *Telegraph*(중도 우파 입장의 영국 일간지)가 지배하는 상당히 특이한 가정에서 자랐다. 아버지는 독자였고, 어머니는 자유로운 영혼을 가진 거대 부족의 동기들 가운데 예정없이 태어난 막내였다. 두 분의 첫 만남은 가히 전설이다. 아버지는 해군 복무중 휴가를 나왔고 여자친구와 헤어진 직후였다. 할아버지는 아버지에게 괜찮은 여자가 있으니 만나보라 하셨다. 술과 담배, 이따금 내기도 함께하는 할아버지 술친구의 딸이었다. 아버지가 아주 내켜하지 않았기에 할아버지는 점심시간에 톤브리지에 있는 '장미와 왕관' 식당에 잠깐 들러 그녀를 만나보라고 설득했다.

"시간이 날지 모르겠어요. 시내에 볼일이 있거든요." 아버지가 말했다.

"얘야, 30분만 시간을 내라."

"그 여자가 있는지 어떻게 알죠?" 아버지는 헛된 약속에 시간을 허비하지 않을 생각이었다. 아버지는 이미 잉글랜드 남동부의 여러 술집에서 할아버지를 기다리며 20년의 태반을 보낸 상황이었다.

할아버지는 약속했다. "이렇게 해보자. 그 애가 안에 있으면 내가 식당 창문에 『경마소식』을 붙여놓으마." 한 시간쯤 후 아버지는 차를 몰고 '장미와 왕관' 앞을 지나며 주차할 자리를 찾고 있었다. 창문에 신문은 보이지 않았다. 아, 잘됐어. 아버지

는 생각했다. 모험할 필요가 없으니 얻을 것도 없었다. 주차 순
서를 기다리고 있는데 웬 차가 갑자기 앞에 끼어들더니 아버지
코앞에서 자리를 차지해버렸다. 아버지는 화가 났다. 키 작은
대머리 남자가 주머니 속 동전을 짤랑거리며 차에서 내렸다.
동행한 아가씨만 아니었다면, 아버지는 한마디 해주었을 것이
다. "망할놈의 식당 같으니라고. 저 두 사람이 어디 들어가나 봐
야겠다." 주차장이 만원이라 아버지는 동네를 한 바퀴 더 돌아
야 했다. 이번에는 자리가 있었다! 창문 위로 신문이 솟아 있었
다. 아버지는 차를 주차한 뒤 식당으로 들어갔다. 식당 안에는
주차장의 불량배가 할아버지와 즐겁게 떠들고 있었고, 그 옆에
는 아가씨가 코카콜라를 얌전히 마시고 있었다. 그들이었다. 서
로 인사를 나눴고, 1년 후 결혼식을 올렸다. "그 노인이 내 자리
를 채가지 않았다면, 나는 차를 주차한 뒤 일을 마치고 그냥 집
으로 돌아왔겠지. 네 엄마를 만나지 못했을 거야." 이처럼 술꾼
할아버지 한 분과 주차장 새치기 할아버지 한 분 덕분에 내가
존재하게 된 것이다.

어머니는 차분하고 온화하고 인내심이 많았고, 우리도 대체
로 그렇게 키웠다. 어머니는 카드놀이―카나스타, 포커, 진 러
미―를 좋아했지만, 마당에서 일광욕 의자에 앉아 책을 읽거나
십자말풀이를 하거나 깍지콩 껍질을 벗기는 경우가 더 많았다.
여섯시가 되면 이따금 벌어지는 우리의 격한 말다툼을 말리기
위해 욕실로 가곤 했다. 어머니는 운전사였고 요리사였으며 선

생님이었고 보호자였다. 어머니라는 단어에 딱 들어맞는 여인이었다. 당신 자신이 걸음마를 떼기도 전에 어머니를 잃은 탓에 타고난 모성 본능이 훨씬 더 놀랍게 발현되었는지도 모른다.

아버지는 아덴 만의 태양 아래서 해군으로 복무하는 7년 동안 인정사정없는 선상 고리던지기 시합이 벌어질 때면 자리를 피하는 법을 익혔다. 아버지가 복무한 기간은 수에즈 전쟁(1956년)과 포클랜드 전쟁(1982년) 사이, 그러니까 영국이 전쟁에 가장 덜 관여한 시기와 공교롭게 일치했다. 당시의 기록 영상을 보면, 군복 입은 남자들이 담배꽁초를 물고 담배연기를 뿜어대며 분주히 달려가는 모습을 볼 수 있는데, 싸움을 그다지 잘할 것처럼 보이지는 않는다. 아버지는 정색하고 적군을 쏴야 하는 시기가 오기 전에 제대했다. 몇 개월간 하릴없이 지내다가 런던에 있는 EMI 음반사에서 일자리를 구했다. 거기서 아버지는 25년간 일했다. 옥스퍼드 스트리트 맞은편에 자리한 사무실, 멋진 '비매품' 딱지가 붙은 공짜 레코드, 복도에서 사이몬 르 봉Simon Le Bon(영국 그룹 듀란듀란의 보컬)을 만났다거나 화장실에서 프레디 머큐리Freddie Mercury(영국 그룹 퀸의 보컬) 옆에서 오줌 눈 일 등 수만 가지 일화가 있다. 나는 아버지 회사에 즐겨 들렀다. 해머스미스 다리를 건너자마자 갑자기 마주하게 되는 런던의 분주함, 스타들이 오가는 맨체스터 스퀘어 건물의 복도, 데이비드 보위David Bowie(영국의 가수 겸 배우)의 운전기사를 만날 뻔했던 순간을 떠벌릴 수 있는 영예가 좋았다. 나는 장차 내가 어떤 일을 하게 될지, 내가 런던에서 일할 수 있도록 누군가 길을 열어줄지 궁금해하기 시작했다.

아버지의 수입은 빠듯했는데 그 적은 월급으로 우리 가족이 생활했다는 게 그저 놀라울 뿐이다. 집은 1966년 할아버지가 돌아가실 때 상속받은 돈으로 구입했다. 한주에 한 번 쇼핑을 나갔고, 그때마다 나는 쇼핑카트에 담긴 물품의 총액이 얼마가 될지 계산했는데 대개 8.58파운드를 어림했고 내 계산은 몇 펜스 오차가 있을 뿐 거의 맞았다. 주간 쇼핑 외에 달리 돈을 지출할 데가 있었는지 모르겠다. 우리 가족은 외식을 하지 않았다. 여름휴가는 우리 가족의 친구네가 소유한 서섹스 지방의 해변 오두막에서 보냈다. 내가 십대가 되기 전까지 우리 가족은 해외에 나가본 적이 없었다. 어느 해던가 우리 모두 어머니가 손수 만든 웜블(60년대 유행했던 어린이 영화 캐릭터) 인형을 받은 일이 전형적으로 보여주듯, 성탄절은 매우 검소하게 지냈다. 달그락거리는 캠핑 밴을 타고 이곳저곳을 다녔는데, 성인 세 명과 아이 넷, 개 두 마리를 태우고 잉글랜드 남동부의 사우스다운스 구릉지를 돌아다니기에 배기량 900cc의 밴은 아무래도 적합하지 못했다.

우리는 가족 산책을 자주 했다. 확신이 안 설 때는 산책이 일반적인 방법이었다. 우리는 대개 어딘가를 활기차게, 하지만 뚜렷한 목적 없이 걸었다. 나는 도통 이해할 수 없었다. A지점에서 B지점까지 가기 위해 걷는다면 상관없다. 하지만 A지점에서 A지점까지 가기 위해 걷다니 도무지 말이 되지 않는다. 도로를 따라 10마일을 올라가면 버스터 언덕에 도착했는데, 연을 날렸다면 재미있었겠지만 우리는 그러지 않았다. 올드 윈체스터 언덕은 차로 더 먼 곳에 있었다는 점 외에는 대체로 버스터 언덕과 진배없었다. 갈 때마다 조금씩은 어김없이 실망스러웠던 엘리자베스 여왕 숲은 눈을 씻고 봐도 여왕의 흔적이라곤 찾아볼 수 없었다. 기분을 전환하고 싶을 때면 헌드레드 에이커라고도 하는 크리치 숲에도 갔다.

산책을 나가지 않을 때는 대개 모닥불을 피우거나, 잔디를 깎거나, 테니스 공을 치며 놀았다. 테니스 코트를 만들겠다는 야무진 꿈이 초라한 밭, 울퉁불퉁한 땅으로 남은 곳에서 말이다. 겨울이 오면 우리는 라디오를 가운데 두고 옹기종기 모여들었고, 아버지는 '인기 팝송 40'이나 카세트테이프에 녹음된 파일럿Pilot과 모트 더 후플Mott the Hupple의 노래를 들으며 주중에 신을 다섯 켤레의 구두에 광을 내곤 했다. 내가 처음으로 빠진 곡은 시카고Chicago의 「나를 두고 떠나려거든」If You Leave Me Now이었다. "네가 그 노래를 좋아하는 건 순전히 '자기야'baby라는 가사 때문이지." 캐롤린 누나는 나를 놀렸다. 우리는 가사를 두고, 그리고 어느 그룹이 더 멋진지를 두고 옥신각신했다. 퀸Queen과 베이 시티 롤러스Bay City Rollers, 이언 듀리Ian Dury와 다츠Darts, 블론디Blondie와 매드니스Madness를 두고 말이다.

우리 가족에게 돈이 많지 않았다면, 나에게는 아예 없었다.

부모님이 사용한 기본 상벌체계는, 착한 일에 별점 하나, 잘못된 행동에 벌점 하나, 별점 20점이 되면 용돈 50펜스였다. 그런데 문제가 있었다. 오후 내내 채소밭에서 풀을 뽑거나 잔디 깎기를 해서 2점을 딸 수 있었지만, 혀로 나이프를 빨거나 그물침대에 앉다가 할머니에게 걸리면 벌점 3점을 받았다. 별점과 벌점을 합치면 나는 대개 마이너스 점수였다.

식비를 아낄 수 있었다. 하루에 몇 페니밖에 안 되었지만 그걸 모으면 매 분기 LP판 하나 가격의 3/4정도가 되었다. 나는 성가대에서 노래를 불렀는데 참석하는 횟수에 따라 아주 적은 돈을 받을 수 있었다. 결코 큰돈이 아니었다. 한 분기 동안 83 퍼센트의 출석률을 보여서 상으로 67펜스를 받았는데 모두 잔돈이었다. 그마저도 그 돈을 사용할 즈음에는 70년대 내내 불어닥친 경제위기의 여파로 그 가치가 훨씬 떨어져 있었다. 자주는 아니었지만 이따금 나는 빈궁한 상황을 타개하기 위해 사업가적 수완을 발휘했다. 수업 시간에 노트한 (베르길리우스의 서사시) '아이네이스' 제6권의 번역을 타자기로 친 뒤 아버지에게 부탁하여 여러 장을 복사해 반 친구들에게 장당 50펜스에 팔았다. 안타깝게도, 나는 시험에 나온 주요 부분을 빠뜨렸고 다수의 환불 요청에 응대하느라 진땀을 빼야 했다.

여름에는 굿우드 경마장 주차장에서 주당 80파운드를 받고 일했는데, 벤틀리(영국의 최고급 자동차) 차량의 창문 사이로 5파운드 지폐를 내미는 장갑 낀 손을 볼 때 얼마나 얼떨떨했는지 모른다. 나는 번 돈의 절반을 10분의 1 확률의 누적 배팅에 걸었으며, 내가 딴 20파운드 지폐를 오랫동안 살펴보곤 했다. 아버지가 잔돈 보관함으로 사용하던 오래된 구두약 통에 있던 것 말고는 20파운드 지폐를 본 적이 거의 없었기 때문이다. 그 돈을 쓰면 안 될 것 같아 은행에 넣어두었다. 그 후로 20파운드 밑으로 잔고가 떨어진 적이 없으니, 그 20파운드는 아직 그대로 남아 있을 것이다.

일곱살 때, 조금 더 도전이 필요하다는 결정에 따라 나는 포츠머스 중등학교에 진학했다. 그곳은 디킨스 풍의 으스스한 학교로, 아직 회초리와 신(神)이 남아 있는 곳이었다. 비록 그 둘이 항상 같은 날 임하지는 않았지만 말이다. 당시 포츠머스 중등학교는 가학적 성향의 직원들과 '꼬질이' '공부벌레' '땅꼬마' 등으로 불리던 찌질한 소년들의 집합소였다. 교사들은 코를 후비거나 바보 같은 표정으로 바라본다는 이유로 학생들을 때렸다. 나는 운동복을 운동장에 두고 와서 슬리퍼로 맞았고, 체육수업 때 차례를 빼먹었다고 맞았다. 아팠다. 버스로 한 시간 거리에 있는 집이 그리웠다. 입학하고 얼마 안 있어서 포츠머스 성당에서 환영예배가 열렸다. 어머니가 왔고, 그래서 울음이 터져나왔다. 그 후로 나는 점심시간이면 운동장 가장자리를 배회하며, "오 주의 이름으로 나아가오니" 하며 찬송을 부르던, 멀리 떨어진 그 성당을 바라보며 위로를 구하곤 했다.

하지만 그것도 잠깐이었다. 곧 친구가 생겼고, 점수를 잘 받왔고, 지금까지도 가끔 통용되는 별명을 갖게 되었다. 별명은 시몬스 선생의 아이디어였다. 그는 아마도 학교에서 유일하게 괜찮은 교사였는데, 안타깝게도 영국 공군에 지원하는 게 훨씬 멋진 일이라고 생각했던 분이다. 첫날, 출석부를 읽어 내려가던 시몬스 선생은 "라이스-옥슬리"Rice-Oxley라며 내 이름을 소리 내어 읽었다. "라이스-옥슬리라… 조금 더 쉬운 이름을 찾아야겠어"라고 하고는 짐짓 말을 멈췄다. 우리 반 남학생 서른 명은 꼼지락대며 선생님의 다음 말을 기다렸다. "록시! 그래, 록시가 좋겠어. 록시 뮤직! 록시 뮤직Roxy Music(70년대 초 결성된 밴드 이름) 어때, 맘에 들지?" 나는 무슨 말인지 몰라 고개를 끄덕이다가 가로젓다가 했다.

록시라는 별명은 후에 '푸드'Pud라는 빈곤한 상상력의 별명과 호환되어 사용되기도 했는데('라이스-푸딩'), 푸드는 십대가 지나기 전에 마크Mark라는 이름의 공격을 받아 그 수명을 다했다. 마크는 합리적이고 진지할뿐더러 자신의 재능을 최대한 이용할 줄 아는 이였다. 친구들이 그 이름으로 부르면 어른이 된 것 같은 느낌이 들었다. 마크는 자동차를 몰았고 시험에 통과했으며 아주 똑똑한 척했다. 가끔은 마르코Marko나 마키 에그Markie Egg로도 불렸는데, 이는 이상주의자 또는 단정한 겉모습 아래 숨겨진 기벽을 폭로하는 이름이었다. 수년간에 걸쳐 이런 성격들, 나의 여러 모습들이 서로 밀고 당기는 싸움을 이어갔다. 이는 누구에게나 보편적으로 일어나는 일일 것이다. 우리는 단일 성격을 가진 존재이기보다는 다양한 개성이 뒤섞인 존재이며 다양한 성격들 간의 내적 대화를 거치면서 자신의 가치를 결정하게 된다. 이를테면,

록시: 그래! 책상 서랍 속에 우유 한 병을 몇 주 동안 놔두고, 어떻게 되는지 보는 거야.

마르코: 그거 위험한데.

록시: 그래, 하지만 스티븐슨과 휴즈는 영웅적이라고 봐줄걸.

마르코: 걸릴 거야.

록시: 어떻게? 선생님은 우리 책상 서랍까진 안 보잖아.

또 이를테면,

록시: 자, 오늘 학교까지 자전거 타고 가는 게 어때?

마르코: 음, 현명한 건지 모르겠는데.

록시: 그렇진 않겠지만 차비를 벌 수 있잖아.

마르코: 엄마가 알면 어쩌려고?

록시: 엄마가 어떻게 알겠어?

마르코: 자전거 바퀴에 펑크 났던 일 기억해? 그때 수리점 찾으려고 2마일이나 걸어가야 했잖아.

록시: 들키진 않았지.

마르코: 그치, 하지만 그때 힘들었다고.

록시: 알아서 잘할게. 생각해봐, 한주에 두 번이면 학기 말에는 3파운드가 넘는다고.

마르코: 포츠머스 부근에서 자전거 타는 게 얼마나 위험한지 엄마 아빠가 분명히 말씀하셨잖아.

록시: 그래, 하지만 엄마 아빠가 뭘 아신다고? 해본 적도 없으신데.

마르코: 게다가 피곤할 거야. 학교는 공부하러 가는 거지 돈 모으러 가는 게 아니잖아.

록시: 그럼 한주에 한 번만.

마르코: 모르겠다…

학업 성적에 대해서는 지루할 테니 시시콜콜하게 이야기하지 않겠다. 성적은 많은 것을 말해주지 않는다. 나는 똑똑하기보다는 재빠른 편이었고 가끔은 지나치게 재빨랐다. 나는 사실상 상식이란 게 전무한 아이였지만 다행히도 한번 머릿속에 들어온 것은 대부분 잊어버리지 않는 편이었다. 나는 속속들이 알 때까지 새로운 개념을 파고들기를 좋아했다. 시험에 대해 말하자면, 걱정할 일이 거의 없었다. 반에서 상위권은 아니었지만 상위권에 근접한 유능한 학생이었다. 실은 나름의 방식이 있었다. 록시는 최고는 아니지만 꽤 괜찮은 경쟁자였고 유능한 선수였다. 운동과 음악, 그리고 손을 대는 어느 것에서든 마찬가지였다. 어린 시절에는 이게 괜찮았다. 다재다능하니 좋았다.

하지만 성인이 되자, 나와 같은 사람을 일컫는 다른 단어가 있었다. 다름 아닌, 아마추어.

사랑에는 솜씨가 없었다. 넘어야 할 장애물이 한둘이 아니었다. 누군가에게 끌려야 했으나 그런 일이 항상 제때에 적재적소에서 일어나지 않을뿐더러 내가 끌린 상대도 내게 끌리도록 만들어야 했고(무릎까지 올라오는 노란색 양말을 신고 옆가르마를 탔던 나로서는 견고한 장벽이었다), 그뿐 아니라 데이트 같은 것을 준비할 줄 알아야 했는데 그것은 우리 가족 중 어느 누구도 해본 적이 없는 일이었다. 행복한 대가족의 고립된 역학뿐 아니라 순전히 지리적인 문제도 연애의 장애물이었다. 글렌던은 어디서든 멀었다. 글렌던에 살면서 여자친구의 집에 들러 음악을 듣는다든지, 시내에서 만나 도서관 계단에서 키스를 나눈다든지 하는 일은 간단하지 않았다. 어디를 가든 30분은 족히 걸어야 했고, 포츠머스 중등학교까지는 차로 40분 거리였다. 내가 선택할 수 있는 유전자풀은 협소했으니, 주로 누이들의 친구나 신문가판대의 여점원에 한정되었다. 그네들에게 별다른 호감을 느끼지 못했던 나는 고스포트나 롤런드 성처럼 나로서는 탄자니아만큼이나 접근하기 어려운 곳에 사는 실현 가능성 없는 소녀들과 연이어 깊은 사랑에 빠졌다. 한번은 내가 점찍어둔 소녀가 대학 건물에서 다른 누군가의 손을 잡고 나오는 모습을 보기 위해 자전거를 타고 포츠다운 언덕을 넘어 패어럼까지 12마일을 달려간 적이 있다. 집으로 돌아오는 길은 무척 멀었다. 그즈음

대학에 진학했다고 말해두어야겠다. 대학에 가니 수천 명의 여자들이 내 눈앞에 있었고, 나는 그 가능성에 숨이 막힐 지경이었다.

2

우리가 잘나가는 직장을 구할 때,
당신은 어디 있었나?

"경미한 우울증이 진행중일 수도 있겠죠?"

네리다 버니[Nerida Burnie] 박사가 호주 억양이 조금 섞인 목소리로 장차 올 드라마의 반복적 특징이 될 질문을 제기한다. 차라리 돌직구를 던지는 편이 나았으리라. "전에 우울증을 앓았던 적이 있나요?" 그녀가 묻는다.

우울증? 의사가 언급한 단어에 몸이 움츠러든다. 우울증은 다른 사람들 얘기다. 어둡고 비밀스런 유아기를 보냈거나 치명적 결함이 있는 사람들, 너무 많이 먹거나 혹은 너무 적게 먹는 사람들, 친구가 없는 사람들, 직업이나 사랑, 혹은 그 모두 때문에 번민하는 사람들. 가정이 해체되었거나 결혼생활이 파탄났거나 나라가 망한 사람들. 문신과 피어싱을 했고, 외모에 지나치게 까탈스런 사람들. 술이나 마취제가 필요한 사람들. 그게아니면 굉장한 성공이나 타인과의 비교를 통해서만 자존감을 확보할 수 있는 사람들. 비극, 희극, 공포물, 복잡한 카오스 이론에 에워싸인 사람들. 전에 알던 사람 중에 우울증을 앓는 이가 있었는데 그녀는 나와 달리 확실히 가능성이 높았다. 어린 시절에 받은 학대, 고통으로 점철된 십대, 병원을 들락날락했고, 반복적으로 나타나는 잔혹한 신경질환에서 아직까지 벗어나지 못하고 있다. 나는 그녀가 나와 다른 부류의 사람이라 생각했다. 그 모든 것은 다른 세계에서, 산스크리트어나 부두교처럼 내게 낯선 세계에서 온 것이다.

무엇 때문에 우울한 것일까? 마흔살, 행복한 가정, 훌륭한 아내, 국내 최고의 신문사에서 맡고 있는 근사한 직책, 건강하고 사랑스러운 세 아이. 그런데 왜 우울해야 하는가? 사실 이것은 던질 수 있는 최악의 질문이다. 이것은 내가 경멸해마지 않던 질문이다. 우울증은 당신의 어떤 행위가 아니라 당신에게 그냥 벌어지는 일임을 이해하지 못하는 사람들이 흔히 던지는 질문이니 말이다. 그런데 지금 내가 그 질문을 의사와 아내, 그리고 나 자신에게 던지고 있다. 뭔가 잘못되었다. 집으로 돌아와 구글에서 내 증상을 다시 검색해본다. 일치하는 게 없자 '우울증'이란 단어를 입력한 뒤 세 가지 사실을 발견하고 놀란다. 첫째, 내 증상과 대부분 일치한다. 체중 감소, 기력 상실, 인내심 및 식욕·집중력·기쁨 감퇴. 그리고 공황장애, 꼬리를 물고 이어지는 망상, 두통, 소화불량, 인지 부조화. 둘째, 우울증과 우울한 상태는 같은 게 아니다. 병명이 오히려 혼돈을 가져오는 경우인데, 우울증이란 말은 창 밖에 내리는 비를 응시하는 사람의 이미지를 연상시켜 오해를 유발한다. 우울증은 출근을 앞둔 일요일 밤의 기분, 휴가에서 돌아와 수도가 터져버린 것을 발견했을 때의 기분과는 다르다. 그것은 훨씬 구석구석까지 배어든 것으로 쇼핑이나 24시간 배관 서비스로 해결할 수 있는 문제가 아니다.

셋째, 이 병은 내가 생각했던 것보다 훨씬 더 광범위하게 퍼져 있다. 우울증은 불가사의할 정도로 슬픈 사람들에 대한 의학적 관심을 말할 뿐 아니라 전 세계 1억 명 이상의 사람들에게 고통을 주고 있는 애물단지다. 우울증이라 하면 세상에서 가장 외로운 상황이 느껴질지 모르나, 실은 지구별의 가장 불행한 종에게 흔하디 흔한 증상인 것이다. 평균적인 성인이 우울증에 걸릴 가능성은 과거 어느 때보다 훨씬 높아졌다. 어쩌면 우울증 처방을 더 빈번하게 내리기 때문에 더 많이 걸리는 것인지도 모른다. 묻는 대상에 따라 통계 수치에 편차가 있기는 하지만, 우리들 네 명 가운데 한 명은 일생 동안 정신건강에 심각한 문제에 직면하는 것으로 보인다. 이는 당신의 가족 중 한 사람 꼴이며, 배우자의 가족까지 치면 적어도 두 사람이다. 당신이 뛰고 있는 축구팀 중 세 명, 같은 거리에 살고 있는 이웃들 중 열 명, 같은 회사 직원들 중 백 명, 소도심에서 천 명, 도시 전체를 기준으로는 십만 명이다. 항우울제 처방 건수가 지난 10년간 두 배로 뛰었다. 2011년 6월 독일 본에 소재한 바르비크Warwick 대학과 IZA연구소에서 공동 발행한 연구결과에 따르면, 유럽의 중년들 가운데 열 명 중 한 명 꼴로 이 약을 복용하고 있다. 세계보건기구WHO는 머지않아 우울증이 심장병 다음으로 사회적 부담을 초래하는 질병이 될 것으로 추산한다.

그렇다면 우울증이란 정확히 무엇인가? 두 해에 걸쳐서 무수한 정신과 의사들과 신경과학자들, 그리고 같은 병을 겪는 환우들과 많은 대화를 나눈 결과, 나는 정말로 어느 누구도 우울증이 무엇인지 알지 못한다고 솔직히 말할 수 있다. 뇌는 우리가 세상을 이해하려고 할 때 사용하는 풍요로운 신체기관이지만 가장 이해할 수 없는 기관이기도 하다. 만일 당신이 두 명의 임상정신과 의사와 우울증에 관해 이야기한다면, 두 가지의 다른 정의와 두 가지의 다른 생리학적 요인, 두 가지의 다른 치료과정에 대해 듣게 될 것이다. 현실을 받아들이기 위해 노력하는 불쌍한 환자로서는 혼란스럽기 그지없는 일이다. 정신과 의사와 뇌 전문가들 중에는 우울증이 대뇌 변연계로 알려진 부분의 화학적 회로가 붕괴되어 발생한다고 생각하는 이들도 있다. 이 신경전달계의 연쇄작용은 우리가 당연히 여기는 몇 가지 근본적인 것들, 예컨대 기분, 수면 각성주기, 기호, 호르몬계를 조절하는 역할을 한다. 그런데 여기에 과부하가 걸리면 세로토닌과 노르아드레날린 및 이 회로를 원활하게 돌아가도록 유지해주는 화학물질에 급격한 저하가 올 수 있다. 그러면 회로는 제대로 작동하기를 멈춘다. 그리고 우리는 우울해진다.

그러나 이런 이론을 공상으로 치부하며 세로토닌 부족 설은 단지 더 많은 약을 팔고자 하는 대형 제약회사들의 마케팅 책략이라고 주장하는 또다른 신경과학자들이 있다. "우울증을 앓고 있는 사람들에게 세로토닌 문제가 있다는 증거는 어디에도 없습니다." 세로토닌 이론의 반대 선봉에 서서 작은 반기를 든, 카디프^{Cardiff} 대학의 신경학 교수 데이비드 힐리^{David Healy}의 주장이다. "나는 1980년 이래로 어느 누구보다 긴 시간 동안 세로토닌 계통을 연구해왔지만, 세로토닌 계통에 어떤 문제가 있는 경우를 아직 발견하지 못했습니다." 그렇다면 우울증을 앓고 있는 사람에게 생리학적으로 어떤 문제가 있는 것인지 나는 그에게 묻는다. "우리는 알 수 없습니다."

만일 과학이 기껏해야 흐리멍덩하고 최악의 경우에는 우리를 호도하는 것이라면, 우울증을 바라보는 조금 더 영적인 다른 방법들이 있다. 이에 따르면 우울증은 부정적인 본질과는 거리가 먼 것으로, 당신 인생에 있어서는 안 되는 어떤 것이 들어와 있음을 경고하는 주요 신호이자 표현인 것이다. 그것은 파괴적인 관계일 수도 있고 과다한 업무일 수도 있다. 지나친 출장, 과도한 스트레스, 애스턴 빌라 축구팀 시즌 티켓일 수도 있다. 내면 깊은 곳에 숨어 있는 어떤 것, 당신이 원하는 어떤 것, 당신을 참 당신으로 만들어줄지도 모를 어떤 것일 수도 있다. 그런데 실은 그것이 당신의 핵심 자아와 비극적으로 불화하고 있는 것이다.

우울증은 어떻게 걸리는가? 나는 어떻게 걸렸나? 원인 목록은 하나같이 길다. 슬픔, 상실, 압박감, 충격, 과로, 바이러스성 감염, 다른 심각한 질병들, 그리고 거기에 더하여 인생 초기에 형성된 성격들로 말미암아 발생한 내적 갈등과 그로부터 기원한 심층의 불명확한 심리적 요인들. 인생을 살아가면서 피하기가 거의 불가능할 정도로 충분한 이유와 요인들이 있다고 해두는 것으로 충분하리라. 당신이 우울증에 걸리느냐 그렇지 않느냐는, 정말로 유전자와 운, 그리고 성격에 달린 문제인 것이다.

그 시작은 사람마다 각기 다르다. 어떤 이들에게 그것은 균열이 발생하는 순간처럼 돌연히, 빛 속에 있다가 그늘로 들어서는 것처럼 분명하게 어떤 충돌이나 강하, 전율, 몸서리, 변화로 찾아온다. 어떤 이들에게 그것은 좀더 은밀하게 오는데, 오랜 시간에 걸쳐 차츰차츰 형성되다가 마침내 더는 무시할 수 없는 상태에 이르고 마는, 만성적이고 지겨운 본질 같은 것이다.

우울증 질환이 언제 어디서 시작되는지 분명하게 말하기 어렵다고 한다면, 언제 끝날지 말하기란 더욱 어렵다. 의사들과 정신과 의사들은 후에 낙담이나 실망을 일으킬 만한 약속을 하지 않으려고 주의하며 일부러 애매하게 말한다. 이 점에 대해서는 앨런 베넷Alan Bennett(영국의 극작가이자 배우)이 정확하다. 『말하지 못한 이야기』Untold Stories에서 그는 이렇게 쓰고 있다. "우울증이 얼마 동안 지속될지 말할 수 있는 의사는 없다. 이 질환은 예정 시간표도 없는 듯한데, 이 예측 불가능함이 이 질환의 정의라고 말할 수 있을 정도다."

닥터 버니와 나는 이 증상이 언제까지 지속될지 전혀 모른다. 그녀는 내게 두 주 동안 일에서 손을 떼라는 처방전을 써준다. 우리는 앞으로 열흘 동안 만나서 업무에 복귀해도 될 만큼 내 상태가 호전되는지 지켜보려 한다. 나는 용기를 낸다. 잠깐 쉬는 거야. 너무 무리했다는 고약한 신호겠지. 11월 중순까지는 정상으로 돌아올 거야. 하지만 박사의 말이 귓가를 떠나지 않는다. 혹시 우울증일까요?

전에 우울증 징후 같은 게 있었던가?

열일곱살에 나는 집을 떠났다. 반항이나 도망은 아니었다. 학업을 마쳤고(그럭저럭 그 전해에 끝냈다) 잠시 해외에 다녀오는 게 언어학 학위를 준비하는 데 도움이 되리라고 생각했다. 그 시절에 고등학교 졸업 후 대학진학 전까지의 몇 해는 여전히 불안했다. 배낭을 둘러매고 세계여행을 떠나는 이들은 거의 없었다. 가까운 친구들을 보면, 한 명은 파리의 술집에서 죽쳤고, 한 명은 인도에 가서 수개월을 지냈고, 또 한 명은 A레벨(영국 대입 준비생들이 치르는 과목별 상급 시험)을 하나 더 통과했고, 다른 두 명은 포츠머스에 있는 거대 펜션 회사에 들어갔는데 그 회사는 십대를 엄청나게 끌어모으는 듯했다.

나는 스위스로 갔다. 아버지는 하필 다보스에 있다는 오래된 지인을 찾아냈다. 호텔을 한 채 가지고 있던 그 가족은, 크리켓을 제법 할 줄 알고 비틀스의 곡 대부분을 피아노로 연주할 줄 아는 것 외에는 이렇다 할 기술이 없는 풋내기 영국 소년을 아주 기쁘게 받아주었다.

그곳 생활의 가장 빛나는 점은 위대한 사람들과 조우한 것이었다고 말하고 싶지만, 그러지 않았기에 그렇다고 말할 수 없다. 호텔에서의 첫날, 나는 거의 기절할 지경이었다. 수많은 억양과 몸짓이 눈보라처럼 밀려왔지만, 나는 도통 이해할 수 없었다. 집에 가고 싶었다. 내가 머물던 다락방에 앉아 시간이 얼마나 더디게 흐르는지 생각하며 하루하루를 보냈다. 1987년의 다보스는 현재의 그 이름처럼 화려하지 않았다. 물론 눈이 많았고, 깨끗한 공기와 고급 시계가 있었다. 길을 따라 내려가면 만나는 클로스터 가에는 왕족이 살고 있었고, 침 뱉으면 닿을 만한 거리에서 세 나라의 국경선이 만났다(리히텐슈타인 공국까지 나라로 친다면 말이다. 그래야 하는지는 모르겠지만. 아무튼 스위스에서 침을 뱉었다가는 큰일 난다). 하지만 그중 어느 것도 내게 큰 인상을 주지 못했다. 게다가 완전 비수기에 접어들면 산마저도 지루해 보였다.

친구도 없었고 맡은 일을 잘 해내지도 못했다. 나의 첫 정규직 직업이었지만 절망적이었다. 이탈리아인 종업원들은 하나같이 나를 '데스페라도'(악당)라 불렀으나 그 이유를 알 수 없었다. 어쩌면 그들이 모여 코카인을 흡입하는 자리에 초대받아 내가 함께했기 때문이었는지도 모른다. 나중에 드러났지만, 내가 코로 킁킁댔던 백선은 실은 땀띠용 파우더였다. 달리 추측해보면, 기껏해야 예측 불가라 할 수 있던 나의 테이블 서비스와 관련있었는지도 모른다. 나는 사람들에게 음식을 쏟았고, 엉뚱한 손님에게 음식을 가져다줬으며, 무척 어리벙벙한 표정으로 서빙을 했기에 손님들이 내 서빙을 받으며 식사하지 못하고 식당을 나가버리는 일이 종종 있었다. 한번은 아주 황당한 사건이 있었다. 값비싼 와인 한 병을 손님들 앞에 꺼내 들고 라벨을 보여준 뒤 코르크 스크루를 꽂고 당겼는데 코르크의 2/3만 뽑혀 나왔던 것이다. 또 한번은 로랑이라고 하는 프랑스 웨이터와 함께 미국인 관광객 스물네 명의 아침식사 주문을 받은 적이 있었다. 그런데 우리는 신참의 실수를 범하고 말았으니, 누가 어떤 음식을 주문했는지 받아적지 않았던 것이다. 그래서 우리는 접시가 나올 때마다 음식 이름을 외치며 주문한 사람을 찾아 테이블 사이를 누벼야 했다.

한번은 호텔 프런트 도어에 손가락을 낀 적이 있었다. 그날 밤 나는 프런트 도어에 옆쪽으로 다가갔는데 문이 평소처럼 자동으로 열리지 않았다. 프런트에는 아무도 없었다. 나는 그 자리에 서서 바보 같은 기분으로 창 안쪽을 바라보고 있었다. 그렇게 서 있다가 이런 생각이 들었다. '소용없어. 내 쪽에서 뭔가를 해야지.' 나는 열어보려는 마음에 유리문에 손을 댔다. 그 과정에서 센서가 작동했는지 문이 벽 안쪽으로 미끄러져 들어가면서 내 손도 함께 끌고 들어갔다. 손가락 두 개의 껍질이 벗겨졌다. 그때 난 상처가 아직까지 남아 있다. 욕할 때 쓰는 손가락에 말이다.

열일곱살이었고 너무 외로웠기에 이따금 온종일 아무에게 아무 말도 않고 지냈다. 내 방에 앉아 기타를 연습했고, 담배를 익히는 데 많은 시간을 보냈다. 그러다가 아래층으로 달려 내려가 냉장고를 뒤져 늦은 아침을 해결하곤 했다. 그리고 뭔가를 썼다. 주로 집에 보내는 편지였지만, 노래와 시 그리고 일기를 썼다. 업무중 기억해야 할 일의 목록을 작성했고, 쉬는 날 할 일의 목록도 작성했다.

근무가 없는 날은 별로였다. 갖고 있던 책은 다 읽었고 기타 줄도 다 써버린 뒤였다. 늘 똑같은 산악 산책에도 흥미를 잃었다. 스키를 탈 수도 없었다. 돈이 너무 많이 들고 눈도 충분히 오지 않았다. 텔레비전이나 라디오도 없었다. 고물 워크맨 하나, 루 리드^Lou Reed와 데이비드 보위의 앨범들이 전부였다. 모든 게 돈이 들었지만, 나는 급여를 받지 않고 있었다. 내가 거기 있는 이유는 언어를 배우기 위해서였으니 말이다. 객실 청소원인

스위스인 처녀와 친해지려 했지만 그녀에게는 이미 청혼한 남자가 있었다.

하지만 일이 없는 날보다 최악은 밤 외출이었다. 1987년에 스위스 전역에서 밤에 할 수 있는 일이라고는 아무것도 없었다. 그래서 나는 호텔 안을 서성이다가 비어 있는 아무 그랜드 피아노 앞에 앉아 연주를 하곤 했다. 상주 피아니스트인 토니가 흰색 정장을 차려입고 데이트 상대를 찾아 모리셔스나 세이셸로 한 달간 휴가를 떠나면, 일품 레스토랑 '슈튀블리'의 피아니스트 자리는 곧바로 내 차지가 되었다. 그러면 이탈리아인 동료들은 한숨을 돌렸다. 피아노 의자에서 줄 수 있는 피해는 많지 않았기 때문이다.

나는 시간의 흐름을 숙고했다. 보고 있으면 천천히 흘렀고, 신경쓰지 않으면 순식간에 지나갔다. 날짜를 세고 있자니 절망에 사로잡혔다. 여전히 9월 25일이었다. 아직 두 달을 더 버텨야 했다. 매일매일 나는 내가 행한 무의미한 일들에 관해 여러 쪽에 걸쳐 기록했다. 열여덟번째 생일이 다가왔고 아무런 축하 없이 지나갔다. 나를 불쌍히 여긴 로라라는 스코틀랜드인 종업원이 셰미 바^{Chami Bar}에 데리고 가서 술을 사주었다. 좋았다. 하지만 우리는 둘 다 마음이 다른 데 가 있었다. 11월은 음울하게 다가왔다. 산은 흰색으로 바뀌고 호텔은 손님들로 북적대기 시작했다. 미국인들, 독일인들, 그리고 동네 피부과 센터에서 온 일군의 사람들. 나는 미그로스 쇼핑센터에서 영자 신문을 읽기만 할 뿐 사지는 않았는데 끝내 지배인이 나오더니 내게 한소리를 했다. 하마터면 그를 보고 웃음을 터뜨릴 뻔했다. '하하하, 나는 곧 집으로 갑니다.' 부모님이 다음주에 나를 데리러 올 예정이었다. 이번주. 내일. 지금 나는 역에서 부모님을 기다리고 있다. 란트크바르트발 기차는 4시 15분에 도착할 것이다.

우리는 3일을 머물며 등산을 하고 잘 먹는다. 하루는 슈튀블리에서 내가 부모님께 저녁식사를 대접하며 그분들을 위해 피아노를 연주한다. 그리고 미련없이 떠난다 우리는 비행기를 타고 집으로 돌아온다. 나는 한 달 새에 키가 3미터가 된 것 같다. 그때 겨우 열여덟살이었지만 벌써 떠벌릴 멋진 이야기 몇 가지를 갖게 되었다. 또한 중요한 진리 하나를 깨달았다. 전진하려면 때로 견뎌야 한다는 것. 살갗을 뚫고 들어와 몸에 남은 교훈이었다. 그리고 되뇌었다. 이제부터 힘든 시간을 자양분으로 삼아야 해. 그러면 좋은 시절이 따라올 거야.

진짜로 좋은 시절이 따라왔다. 엑스터 대학에서 3년간 러시아어와 독일어를 공부했는데, 거기서 나는 지금까지 가장 가까운 친구로 남아 있는 이들을 만났다. 우선, 디버그^{Debug}가 있었다. 우리는 뒷좌석에 곰팡이가 핀 낡은 폴크스바겐을 타고 여기저기 빨빨대며 다녔다. 밴드를 결성해 '즐거운 서류가방'이라는 이름을 붙였는데, 러시아어 수업시간에 처음 배운 두 단어가 그것이었다. 나는 그를 '디버그'라 불렀는데, 러시아어로 그의 이름을 쓰면 그렇게 되었기 때문이었다. 그는 나를 '아이 래드'Aye-lad라 불렀는데, 요크셔 주(잉글랜드 북동부)의 억양이 아주 재미있었다는 것 외에는 그렇게 부른 이유를 둘 다 알지 못한다. 러시아어를 같이 배우면 정말 웃긴데, 왜냐하면 '좋다'는 '호러 쇼'(horror show, 공포 쇼)이고 걸음은 '셰그'(shag, 털)와 발음이 같기 때문이다. 우리는 다른 밴드에서도 함께 활동했는데 유료 공연을 하는 대단한 밴드였다. 후에 디버그는 클래시Clash(영국의 펑크록 밴드) 공연을 보러 가려고 연습에 불참했다가 밴드에서 쫓겨났는데, 나중에 알고 보니 클래시는 나오지 않고 알람Alarm(웨일스의 록밴드) 나왔다고 한다.

그 시절 그런 일들은 악의 없는 철부지 짓이었으며, 디버그와 나는 학업에 대해 느슨한 견해를 가지고 있었다. 하루는 들뜬 마음에 낡은 폴크스바겐 빅을 몰고 야외로 향했다. 놀러가기 좋은 따뜻한 봄날이었다. 다음날 막스 프리쉬Max Frisch(스위스의 극작가 겸 소설가)에 관한 시험을 앞두고 있었지만, 우리 둘 다 그의 『안도라』Andorra를 읽지 않았을뿐더러 다른 작품은 말할 것도 없었다. 나는 심지어 그의 이름에서 s와 h 사이에 c가 들어가는지조차 확실히 알지 못했다. '막스'는 자신있게 쓸 수 있었지만, 그게 다였다. 그 시절에 우리는 러시아어를 배우는 네 명의 여학생과 어울려 다녔다. 사랑스럽고 즐거운 동급생들이었다. 그들은 '니프트'라 부르던 폐차 직전의 푸른색 피아트를 타고 우리보다 앞서 갔는데, 그 차는 지겨울 정도로 고장이 잦았다.

아니나 다를까, A38번 도로에서 우리가 속도를 올리자, 갓길에
멈춰 서 있는 피아트가 보였고 여자애들이 우리를 향해 차를
세우라고 미친 듯이 손짓하고 있었다. 하지만 우리는 70마일의
속도로 추월차선을 달리고 있었기 때문에 차를 멈추거나 돌릴
수 없었다. 하는 수 없이 다음번 나들목에서 빠져나가, 오던 길
을 거슬러 북쪽 교차로로 돌아서 다시 그들 뒤를 밟기로 했다.
속도를 높여 반대편 도로로 돌아 달려가는데 그녀들이 반대편
차선에서 남쪽으로 차를 몰고 가는 게 보였다. 열린 창문 사이
로 우리에게 손을 흔들고 경적을 울리며 우리의 바보짓을 비
웃으면서. 우리는 젊음과 다가올 날들에 취하여 깔깔대며 크게
웃었다.

우리 패거리의 젊은 여자애들은 모두 분별있고, 재미있고,
솔직하고, 무척 매력적이었다. 나는 그들 중 한 명과 결혼했다.
남자애들은 죄다 몽상가, 기회주의자, 불한당들이었고 화려한
옷 입기, 이성의 옷 입기, 결국은 옷 벗기에 굉장히 관심이 많았
다. 우리는 성공할 가망이 없는 70년대 포크 밴드인 스틸리 스
팬Steeleye Span을 떠받들었고 그들의 잘 알려지지 않는 곡을 공공
장소에서 밤늦도록 불러댔다. 우리 여덟 명 중 셋이 우울증적
신경쇠약으로 고생했다.

나는 평범한 학생이었다. 삐딱하고, 혈기왕성하고, 빈털터리
였다. 나는 머리를 기르기로 결심했다. 혹은 적어도 머리카락
을 자르지 않기로 한 것이다. 나의 경우에는 그 둘이 같은 게 아

니었는데 실제로 내 머리카락은 자란다기보다는 보기 싫게 한 줌으로 엉겨붙어 마치 노르웨이 지도 모양처럼 되었으니 말이다. 한 가지 정도는 정말 잘하는 것이 있을 것이라는 생각에 나는 수많은 것을 시도해봤지만 헛된 일이었다. 결국 무난하게는 하지만 특별하게 잘하는 것은 없었다. 진짜 재능은 단번에 알아볼 수 있다. 한번은 크리켓 타자석에서 좌완투수와 조우한 적이 있는데, 그는 느긋하게 투수석에 들어오더니 나이 지긋한 신사가 스웨터를 벗는 모션으로 내게 공을 몇 개 던졌다. 공 대부분이 목 부위를 쏜살같이 스치거나 내 근시안으로는 칠 수 없는 강속구였다. 마치 신발끈으로 총알을 때리려는 격이었다. 그는 나보다 두어 살 많았는데 그가 던지는 시선에 나는 벌써 기가 죽었다. 몇 년 후 소파에 누워 헤딩리에서 열린 국제 크리켓 대회를 시청하고 있었는데 오스트레일리아 팀 타자들이 그를 박살내는 것을 보면서 얼마나 고소했는지 모른다. 나는 코가 부러져 연습 기간에 참여하지 못했는데, 그로 인해 친구들의 동정표를 많이 얻었고 나름의 영웅담도 갖게 되었다. 내가 타격 연습이 아니라 볼링을 하다가 코가 깨졌다는 사실은 아무도 몰랐다.

비슷한 장면이 하나 더 있다. 이제 갓 수염이 나기 시작한, 자만심에 쩐 한무리의 뮤지션들이 '캠퍼스 밴드 연합회' 창립총회에서 공연할 밴드에 끼기 위해 용을 쓰고 있었다. 혀가 꼬여 말이 나오지 않았던 나는 떨지 않고 정확히 말하는 이들을 보면서 경외심이 들 정도였다. 그래서 가망없이 허둥댔는데, 반항적으로 보이는 구레나룻을 기른 한 녀석이 내게 다가오더니 이렇게 말했다. "난 데이비드 실비안David Sylvian과 벨벳 언더그라운드Velvet Undergroud가 좋아." 나도 그렇다고, 그 멋진 「실버 문」Silver Moon의 한 소절을 연주할 줄 안다고 답하고 싶었지만 너무 소심해서 그러지 못했다. 그저 희미하게 몇 마디 웅얼거렸을 뿐. 그의 몸짓에는 장차 스타가 될 자신감이 드러났다. 몇 개월 후 그를 다시 보았을 때, 그는 큰 밴드에서 벨벳 언더그라운드의 「무슨 일이 벌어지는지」What Goes On를 아주 멋지게 연주하고 있었다. 그 밴드에는 비올라 연주자도 있었다. 그들의 연주는 문자 그대로 숨이 멎을 정도였다. 나는 암흑의 독약을 마신 듯 숨을 들이쉴 수 없었다. 우리 밴드가 다음 차례였고, 우리의 연주는 보잘것없었다. 틀리지는 않았지만 잘하지도 못했다.

그 후로 여러 해 동안 그를 보지 못했다. 그러다가 해머스미스 오데온 극장에서 마지막으로 그를 보았다. 그는 라디오헤드Radiohead라는 밴드와 함께 노래하고 있었다. 정말 끝내주는 연주였다.

나는 한 여자아이를 만나 꼭 붙어다녔다. 그녀는 나와 정반대였다. 분별있고, 성숙했으며, 상식이 풍부했다. 나는 성급했으나, 그녀는 빈틈이 없었다. 나는 사립학교 교육을 받았지만, 그녀는 아니었다. 그녀는 왼손잡이였고, 나는 오른손잡이였다.

그녀가 시각적이라면, 나는 청각적이었다. 그녀는 악보가 있어야 연주를 할 수 있었지만, 나는 악보가 필요없었다. 그녀는 남자친구가 있었지만, 나는 없었다. 우리는 서로에게 끌렸다. 나는 몇 달 동안 그녀를 쫓아다녔고, 그래서 그녀는 더욱 사랑스러웠다. 곧 우리는 뗄 수 없는 사이가 되었다. 작은 학생 침대를 나눠 썼고, 자전거를 타고 캠퍼스의 가파른 언덕을 올랐다. 우리는 서로에게 미묘하게 영향을 끼쳤다. 그녀를 만나서 나는 청바지를 입고 영화를 보게 되었다. 나를 만나서 그녀는 모자를 쓰고 캐러밴^{Caravan}과 텐씨씨^{10CC}를 듣게 되었다. 나는 테니스를 치게 되었고, 그녀는 크리켓 경기를 보게 되었다.

우리의 연애는 대개 주위의 친구들과 어울려 지내는 게 다였다. 그들과 함께 술마시기 게임을 했고 분장을 했다. 마음에 부담이 없었다. 하지만 해외로 나가 우리만의 독립된 생활을 시작하고 독일에서 작은 방을 함께 쓰면서 3개월을 보내고서 나는 이것이 시작임을 알았다. 우리는 둘 다 독일어 실력을 키우기 위해 비참할 정도로 지루한 일을 했다. 그녀는 지역의 독일 은행에서 기계적인 업무를 수행했고, 나는 건축 현장에서 일을 했는데 쓰레기를 치우고 엉뚱한 곳에 드릴 구멍을 냈다. 하루가 끝날 즈음에 우리는 웅크리고 누워 서로를 위로했다. 나는 그녀에게 하루가 빨리 지나가게 하는 심리 기법을 가르쳐주었고, 그녀는 내 머리에 묻은 암면 절연제를 떨어내주었다.

테리 이글턴^{Terry Eagleton}(영국의 마르크스주의 문학비평가)은 말했다.

궁극적으로 인간은 자신이 떠나버릴 수 없는 것으로 규정된다고. 이 말이 사실이라면, 나를 규정하는 것은 샤론이다.

이제 돌아보니, 2학년 중반에 나는 첫번째 작은 위기를 맞았다. 막 20대를 시작한 때였고 이미 요란스런 18개월을 잘 보낸 터였다. 그런데 갑자기 모든 게 단조롭고 진부해 보였다. 새 친구들은 이제 옛 친구가 되었다. 사우스데번을 뛰어 달리던 마법 같은 밤들도 흥미를 잃어가고 있었디. 똑같은 사람들, 똑같은 풍경, 똑같은 걱정. 그런데 학교 수업은 갑자기 전보다 훨씬 진지해졌다. 나는 이것저것 손을 댔지만 탁월하게 해내는 것이 없었다. 내가 하는 모든 일을 다른 이가 더 잘하는 것처럼 보였다.

그런 느낌이 여러 달 동안 이어졌다. 실은 1990년 내내 그랬다. 청소년기를 졸업하는 마지막 해라고 해두자. 내가 장차 무엇을 해야 할지 아주 진지하게 묻기 시작했으니까. 여러 가지 선택지가 있음을 알았으나, 나는 잘못된 선택을 하게 될까 두려워 선택을 미루고 있었다.

그해 가을, 모든 것이 절정에 달했다. 나는 모스크바와 흑해 사이에 위치한 보로네시에서 콘크리트와 진흙을 섞어 지은 터무니없는 숙소에서 3개월을 보내는 것을 시작으로 해외 교환 학생 생활을 시작했다. 나는 영국의 다른 대학에서 온 학생들과 함께 기거했는데, 나보다 훨씬 똑똑한 사람들이 있음을 더욱 절감하게 되었다. 옥스브리지^{Oxbridge}(옥스퍼드 또는 케임브리지 대학) 학생들은 동사의 접미사를 구분하는 귀와 기회를 놓치지 않는 눈을 가지고 있었다. 상대적으로 나는 조용하고, 작고, 지방 출신 같았다.

하지만 무언가 꿈틀거리고 있었다. 어느날 우리는 버스를 타고 집단농장으로 토마토 수확을 도우러 나갔다. 소련에서 보낸 마지막 가을, 그 가을의 마지막으로 따뜻한 날이었다. 그곳 분위기는 훨씬 앞선 시기의 다른 곳, 그러니까 흡사 50년대의 느낌이었다. 제국이 종말을 향해 달려가던 시절, 겨울 기근은 결코 뜬소문이 아니었다. 그곳에 한 달 동안 있었지만 육고기나 설탕, 버터, 우유라고 할 만한 것은 거의 볼 수 없었다. 얻을 수 있는 것이라고는 양파와 당근, 토마토, 케피어(우유를 발효시킨 음료), 이따금 나오는 닭고기와 밀주 보드카, 그리고 백해(白海) 운하의 이름을 딴 담배 정도였다. 아, 석류도 있었다. 무슨 이유인지 몰라도, 석류는 지천에 널려 있었다.

일은 고됐지만 손에 닿는 흙의 풍성한 느낌이 좋았다. 나는 티셔츠를 벗고 일했고 땀을 흘렸다. 우리가 고향에서 멀리 있지 않다는 생각이 들었다. 러시아의 흙과 영국의 흙, 러시아 감자와 영국 감자. 러시아인의 농담은 영국인의 농담과 많이 비슷했다. 반어적이고, 축소해서 말하고, 건조하다. 러시아인들은 우리 영국인들보다 더 많이 침을 뱉고 더 많이 담배를 피우고 더 많이 맹세를 했지만, 본질에서는 우리와 똑같았다. 두 개의 팔, 두 개의 다리, 그리고 즐거운 시간을 열망한다는 점에서. 우리는 감자를 뿌리째 캔 다음 나무등걸 같은 얼굴에 입 안 잔뜩 모래를 머금은 듯한 노령의 농부가 운전하는 낡은 트랙터에 그것을 던져넣었다. 나는 그가 혹시 영화 「공포」$^{\text{The Terror}}$(1963, 로저 코먼 감독, 잭 니콜슨 주연의 첩보물)에 출연했던 농부가 아닐까 궁금했으나, 아마도 아닐 것이다.

지난 수개월을 통틀어서 가장 기분이 좋은 날이었다. 다시 한번 그 이상하지만 확실한 예감이 들었다. '여기서 잘 살아낸다면, 얼마나 큰 사람이 되어 영국에 돌아갈지 생각해봐. 거친 일도 유익하다고.' 나는 속으로 말했다. 이 일을 겪고 나면 더 강해질 것이다.

시내로 돌아오는 버스에서 나는 우리의 경험이 얼마나 특별한지를 생각하며 감동했다. 방금 우리는 집단농장에서 곡식을 거둬들였다. 우리는 소련 연방을 돌아다니며 그 몰락을 목격하고 있었다. 스탈린을 기억하는 사람들한테 배우고 있었다. 문득 궁금해졌다. 어쩌면, 그래 어쩌면 이 경험은 어떤 형태의 글을 쓰기에 적합한 지극히 예외적인 경험일 수 있다. 신문 기사, 아니, 어쩌면 잡지 기사감으로도 좋을 것이다. 그래, 잡지 기사가 좋겠어. 마크 라이스-옥슬리 기자의 '나는 어떻게 기근으로부터 소련을 구했는가?' 기사 작성에 더 많은 공을 기울여야 할 것이다. 어디서부터 시작해야 할지 몰랐다. 하지만 시작은 했잖은가. 방향은 잡혔다.

그 시절을 알지 못하는 이들을 위해 말하자면, 1990년대에 20대가 된다는 것은 굉장한 일이었다. 동서 냉전이 끝난 뒤였고, 알 카에다가 등장하기 전이었으며, 경기침체가 지나간 뒤였다. 유로스타(영국, 프랑스, 벨기에 삼국을 잇는 고속열차), 브릿 팝, 토털 풋볼(현대 축구의 출발점이 되는 전원 공수형 축구), 신노동당(제3의 길을 표방하며 토니 블레어 총리가 주창한 구호). 헬스클럽, 유선방송, 그런지 록. 레이 콕스^{Ray Cokes}(영국의 텔레비전 사회자)와 롤러 블레이드, 「프렌즈」^{Friends}와 「텔레토비」^{Teletubbies}. 주택 시장은 바닥을 쳤고 바야흐로 호황기가 시작되고 있었다. 좋아질 일만 있었다. 치명적인 질병이 창궐한 일도 없었다. 적어도 샤를 드골 공항이나 JKF 공항, 셰레메티예보 공항 터미널에는 없었다. 괴물도, 금지된 이념도, 지도에서 사라진 지역도 거의 없었다. 참으로 '역사의 종언'(사회주의, 공산주의 체제의 붕괴를 예견한 후쿠야마의 표현)이었다. 심지어 지금도 나는 1989년 유럽의 '전환기'^{Wendepunkt}, 그러니까 세계가 원점에서 시작하여 러시아인들이 잠시나마 우리를 사랑하고 모든 나라가 매일같이 스스로를 혁신하던 그 시절에 진한 향수를 느끼곤 한다. 두 번의 여름 동안 인터레일(일정 기간 유럽의 국유철도를 마음껏 이용할 수 있는 기간제 승차권)을 이용해 동유럽을 돌아다니면서 나는 곳곳에서 희비극을 목격했고 내가 본 것을 사랑하게 되었다. 당황스러움과 비극 사이에는 언제나 희극적인 면이 있었다.

90년대에 나는 첫 차를 샀고(그리고 팔았고), 첫 이메일을 받았고(한 번도 만나본 적 없는 프라하의 한 녀석으로부터), 첫 유로스타 열차를 타고 영국-프랑스 간 해저터널을 건넜다. 그 10년은 5와 1/4인치 플로피 디스크로 시작해서 구글의 등장과 함께 끝났다. 허다한 결혼식에 참석했고, 1998년 샤론과 결혼함으로써 그 정점을 찍었다. 모스크바, 파리, 런던에서 생활했고 예루살렘, 사라예보, 헬싱키에서 일했다. 살아 있다는 게 좋은 시절이었다.

90년대에 우선적으로 구해야 할 것은 일자리였다. 오아시스(90년대 브릿 팝을 대표하는 그룹)는 이렇게 물었다. "우리가 마약에 취해 있을(getting high) 때, 당신은 어디 있었나?" 이 말을 이렇게 바꿔도 무방하리라. "우리가 잘나가는 직장을 구하고 있을(getting highly paid jobs) 때, 당신은 어디 있었나?" 1992년의 영국에는 일자리가 없었다. 결국 우리는 죄다 모스크바로 향했다. 당시 러시아의 수도는 까탈스럽고 속내를 알 수 없는 불한당처럼, 좋아하기 쉽지 않지만 사랑하지 않을 수 없는 곳이었다. 싸구려 벤젠 냄새와 공장 썩은내가 풍기는 그곳에는 성냥갑을 세워놓은 듯 똑같이 생긴 아파트들이 몇 킬로미터씩 이어져 있었는데 진흙탕과 분비물로 뒤덮인 작은 공터만이 그 사이에 숨통을 틔워주고 있었다. 낮 시간은 정치적 · 경제적 소란이 판치는 한편의 통속극 같았는데, 암거래상과 환전상, 투기꾼, 한건 노리는 자들이 죄다 활약하고 있었다. 밤이면 '어둠의 섹스촌'이나 '파일러트' 같은 이름의 새로운 클럽과 술집들이 매일같이 문을 열었고, 러시아인 사기꾼들과 서양에서 온 모험가들이 그 자리를 채웠다. 우리는 큰돈 안 들이고도 자가용을 불러 어디든 갈 수 있었고 심지어 버스를 불러세운 적도 있었다. 그처럼 자유로움을 느낀 적은 처음이었다.

일자리가 있고 돈을 벌 수 있음이 곧 분명해졌다. 탈냉전 시대의 밀월관계는 더 이어질 터였기에 서구인들을 필요로 하는 곳은 여전히 많았다. 나는 한동안 호텔과 식당에 전산 설비를 설치해주는 영국인 회사에서 일했다. 나라 전체가 할머니들의 전표 조각에 의지해 70년 동안 운영되어온 터였다. 21세기는 고사하고 20세기에 진입하기 위해서라도 개조가 절실했다. 내 지인들은 소비재를 수입하거나 신기술을 도입하여 돈을 벌고 있었다.

하지만 나에게는 이윤을 추구하려는 욕망이 없었다. 나는 여전히 언론사에서 일하겠다는 막연한 생각을 하고 있었다. 다행히도 새로운 영자신문이 모스크바에서 막 발행되기 시작했다. 하지만 안타깝게도 내가 거기서 할 수 있는 일이 뭐가 있을지 나는 전혀 몰랐다. 『모스크바 타임스』_Moscow Times_…. 어기적어기적 공항을 빠져나가며 집어든 신문 한 부가 이후 내 인생을 향해 나아가는 중간 기착지가 되었다. 신문의 머리기사를 읽으며 이상한 예감이 들었다. '여기가 내 일터가 되겠군. 이게 내가 할 일이지.' 나는 신문에 십자말풀이가 없다는 것을 알아채고는 곧바로 두세 개를 만들었고 신문사 편집인에게 전화를 넣어 미팅 약속을 잡았다. 신문사 사무실이 있던 스위스 호텔 스위트룸에서 만나기로 한 것이다.

길고도 눅눅했던 1986년의 여름을 견뎌내는 비법을 어머니한테서 배운 이후로 나는 십자말풀이 중독자였다. 잘 나오는 펜은 필수품, 그리고 1/4 크기가 되도록 신문지를 두 번 접으면 된다. 온갖 종류의 암호와 두문자어(頭文字語), 다이어가 ㄱ 안에 있다. 살인사건 해결과 비슷하다. 단어의 철자 순서를 바꾸어 새로운 단어를 만들고, 특히 불가해한 단서를 해독하여 정확한 철자를 작고 흰 네모 안에 적어넣는 일은 아름다웠다. 한번은 지도상에 나오는 해상 기상통보 지역명이 답인 십자말풀이도 있었다. 마음에 들었다. 그래서 두 개를 만들어보았는데 실제로 해보니 푸는 것보다 만드는 게 훨씬 쉽다는 것을 알았다.

『모스크바 타임스』의 편집인은 크게 부풀린 빨강머리를 한 미국 여성이었는데 한성격 하는 것으로 유명했다. 정기적으로 호텔 복도에 나타나 "이고르에게 전해요, 이 사진은 은화율을 어겼다고!" 하는 식으로 고래고래 외쳐 사람들의 혼쭐을 빼놓곤 했다. 그녀와의 만남을 기다리는 동안 나는 바보 같은 아이디어라며 스스로를 자책했다. 넥타이를 반쯤 맨 기자들이 신문 뭉치를 들고 부산하게 움직이며 통신원들에게 "IMF에 줄을 대보라고 해"라고 했다. 대박 멋진 디자이너들이 문단의 행간과 글자의 장식꼬리를 두고 미국인 신문기자와 싸우고 있었다. 비쩍 마른 러시아 아가씨들이 멋진 표정으로 돌아다녔다. 방금 전 나는 길을 잘못 들어 정치부 편집부장 사무실에 들어갔다가 마크 챔피언^{Marc Champion}과 데이비드 필리포프^{David Filipov}와 정면으로 맞닥뜨렸다. 그 전설적인 인물들과 말이다! 두 주 동안 신문을 샅샅이 읽어온 나로서는 벌써부터 마크 챔피언이나 데이비드 필리포프, 혹은 두 사람 모두를 섞어놓은 인물이 되고 싶은 심정이었다. 하지만 이 거물들에게 나 같은 아마추어가 무슨 필요가 있을까? 나는 진짜 미국인조차 만나본 적이 없는 초보인데 말이다. 그들은 쓰는 단어부터가 나와 다르지 않던가? 줄을 대다니, '줄'이 뭘까? 행간과 장식꼬리는 또 뭐지? 그리고 대체 은화율이라니? 분명 나는 여기서 완전히 박살나고 말 거야.

하지만 사무실에 들어가 대면한 그녀는 정중했고 유쾌했다. 멕^{Meg}은 나를 불쌍히 여겼던 듯싶다. 분명 이해할 수 없었을 것이다. '정말로 신문사에 들어가고 싶다면 북코카서스 분쟁이나 타지키스탄 전쟁을 다루든지, 그게 아니면 최근 부상하는 모스크바 미술 시장이나 극장 등을 다뤄야 하지 않을까? 어렵게 모스크바까지 와서는 작은 네모칸 속에 철자나 채우고 거기에 필요한 애매한 단서를 만들어내고 있는 이유가 뭐지?' 속으로는 나를 이상하게 생각했을지 모르나 그녀는 그런 말을 꺼내지 않았다. "나도 영국식 십자말풀이를 좋아해요." 그녀는 선명한 머리칼을 쓸어넘기며 진지하게 말했다. "『타임스』지에 실리는 십자말풀이를 매일 풀곤 했어요. 반 시간 걸렸죠. 미국식은 형편 없어요." 무슨 말을 해야 할지 몰라, 나는 웃음인 듯 코웃음인 듯 동의인 듯한 표정을 지었다. 나는 반 시간은 고사하고 다 푼 적이 있는지조차 확실하지 않았다. 어쩌면 그녀가 나보다 이 일을 훨씬 잘할 수 있으리라. 하지만 그런 말을 하지는 않았다. 나가는 길에 승강기를 타고 내려가는데 큰 기쁨이 밀려왔다. 승강기 문이 열리고 재즈가 흘러나오는 대리석 라운지로 내려 섰다. 들어올 때는 기가 죽었있는데 이제 보니 세련되고 성인 에게 어울리는 곳처럼 보였다. 내가 있어야 할 곳은 여기야. 속 으로 생각했다. 이틀 후 전화가 걸려왔다. 회당 50달러에 십자 말풀이를 싣게 될 것이다. 몇 주 후 멕과 통화를 했다. 편집부 책상 위에 교정쇄가 올려져 있으며, 누구의 이름이든 써넣기만 하면 되는데, 생각이 있는지? 나는 격하게 동의하지 않을 수 없 었다. "네." 나는 대답했다. 순간, 내가 모스크바에 있는 이유와 남은 내 인생 동안 내가 하고픈 일이 무엇인지 깨달았다.

『모스크바 타임스』는 훌륭한 교습소였다. 거기서 나는 신문, 특파원, 멕의 은화율(신문에 실리는 얼굴 사진은 미국 동전보다 작아서는 안 된다)뿐만 아니라 러시아인과 미국인, 정상회담과 선거, 전쟁과 쿠데타, 그 밖에도 때마다 뉴스에 등장하는 단골 사건들에 관해 배웠다. 나는 아직 십자말풀이를 짰지만, 기사 작성법과 체계적인 동시에 공감가는 인터뷰를 하는 법, 그리고 기사 제목을 쓰고 면을 구성하는 법을 익히는 데 더 관심을 기울였다. (나는 러시아 스키 선수단을 찍은 평범한 사진 아래에 들어간 기사의 첫 단락 글단추에 '스키니크스'〔Skiniks〕라고 써 넣은 동료 기자의 담백한 표현이 마음에 들었다. 거꾸로 읽어도 똑같은 회문〔回文〕이었기 때문이다.)

90년대의 남은 시간은 전부 기사와 관련되어 있다. 나는 기자가 되었고, 통신사의 해외특파원이 되었고, 자유기고자가 되었다. 기자는 어떤 사실을 발견하여 다른 사람들에게 그것을 전달하는 것으로 돈을 버는 사람이다. 그들은 이래라저래라 지시하는 글을 쓸 필요가 없으며, 실제로 기자들 대다수가 그런 일을 하지 않는다. 언제나 통하고 재사용되는 나름의 공식들이 있다. 매번 순서만 조금 바뀔 뿐 기본적으로 500단어 안팎의 천편일률적 내용이다. 기자에게 이런 공식은 때로 절망스러운데, 공식에 맞추다보면 비범한 일도 단조롭고 평범한 일이 되어버리기 때문이다.

나는 철판을 덧댄 랜드로버를 타고 아무도 사는 이 없는 혹한의 북부 보스니아를 서행해 지나가는 중이다. 있어서는 안될, 그러나 어딘가에 반드시 있을 세르비아 부대를 찾고자 극도로 주의하면서 말이다. 운전을 맡은 오드 안데르센[Odd Andersen]은 전쟁 사진기자이자 슬픈 표정의 노르웨이인이며 여러 면에서 괜찮은 사람이다. 우리는 똑같은 세 개의 테이프를 몇 주째 듣고 있다. 오늘은 얀 가바렉[Jan Garbarek](노르웨이 출신의 색소폰 연주자)을 들을 차례다. 좋다. 날씨는 얀 가바렉 같다. 콧물 색의 하늘, 눈으로 수놓은 공기, 모래와 진흙과 진창 범벅인 땅. 공기에서 슬픔의 냄새가 난다.

나는 오드와 다니는 게 좋다. 그는 사진기자이기 때문에 항상 내 앞에 있고 더 큰 그림에 한 발자국 더 가까이 다가가 있지만, 나는 벽이든 차든 나무든 무엇이든 간에 그의 뒤에 있다. 사무실에서마저 뒷자리에 있나. 다른 모든 방법으로도 안 되면, 기자는 전화기 하나로 일을 처리할 수 있다. 하지만 사진기자가 사무실 안에서 좋은 사진을 찍을 수는 없는 노릇이다.

우리는 이미 좋은 이야기들을 확보했다. 1996년의 보스니아는 슬픔의 땅(1992년 독립선언 이후 보스니아는 세르비아계와의 내전으로 많은 피해를 겪었다)이지만 취재 과정에서 점잖지 못한 흥겨운 사연도 구할 수 있었다. 우리와 우리의 매력적인 통역사들은 얼마나 자주 투즐라(보스니아 사라예보 북동쪽의 도시) TV에 사연이 소개되는지를 두고 계속 시합을 벌인다. 우리에게는 외발이 해결사가 있고 도무지 먹을 수 없을 것 같은 요리를 만들어주는 요리사가 있다. 우리는 그녀의 기분이 상하지 않도록 요리를 차에 싣고 밤새 달려가 다음날 도착한 마을에 버린다. 아마추어지만 우리는 크로아티아에서 자동차 부품을 밀수해 가져오기도 했다. 우리는 계속 돈이 쪼들리고 있는데, 전화요금이 방세보다 많이 나오기 때문이다. 돈만 아는 고약한 늙은 집주인 크릴릭은 추가로 돈을 받지 않으면 난방을 틀어주지 않을뿐더러, 우리가 자고 있는데도 아랑곳않고 새벽 5시만 되면 소란스럽게 방을 오가며 정리를 한다. 세르비아 점령지역 내 모든 곳에서 나는 러시아인인 척한다. 그 밖의 곳에서는 기자인 척한다. 나는 속기를 할 줄 모른다. 적대적인 환경에서 훈련받은 적도 없고 해서 쉽게 포기한다. 미국 평화유지군은 나를 무척 좋아하지만, 크릴릭은 나를 아주 싫어한다.

정신이 번쩍 드는 사건들이 있었다. 첫 주에 나는 절망에 사로잡힌 필사적인 스레브레니차(보스니아 내전 당시 유엔이 안전지역으로 선포한 피난민 거주지였으나 세르비아군이 침공하여 7,500여명의 이슬람교도를 학살한 사건이 일어난 곳) 여인들에게 잠시 인질로 붙잡힌 적이 있다. 그들의 무기는 막대기, 슬픔, 무시무시한 치아교정기였다. 얼마 전에는 나이 지긋한 세르비아 여인이 군중에게 머리를 구타당해 움직이지 못할 정도가 되는 것을 무력하게 바라본 적이 있다. 그 전에는 길가에 차를 세우고 소변을 보는데 나무에 붙어 있던 표지판이 눈에 들어왔다. "지뢰 지역!" 그 전 주에는 『헤럴드 트리뷴 국제판』*International Herald Tribune*에 실을 기사 한 단락을 쓰기 위해 험비 지프에서 밤을 보냈다. 그만한 가치가 있는 일이었는지는 모르겠다. 그 전에는 3일 동안 세 대의 차와 충돌하기도 했다. 투즐라 경찰은 귀찮은지 더이상 나를 경찰서로 데려가 조서를 쓰게 하지 않는다. 지역 교통경찰은 이제 나를 잡지 않는다.

그래서 나는 오드가 운전하는 게 좋다. 운전은 오랜 고역이다. 어느날이든 어느 곳에 가든, 대체로 한 시간 이상 걸리는 외지여행은 하루의 동력을 바꿔놓는 듯싶다. 실제 현장에서 보내는 시간보다 이동시간이 더 길다. 차가 막힌다. 눈이 약간 내린다. 오드가 히터를 올린다. 눈이 감긴다.

깜짝 놀라서 깬다. 오드가 차를 세웠다.

"보인다." 그가 말한다.

"누가?"

"탱크 말야."

"어디?"

"저기 농가 뒤에 있어. 봐, 가리지도 않았어."

이제 내 눈에도 보인다. 십여 개의 포가 우리를 겨누고 있다. 제2차 세계대전 영화의 한 장면 같다. 데이턴 평화협정(미국 오하이오 주 데이턴에서 보스니아, 크로아티아, 세르비아 3개국 정상이 합의한 평화협정) 하에서 탱크를 움직이다니, 절대 안 된다. 기사감이다. 나는 오드가 움직이기를 기다린다.

"안 가?"

"여기선 그림이 안 나와."

"안 나온다고?"

"안 나와. 줄지어 선 탱크밖에. 1면 사진은 아니지. 안 그래?"

"그렇긴 해."

오드는 방한복을 껴입는다. 차 문을 연다. 나는 숨을 내쉬고 잠깐 동안 몸을 떤다. 가방을 뒤져 낡은 구술녹음기와 펜을 꺼낸다.

밭을 가로질러 걸어간다. 굳은 얼굴의 사수들은 내 모습을 주시하고 있다. 저 총구들 중 한 군데서 총알이 날아온다면 얼마나 빠를까? 날아오는 총알을 보고 피할 수 있을까? 피구 경기 같지 않을까? 내가 반응할 수 있는 시간은 몇 초나 될까? 나는 그중 한 대의 움직임에 주시하며 총신에 시선을 고정한다.

계속해서 발걸음을 옮기지만 머릿속에서는 이건 미친 짓이라고 소리치고 있다. 내가 기자가 된 것은 충만하고 즐거운 인생을 살기 위해서였다. 스물여섯의 나이로 순직한다면 의도와 어긋나는 일이리라. 내가 겁쟁이라는 건 모두가 아는 바다. 나는 그것을 3년 전 모스크바에서 깨달았다. 당시 모스크바는 사방에서 총성이 울리고 거리마다 탱크가 깔려 있는 곳이었다. 흥분한 구경꾼들이 스포츠 행사를 구경하듯 무리를 지어 모스크바 의사당 피격 영상을 보기 위해 강가로 몰려나올 때 나는 반대 방향으로, 혹시 있을지 모를 저격수를 피해 이쪽 문에서 저쪽 문으로 허둥대며 도망치고 있었다. 체첸 내전이 벌어졌을 때도 마찬가지였는데, 그때 내가 느꼈던 것은 희생자들에 대한 연민이나 현장 동료들에 대한 연대감 같은 것이 아니라 내가 가지 않아도 되어 다행이라는 안도감이었다. 자살폭탄테러가 있었던 1996년 봄 예루살렘에서도 마찬가지였다. 나는 거대한 폭발소리에 쏜살같이 침대 밑으로 숨었는데 알고 보니 그것은 폭죽 소리였다.

첫번째 탱크에 접근한다. 무한궤도에는 새 흙이 묻어 있다. 사수가 나를 내려다보며 카악 침을 뱉는다. 내가 배운 러시아어를 떠올린다. 기억을 더듬어 질문을 하나 구상해본다. 여러 가지 질문들을! 당장 죽을지도 모르는 상황에서 나를 건져줄 마땅한 질문 하나 생각해두지 않았다. '여기서 뭘 하는 거죠? 데이턴 평화협정에 대해 잘 알고 있나요? 최근에 보스니아인을 죽인 적이 있나요? 부탁인데, 가장 가까운 강제수용소로 나를 보내주시오.' 여기까지 오는 내내 차 안에서 잠을 자다니, 내 어리석음과 게으름이 후회된다. 치밀한 사람이라면 세르비아 사수와 말을 트기 위해 질문 몇 가지 정도는 적어두었으리라. 솔직히 말해, 나는 세르비아 사수와 이야기를 하게 되리라고는 생각조차 못했다. 조금 더 현명했어야 했다.

분위기를 녹여줄 말을 건넨다. 이를테면, "안녕하세요, 좋은 날이네요. 나는 프랑스 통신사(AFP) 기자인데 뭐 좀 물어보고 싶어요. 이곳에는 오늘 아침에 도착한 건가요?"

그는 멍하니 나를 바라보다가 알아듣지 못할 무슨 말인가를 중얼거리더니 회전포탑 속으로 사라진다. 나는 다시 발걸음을 옮기며 싸구려 기름냄새가 뒤섞인 차가운 공기를 들이마신다. 방황하는 닭 한 마리가 보인다. 힘없는 결론. 이야기 절반과 내 목숨을 건졌으니 이 정도로 만족하자. 내가 랜드로버로 돌아오자 적어도 오드는 감명을 받은 듯 보인다…

…나는 열차사고 현장을 찾아 런던 서부로 쏜살같이 달려가고 있다. 이 부근 어딘가다. 래드브록 그로브와 웨스트번 파크 사이의 어딘가. 하지만 역과 역 사이에서 열차가 충돌한 거라면, 찾기 힘들 수 있다. 역은 위치를 특정할 수 있지만 선로는 그렇지 않다. "여기야!" 반대편에서 목소리가 들려온다. "위층으로." 다른 기자들과 함께 재빨리 고층 건물로 내달린다. 3층, 4층, 5층, 마침내 옥상으로. "10파운드요." 운동복 차림의 사내가 말한다. 사진기자들이 돈을 낸다. 나도 낸다. 들어가서 광경을 내려다 보기만 할 테지만 말이다. 10월 아침의 청명한 햇살 아래로, 정어리 통조림처럼 뚜껑이 벗겨진 첼터넘발 6시 03분 열차와 열차에 실린 수많은 시신이 보인다.

이후 몇 시간은 정신이 없다. 짙은 탄내가 자욱하다. 희생자들이 실려나간다. 몸을 가눌 수 있는 부상자들이 충격에서 벗어나지 못한 듯 임시진료소가 되어버린 지역 수퍼마켓 카페 앞에서 커피 잔을 감싸쥐고 서 있다. 나는 경찰관에게 말을 건넨다. 그는 사망자가 네 명이라고 말해준다. 사무실에 전화해 이 소식을 알린다. 우리 통신사가 한건 했다. 국영 통신사인 PA(Press Association)보다 앞서서 이 소식을 1차로 송고한 것이다. 나는 기분이 좋지만, 주위 사람들은 모두 울고 있고 일그러진 표정으로 구급차와 구급요원들과 경찰관들을 멍하니 바라보고 있다. 사고를 당한 열차의 잔해 속에서 휴대전화 벨이 울리고 또 울리지만 아무도 받지 않는다…

…다시 취했다. 하지만 내 잘못이 아니다. 나는 러시아 형무소의 결핵 현황을 알아보는 탐사기사를 쓰기 위해 작업중이다. 군복이 제격인 S. V. 포노마요프 대위 같은 이름을 가진 완고한 이들의 환심을 사기 위해 하루종일 술을 마셨다. 골아떨어지기 전에 빠져나가야지 생각하고 있을 때, 교도소장이 '키올릭나야' 보드카 넉 산을 더 하자고 청한다. 끈저끈적한 노란색 저 술은 벌꿀로 만들었다 했던가, 벌을 갈아서 만들었다 했던가, 정확히 기억나지 않는다. 분명한 것은 세상을 깜짝 놀라게 할 국가비밀급의 군침 도는 정보를 듣고 있다는 것이다. 하지만 수첩을 잃어버렸고 알코올 때문에 기억력도 가물가물하다. 내 주량의 한계점에 이르렀다. 기분이 더러워지는 단계를 벌써 지났고, 이제는 지킬 수 없는 약속을 떠벌리고 있다. 곧 다음 단계로 넘어가 터무니없는 말을 주절대고 말 텐데. 앞으로 몇 시간은 기억에 없을 테고, 그러고 나면 나는 우글리치의 어느 버스 안이나 낯선 집의 문앞에 잠들어 있겠지. 동석한 미국인 TV 기자가 부럽다. 보드카를 마시지 않아도 되고 샴페인만 홀짝이는 기자 말이다. 여자라는 이유만으로.

손바닥에 몇 가지 정보를 적었으나 읽을 수가 없다. 그들은 모스크바까지 나를 데려다주겠다고 약속했다… 하지만 저녁식사를 먼저 하고서! 우리는 상다리가 휘어질 정도록 많은 음식과 보드카가 차려진 긴 식탁 하나만 있는 식당 앞에 차를 세운다. 요령이 필요해. 나는 물잔을 비우고 허벅지 사이에 끼운다. 옆에 있는 사내와 말을 섞는다. 그는 교도소 비리에 대해 중대한 비밀을 폭로하고 있다. 오래된 기억법을 시도해본다. 하나는 빵, 둘은 신발, 셋은… 뭐더라…? 첫 보드카 잔이 돈다. 왁자지껄 건배를 하는 동안 나는 다리 사이에 끼워둔 잔에 잽싸게 술을 붓고는 잔을 다 비운 척 '한 잔 더'를 외친다. 그렇게 한 순배 돌고, 또 돌고 다시 돈다. 검은 호밀빵을 여섯 쪽 먹는다. 아스픽 젤리에서 고기 부분만 발라 먹는다. 설령 나중에 고양이를 키우는 일이 있더라도 절대 이런 것을 먹이지는 않으리라. 곧 내 잔에 술이 찬다, 그런데 더이상 못 참겠다, 화장실에 가야해. "욱." 잔을 흔들어대며 몸으로 표현한다. 플라스틱 화분에 잔을 비우고 문으로 향한다. 화장실에서 보니 신발이 한 짝뿐이다. 하지만 신경쓰지 않는다. 기막힌 아이디어가 있다. 내 휴대전화 번호로 전화를 걸어 이들의 부패와 결핵, 교도소에 대한 세세한 이야기와 하루종일 거둬들인 그들의 말을 모조리 음성사서함에 남기는 거야. 시간이 걸리겠지만 모조리 손에 담을 수 있겠지. 비틀거리며 식탁으로 돌아간다.

다음날 음성사서함을 확인한다. 내가 보낸 긴 메시지가 정말로 있다. 하지만 내용은 쓸데없다. 녹음된 메시지는 온통 잃어버린 신발 한 짝이 어디 있는가 하는 내용뿐이니 말이다.

3

아빠가 전부인가?

다음 두 주 동안은 아프지도 않고 그렇다고 건강하지도 않다. 몇 가지 성가신 증상이 목의 가시처럼 나를 괴롭힌다. 피로, 두통, 우울, 불안에 따른 맥박 증가, 그리고 이따금 정신을 잃는 등 증세가 걱정스럽다. 모두가 부럽다. 이웃 사람들, 학교 교문에서 친구가 된 이들, 이발을 해주던 레바논인 이발사, '네모바지 스폰지밥.' 우리 아이들마저. 우리 아이들이 부럽다. 지친 몸을 끌고 킹스턴 가로 접어들 때면 사람들을 보면서 생각한다. "저 남자는 나와 같지 않아, 저 여자도 나와 같지 않지, 길을 건너는 저 사람도, 전동휠체어를 탄 저 노인도 아니지…" 나는 저들 모두가 부럽다.

그런데 몸이 안 좋아서 당황스러운 만큼 중간중간 건강할 때도 있어 당황스럽다. 어떤 날은 잠에서 깨어 거의 정상처럼 느껴진다. 두통도 없고, 기운이 넘치고, 이명도 들리지 않는다. 나는 신중하게 생각한다. 다 끝난 걸까? 전에도 이런 적이 있었다. 악몽에서 벗어났다고 자축한 게 도대체 몇 번이던가? 페기 리^{Peggy Lee}(1940~50년대 미국을 대표하는 팝 가수)가 부른 「이게 전부인가?」^{Is That All There Is?}라는 곡이 머릿속에 맴돈다. 감미롭지만 불분명한, 뿜빠뿜빠 하는 경쾌한 선율에 슬프다 못해 불길한 기운이 물들어 있는 곡인데, 코드 진행을 듣고 있자면 전율이 느껴진다.

후렴부는 이렇게 흘러간다.

이게 전부인가?

이게 전부인가?

이게 전부라면, 친구여,

계속 춤을 추자!

술판을 벌이고 신나게 즐기자.

만일 이게

전부라면.

두 달 내내 쉼없이 이 노래를 부르며 나 자신에게 물었다. "이게 전부인가?" 병을 향해 묻는다. 이게 너의 전부인가? 이제 끝난 건가? "이게 전부라면, 친구여, 계속 춤을 추자!" 그러고 나서 다음날 아침 잠을 깰 때 이게 전부가 아님을 무섭게 깨닫는다. 이게 다가 아니다. 이렇게 나는 이 질문의 어두운 면을 안다. '이게 전부인가? 나한테?'

음악 듣기가 갈수록 더 힘들어진다. 너무도 당혹스럽다. 나는 음악을 즐겨들을뿐더러 머릿속으로 듣는 경우도 종종 있다. 어떤 노래는 내면을 파고 들어와 머릿속에서 무한 연주된다. 전에는 그런 곡들의 연주법을 파악해 그 선율이나 코드를 피아노로 연습했었다. 처음에는, 「렛 잇 비」^{Let It Be}나 「체인지」^{Changes}처럼 쉬운 곡이었다. 그런데 재즈가 모든 것을 바꿔놓았다. 지금은 하프 디미니시 코드와 디미니시 코드(감칠화음)에 한없이 끌리는데, 그것은 화음(코드)으로 만든 광활한 집에 퍼져 있는 여러 방들을 연결해주는 어둡고 신비한 통로 같다. 디미니시(diminished, 음악 용어로는 '반음 낮춘'이란 의미지만, '줄어든' '약화된'이란 뜻도 있다) 코드는 무언가 붕괴되는 과정 중에 있다는 느낌을 준다. 뭔가 부서진 느낌. 조만간 안으로 무너져 다른 무엇이 될 것 같은 불안정한 소리다. 이제는 피아노 앞에 앉지만 이것들 중 어느 것도 나와 관련 있거나 내 마음을 사로잡지 못한다. 그저 건반만 바라볼 뿐. 피아노 연주가 얼마나 즐거웠는지 생각조차 나지 않는다. 음악 듣는 것이 즐거웠던 시절 역시 상상이 되지 않는다. 더이상 들을 수가 없다. 모두 소음일 뿐. 나는 약화되었고(diminished), 부서지고 있고, 안으로 무너지고 있고, 조만간 다른 무엇이 되어 있을 것이다.

점심식사 후에는 낮잠을 청해본다. 신문사에서 야근할 때 나는 낮잠의 도사였다. 20분 미만. 그 이상은 안 된다. 오히려 회복 효과가 없다. 살바도르 달리는 손에 숟가락을 쥐고 그 아래 그릇을 둔 채 꼿꼿이 앉아서 낮잠을 자곤 했다고 한다. 그러다 잠이 들어 숟가락을 놓치면, 그릇에 떨어져 나는 소리에 잠을 깨곤 했다는 것이다. 잠깐의 잠은 피로를 해소하고 남은 절반의 하루를 준비하는 데 필요한 만반의 준비인 셈이다. 하지만 이제는 잠을 깨면 나는 머리가 어지럽고 아프며 방에는 문제가 있다. 그리고 횡경막 사이로 옅은 압박이 느껴진다. 불안하다.

가장 걱정되는 것은 인지능력과 판단력이다. 서른다섯해 만에 처음으로 읽을 수가 없다. 샤론이 도서관에서 스티그 라르손Stieg Larsson('밀레니엄 시리즈'로 유명한 스웨덴 언론인이자 작가)의 두번째 책을 빌려주었으나, 20여 쪽까지 읽다가 포기한다. 갑자기 찾아온 문맹이 부끄러워 책갈피를 책 중간 즈음에 끼워넣는다. 직업에 대한 감을 잃지 않으려 신문을 읽어보지만 눈으로 볼 뿐 도무지 읽히지 않는다. 한 문장의 마지막 부분을 읽을 즈음이면 문장의 시작이 무엇이었는지 생각나지 않는다. 모든 것이 최근 내가 처한 곤경과 무관해 보인다. 부커상 수상자, 크레믈린 음모, 전당대회, 프리미어십 골 득점자 등 이 모든 것이 내게 도달할 수 없기에 무의미해 보인다. 전에는 그토록 흥분하던 매일의 뉴스가 똑같은 옛 이야기를 무한 재생하는 인공적인 술

책으로 보인다. 내 할머니처럼 되어가는 것 같다. 할머니는 올해 102세인데 실제로 할 수 있는 일이 많지 않다. 근자에 이르기까지 나는 할머니의 마음을 헤아려본 적이 없다. 이제 왜소해져만 가는 할머니의 인생이 애처롭게 느껴진다.

아직 글을 쓸 수 있지만 오랫동안은 어렵다. 나는 30년 동안 일기를 써왔다. 그게 바뀌었다. 종이에서 디지털로, 따분한 연대기에서 그림이 들어간 스크랩북으로, 비판적 논평에서 검토와 에세이, 경구와 혜안으로. 그리고 이제는 끝없이 순환하는 내 증상을 기록한 연대기로.

2009년 10월 16일 금요일

안정화. 증상은 아직 그대로다. 무릎이 굼뜬 무기력 상태, 눈 부위의 짜릿한 통증, 귀가 막힌 것 같은 답답함, 특히 허리를 구부릴 때. 하지만 수요일 오전 이후로 '증상'이 없다. 완화되었다. 이 궤도를 유지해야 한다. 다른 어떤 일보다 이 궤도 유지가 필요해, 마르코.

나는 아직 끝나지 않았다. 왜 다 해냈다고 떠들며 다녔던가. 마음이 불편하다. 아직 해야 할 일이 많다. 『가디언』에서는 본격적으로 시작도 못했고, 우리집 애들도 이제 즐거워지기 시작했으며, 그리고 친구들이 내 병에 보이는 관심의 정도를 볼 때 우정은 풍성하며 행복한 시간도 아직 많이 남아 있다. 그리고 그리고 그리고…

하지만 이처럼 한창 때에 꺾여야 하는 사람들, 끔찍한 제약과 축소를 속절없이 참아내야만 하는 이들이 있다. 인간조건의 본질이 이렇다. 우리는 아무것도 변하지 않고 영원히 문제가 없을 것처럼 살아가지만, 언제든 갑자기 끔찍한 일이 벌어질 수 있음을 잘 알고 있다. 그러한 불확실성을 안고서 어떻게 살아가야 하는가? 비상대책을 세우고, 아무것도 당연히 여기지 말고, 인간적으로 가능한 한 최대로 즐겨야 하리.

2009년 10월 19일 월요일

그것은 항상 서서히 퍼져나가는 식으로 다가온다. 관자놀이에 나사를 죄는 듯 갑작스런 통증이 오거나, 횡경막이 떨린다거나, 머리와 몸통을 훑고 지나가는 불안한 파동이 올 수도 있다. 걱정이다. 다시 일을 할 수 있을지, 아이들을 실망시키지 않을지, 현재의 장애 상태에 예속되지 않을지, 이런 상태가 계속되면서 결국 싸움의 대상이 무엇인지조차 모른 채 무작정 참고 기다려야 하는 건 아닌지. 그래서 되뇌인다. 됐다, 이제 충분하다, 기운을 내자, 다음주에는 출근할 수 있을 거야. 그리고 다시 되뇌인다. 하지만 만일 이 모든 게 허물어진다면 어떡하지? 집중을 못하고, 기여하지 못하고, 일 때문에 상대해야 할 다양한 이해당사자들과 어울리지 못한다면, 그러면 어떻게 되는 거지?

페이스북에서 IQ 테스트를 해보았다. 134. 그렇다면 인지능력에 문제가 있다는 실제적 증거는 없는 셈인데… 게다가 근육경련은 없고, 땀이나 통증도 없고, 림프선 통증이나 인후염 등도 없다. 그러므로 '만성피로증후군'은 없다. 바이러스 감염 후 증상일 뿐이다. 지나갈 거다. 시간이 해결해주겠지, 마르코. 굴하지 말고 버텨라.

그러지 말아야 하는 걸 알지만 매번 인터넷으로 다시 돌아간다. 내 문제가 뭔지 알아보려고. 우울증이란 단어는 여전히 낯설다. 나는 우울하지 않다. 구석에서 울고 그러지 않는다. 아직은. 아무튼 우울증은 여성이 걸리는 병 아니던가?

통계를 보면 그래 보인다. 대체로 여성 대 남성 비율이 3 대 1이다. 어머니들이 아버지들보다 우울증에 더 취약하다. 하지만 산후우울증은 문서로 잘 기록되어 있는 반면, 자녀들의 유년기 때 얼마나 많은 남자들이 우울증에 빠지는지는 제대로 알려져 있지 않다. 영국 의학연구심의회^{Medical Research Council}의 후원으로 2010년 가을에 진행된 연구자료에 따르면(http://www.mrc.ac.uk/Newspublications/News/MRC007207), 새로 아버지가 된 남자들의 20퍼센트 이상이 첫 자녀가 십대에 접어들기 전에 어떤 형태로든 우울증을 겪는다고 한다. 그들 중 3퍼센트가 첫 해에 쓰러지고, 열 명 중 한 명 꼴로 아이가 취학하기 전에 우울증 증상이 발현된다.

연구를 주도한 어윈 나자렛^{Irwin Nazareth} 교수는 그다지 놀라운 결과가 아니라고 말한다. 우울증은 종종 자신이 모르는 사이에, 삶의 주요 사건에 묻어서 몰래 찾아온다는 것이다. 그리고 새로운 생명의 탄생보다 인생에서 더 중요한 사건은 거의 없다. 당신 인생 처음으로 이 행성에 있는 누군가가 당신보다 오래 살기를 바라게 된 것이다. "이것은 인생에 벌어진 엄청난 사건으로, 당신의 삶의 방식에 변화를 가져옵니다. 당신은 이제 밤에도 잠을 못 자고, 재정 상태를 점검해봐야 합니다. 새로운 사람이 집에 생겼는데, 그로 인해 부부관계가 변합니다." 런던 대학교의 1차치료 및 인구학 교수인 나자렛의 말이다.

새로 아버지가 된 24세 미만의 남성으로, 가난하고 우울증을 앓은 전력이 있는 이들이 가장 위험하다. 나는 해당사항이 없다. 그렇다면 이상치(異常値)란 말인가? 실은 그렇지 않다. 우울증의 풍경을 살펴보는 여정에서 나는 동료 여행자들을 무수히 보아왔다. 그들은 직장과 가족에 최선을 다하는 중년의 중산층 아빠들로, 튼튼한 조력자가 되고자 애쓰고, 누구도 실망시키지 않기 위해 노력하고, 항상 피로에 찌들어 옷도 제대로 차려입지 못하고, 출장 예약을 잡으면서 식사준비도 하고, 업무상 전화통화를 하면서 동시에 아이들 용변 훈련도 시키는(한번은 아이에게 우유를 먹이면서 하원의원을 인터뷰한 적도 있다), 다시 말해 일과 가사와 훈육을 동시에 행하는 슈퍼맨들이다. 좀더 정확한 비유를 들자면, 그들은 접시돌리기를 하고 있다고 할 수 있다. 사방에서 접시가 떨어져 깨지는 소리가 들려오지만, 내 그릇은 아니었을 뿐.

알렉스라고 오랜 대학친구가 있는데, 누이의 건강이 심각해지는데도 사장이 그의 사정을 조금도 봐주지 않자 무너지고 말았다. "어느날에는 아이들을 학교에 데려다주고, 다시 집으로 데려오고, 밥 먹이고, 물 주고 하는 게 문제가 됐어요." 그의 아내가 내게 해준 말이다. 빌이라는 친구는 버티고 버티다가 어느날 안락의자에 앉더니 한 달 동안 꼼짝하지 않았다. 회복하는 데 2년이 걸렸다. 나이젤은 아버지가 되어 인생의 모든 즐거움을 빼앗겼을 때 무너지고 말았다. 이들의 이야기는 나중에 좀더 상세하게 하겠다. 우리는 모두 이 병이 자녀들에게 영향을 끼치는 것을 목격했다. 우울증에 걸린 부모를 둔 아이들은 일반적으로 자기 기량을 충분히 발휘하지 못할뿐더러 심리적 문제를 안게 될 위험성 또한 훨씬 높다.

게다가 적극적으로 자신을 표현하지 않는 아빠들의 숫자는 통계치에 반영되지 않는다고 나자렛 교수는 말한다. 격무에 시달리다가 집에 와서 소파에 쓰러져버리는 남자들, 업무처리와 적극적 육아 사이를 끝없이 오가는 남자들. 술과 마약, 여자와 술자리로 자신의 증상을 감추는 남자들 말이다. "흔히 남자들은 솔직하지 않습니다. 강한 남자를 요구하는 이런 문화 속에서 그들은 강해야만 하며 무슨 일이든 감내할 수 있어야 합니다. 쉰살이 안 된 남자가 의사를 찾아와 도움을 구하는 경우는 드뭅니다."

『우울증: 강자의 저주』*Depressive Illness: The Curse of the Strong*란 책을 쓴

정신과의사 팀 캔토퍼Tim Cantopher는 내가 고비를 넘을 수 있도록 도움을 주었는데, 그 또한 우울증 발병률에 미묘한 변화가 있음을 알아챘다. 그는 여성 대 남성의 우울증 발병 비율이 3대1에서 2대1로 바뀌었다고 본다. "사회가 변했습니다. 남자들은 생계를 책임지는 동시에 아이들의 잠자리를 챙겨주는 부드럽고 다정다감한 사람이 되기를 요구받고 있습니다." 그가 내게 해준 말이다. 하지만 직장에서 남자들에게 요구하는 바는 달라진 게 없다. 결과는? 아버지들은 이제 하나가 아니라 두 개의 직업을 갖게 되었고, 잠시라도 멈추거나 숨돌릴 겨를 없이 직장과 가정 양쪽에서 가차없는 요구에 시달리는 것 같다. "남성보다는 여성의 삶이 더 힘든 게 사실이지만, 아틀라스처럼 만사를 떠맡으려고 하는 남자들은 우울증을 겪는 것 같습니다."

아버지가 되는 것이 분수령이다. 복도에 있는 유모차가 혼인 서약의 원수다. 그것이 고갈의 원인이다. 일반적으로 어린 자녀를 둔 사람들은 두각을 드러내지 못한다. 자녀를 희생한다면 모를까, 일반적으로는 어려운 일이다. 힘은 줄어들고, 잠재력은 증발해버린다. 선수들은 버둥댄다. 베컴David Beckham, 플린트오프Andrew Flintoff(영국 크리켓 선수), 피터슨Peter Pietersen(영국 크리켓 선수), 루니Wayne Rooney를 보라. 보위David Bowie, 매카트니Paul McCartney, 레논John Lennon을 보라. 이들이 아버지가 된 후에 더 위대한 업적을 이뤘다고 말할 수 있을까?

가족 생활의 첫 단계는 위험하다. 둘 중 어느 쪽이 위험에 처할지는 어렵지 않게 알 수 있다. 마약쟁이처럼 볼이 쏙 들어간 쪽이다. 그는 말라 보이는 정도가 아니라 전체적으로 20퍼센트 정도 작아진 듯 보인다. 머리와 입도 전보다 오그라들었고 힘도 없다.

"부모가 되는 일은 누구에게나 엄청난 변화인 까닭에 남자라고 해서 영향을 받지 않는다고 여긴다면 잘못된 생각입니다." 아버지 연구소Fatherhood Institute의 대표이사 롭 윌리엄스Rob Williams의 말이다. "이상하게도 사람들은 여자는 산후우울증에 걸리지만 남자는 영향을 받지 않는다고 봅니다."

윌리엄스는 다양한 요인을 지적하는데 모두가 내게 아주 익숙한 것들이다. "대부분의 아빠들처럼 나는 부모가 되는 것이 극적이고 거대한 변화임을 발견했고 피로와 우울증을 구별하기가 매우 어렵다는 사실을 알게 되었습니다. 더이상 기분이 그다지 '즐겁지' 않고 아내와의 관계에 문제와 어려움이 생기게 마련입니다."

"아기와 관련해 가정에서 아버지의 역할에 대한 기대치가 바뀌었습니다. 남자들이 하고 있는 집안일, 기저귀 갈기, 설거지 등은 25년 전만 해도 남자들이 하지 않던 일이지만, 남자들의 직장에 대한 기대치는 바뀐 게 없습니다. 여성들은 파트 타임으로 일을 하고 있지만, 남성들에게는 그런 일이 아직 일어나지 않고 있습니다."

랭커스터 대학교 경영학부에서 직장 건강과 가정 전문가로 있는 캐롤린 가트렐^{Caroline Gatrell} 박사는 일하는 부모를 넘어뜨리는 압박에 대해 폭넓은 조사를 실시했다. 흥미롭게도 한 아이나 세 아이를 둔 부모가 두 아이를 둔 부모보다 훨씬 스트레스를 많이 받는다고 한다. "첫 아이를 낳고 나서 남자들은 자신의 업무수행 능력과 생산성이 실제로 떨어진다는 것을 인지하고 그래서 걱정을 합니다." 둘째 아이가 태어날 무렵에는 부모 역할에 적응이 되어 있고 요령도 터득한 상태다. "하지만 세번째 아이가 태어나면서 스트레스 지수가 다시 크게 올라갑니다. 여자가 직장을 완전히 그만둘 가능성이 있습니다."

여기서 그녀는 직관과 정반대되는 두번째 발견으로 나아가는데, 부부가 모두 일을 하는 가정이 한쪽만 일하고 다른 한쪽은 집안을 돌보는 가정보다 스트레스가 적다는 사실이다. "남편과 아내가 모두 버는 경우가 훨씬 낫습니다. 이 경우 스트레스 지수가 낮죠." 이 시나리오에 따르면, 부부가 고된 가사를 분담하게 될 공산이 크다. 한쪽이 전담할 경우 가사는 부부간 다툼의 원인이 되기 쉽다. 가사를 하고 싶어하는 사람은 없다. "여성은 출산휴가를 쓸 경우 가사의 양이 돌이킬 수 없을 정도로 엄청나게 늘어나는 경향이 있습니다."

"가사의 일부를 분담하는 남자들은 그렇지 않은 남자들보다 일과 생활의 균형을 잘 유지하는 경향이 있습니다. 아내와의 관계도 훨씬 좋지요."

하지만 일과 생활 사이에 균형을 이루었다 해도, 새로 아버지가 된 남자들은 뭔가 잃어버렸다는 느낌을 지우지 못한다. 그들에게는 해야 할 일이 있고, 돌봐야 할 자녀가 있고, 담당해야 할 가사일이 있고, 안도감도 느낀다. 하지만 재미가 없다. 롭 윌리엄스는 사회생활과 관련해서 남녀의 부모역할이 매우 다르게 기능한다고 말한다. "여성은 아이를 둔 다른 엄마들과 만나 친구가 되면서 자신의 대인관계가 확장된다고 느끼는 반면, 직장에서 집으로 직행하는 남자들은 전에 동료들과 나눴던 사회적 교감을 모두 잃어버렸다고 느낍니다. 남자의 대인관계는 심각하게 축소되는 것입니다."

나의 대인관계는 2001년 7월 30일부터 축소되기 시작했다. 새로운 생활, 어린 아들, 들창코의 작고 귀여운 녀석, 누런색 피부, 옥수수 모양의 머리(분만시 흡반(吸盤)을 사용했다). 내가 이 작은 피조물을 안고 몹시 난감해하는 모습을 보여주는 사진들이 남아 있다. 마치 명연주자가 잠시 화장실에 가면서 맡겨둔 수백 년 된 귀한 악기를 들고 있는 사람처럼 말이다. 물론 기쁘다. 하지만 동시에 깊은 불안감을 느낀다. 2003년에 우리 집 자녀가 두 명이 되고, 2006년에 다시 세 명이 되었을 때 이는 엄청난 도약이 틀림없다고 말한 이들이 있었을 것이다. 나 역시 동의한다. 분명 큰 변화다. 하지만 첫 아이가 태어나는 것만큼 큰 변화는 아니다. 아빠. 홀로 되뇌어보지만 낯설다. 바로 읽으나 거꾸로 읽으나 똑같은 단어, Dad. 이제 나는 빼도박도 못하는 아빠가 된 것이다.

아이가 생긴다는 것에 대해 사람들은 많은 것을 말해주지 않는다. 아이들은 네살 정도까지는 바닷가를 좋아하지 않을 것이며, 여덟살 정도 될 때까지는 눈도 좋아하지 않을 것이다. 아이들은 흙과 돌은 입 안에 잘도 넣지만 밥은 먹지 않으려 할 것이다. 아이들이 스스로 비눗방울을 불고 응가를 닦는 날이 오기까지는 조금도 수월해지지 않는다. 세살 때까지 아이들은 웬만큼 재미있는 놀이가 아니면 하지 않을 것이며, 아이가 세살이 되면 당신은 그 아이가 여섯살이나 여덟살 아이의 놀이를 할 수 있었으면 하고 간절히 바라게 될 것이다. 왜냐하면 하루종일 인내하며 '숨은그림찾기'와 '누구게' 같은 놀이를 해야만 하기 때문이다. 물론 힘든 시기뿐 아니라 좋은 시기도 있다. 아이들은 "아빠는 귀를 뗄 수 있어요?" "아빠, 글자 만들기가 그렇게 어려워요?" 같은 말로 당신 얼굴에 웃음꽃을 피워줄 것이다.

또한 아이들은 당신의 기호와 성향을 바꿔놓을 것이다. 아이를 힘들게 하고 잠 못 들게 하니 무더운 여름이 좋을 리 없다. 화이트 크리스마스도 비슷하다. 장갑을 꼈다고 하지만 아이는 기껏해야 5분 버티고 집 안으로 들어올 테니 말이다. 잡다한 집안일과 난장판이 된 집, 정신 사나운 일로 가득한 늦은 오후는 사라져버렸으면 좋겠다. 여름날 밤에는 아직 해가 저물지 않았는데도 잠자리에 든다.

아이들은 온갖 벌레를 잡아다가 당신에게 가져다줄 것이다.

나의 경우에는 1년에 다섯 번 정도 그런 일이 있었다. 필립 라킨[Philip Larkin](영국의 신시운동을 대표하는 시인)의 시구절 그대로다.

그들이 너를 엿먹이고, 너의 자손을 엿먹이고,
그러려는 것은 아니었다지만, 그렇게 하지.
가지고 있는 온갖 벌레를 네게 주고는
집으로 돌아가, 네게는 아무 신경 쓰지 않지.

부모가 되기 전까지 나는 자신에 대해서나 내 인생 방향에 대해 꽤 확신하고 있었다. 그러다가 갑자기 확신을 잃었다. 경쟁력도 조금 잃었다. 잠이나 기저귀만의 문제가 아니었다. 그보다 훨씬 근본적인 문제였다.

그 어느 때보다 돈과 안전이 더 중요함에도 불구하고 직장은 덜 중요해 보였다. 두 사람 다 직장에 늦지 않기 위해 허둥대며 제임스를 어린이집에 겨우 맡기는 볼썽사나운 아침 풍경에는 분명 뭔가 잘못된 것이 있었다. 어떤 날에는 아직 날이 밝기 전에 아이를 맡기고 다시 어두워지고 나서야 애를 데려오기도 했다. 불쌍한 녀석. 제임스는 많이도 울었다. 하지만 우리는 속수무책이었고, 샤론보다 내가 더 심했다. 샤론은 육아휴직 기간 동안 제임스와 깊은 유대감을 형성했던 터였다. 나는 전형적인 남자로 변해가고 있었다.

내면의 대화는 조용히 삐걱댔다.

록시: 네 아들이야. 어린 시절은 단 한 번이고. 그런데 너는 터키와 대만에 있는 얼굴도 모르는 이들을 위한, 의미없는 뉴스거리 평계나 대면서 제임스의 어린시절을 흘려보내고 있어.

마르코: 맞아, 하지만 아빠들은 일을 해야 해. 그게 아빠들의 의무라고. 우리 아버지도 일하셨어.

록시: 요즘은 꼭 그렇지만은 않아. 자녀들과 진심으로 깊은 관계를 맺는 아빠들도 있어. 시간을 내봐. 너도 할 수 있어.

마르코: 자신없어. 직장은 잘 돌아가. 한주의 생활에 질서를 잡아주고. 사무실은 바쁘지만 즐거운 곳이야. 아이들 놀이모임은 자신이 없어.

록시: 너는 항상 시도하고, 개척하고, 위험을 마다하지 않는 생활인이야. 하지만 애들 문제에 있어서는 그냥 시늉만 하고 있잖아.

마르코: 알았어, 알았다고. 할게. 하지만 한동안만이야.

회사는 내게 무급 안식년을 제안했고, 나는 한해를 쉬었다.

*

시작은 힘들었다. 우리 세대는 정말이지 이런 쪽으로는 시스템이 돌아가지 않는다. 우리는 단기성과를 내도록 교육받은 세대다. 시험, 취업 면접, 마감, 호봉. 걱정 없고, 도덕을 초월하고, 세계시민의식이 있고, 플러그에 접속된(plugged-in) 황금세대에 익숙한 세대다. 평생 과제가 아니라 45분 과제, 한주 과제에 익숙하다. 우리는 목표 지향적이고, 자아 중심적이고, 조급하고, 분명하고, 자만심이 강하고, 풍요롭고, 소유욕이 강한 존재로 키워졌다. 어떤 일에든 인내심이나 복종, 희생, 개방성이 필요하다고 가르쳐준 이는 아무도 없었다. 우리가 몸에 익힌 그 모든 근대성과 기술은, 작은 아이를 품위있는 작은 사람으로 변화시키는 데 필요한 심고도 고된 수고에 직면해서는 별로 도움이 안 된다. 아이들에게 이메일을 써서 보모에게 가라고 할 수는 없다. 트위터는 대화 참여를 권하지만, 광선검을 들고 싸우는 두 꼬마를 재미있게 해주는 데는 아무런 도움이 되지 않는다. 부모노릇은 점수를 매길 수 없는 헌신이다. 등수나 등급, 진급(조부모가 되는 것이 과연 진급일지 모르겠다) 따위는 없다. 보상이라면 먼 훗날의 세월일 텐데, 그런 날이 오기나 할지.

부모노릇에 따르는 또다른 난관은 많은 해결책이 직관과 어긋난다는 점이다. 아기가 밤중에 자다 깨서 소리를 지르면? 조용해질 때까지 가만 놔두라. 아이가 넘어지면? 아이와 눈을 맞추지 마라. 유아가 이유식을 먹다가 사방에 흘리고 더럽히면? 계속 먹도록 두고 나중에 치우라. 아이가 기를 쓰고 숙제를 안 하면? 낙제하게 그냥 두라. 일을 되게 만들고, 조치를 취하고, 개입해서 결과에 영향을 미치는 데 익숙한 세대에게 이러한 자유방임적 해결책은 하나같이 오답으로 보인다. 그에 못지않게 당황스러운 일은 직장에서 부모역할로의 전환인데, 가장 단순한 날의 끝에도 그것은 문화 충격으로 다가온다. 전에 체스복싱에 관한 기사를 쓴 적이 있는데, 이름만큼이나 터무니없는 경기다. 선수들은 5라운드의 복싱 시합을 하면서 라운드 사이사이에 속성 체스 시합을 함께 벌인다. 한 시합에서 다른 시합으로의 전환 과정은 뒤죽박죽이 아닐 수 없다. 일하는 부모도 마찬가지다. 남자든 여자든 사무실에서 일에 시달리다가 여전히 마음이 불편한 채로 집에 돌아온다. 제때 귀가하기 위해 회의를 빼먹어야 했고, 할 일을 미루기도 했다. 과거 좋았던 시절에는 차 한잔과 긴장완화제 한 정이면 충분했다. 이제 그런 호시절은 없다. 갑자기 다른 기술을 익혀야 한다. 결정, 기민한 정신, 인맥, 주도력은 더이상 필요하지 않다. 그 대신 느리고 온화한 사랑, 작은 공 굴리기, 아이 입에 들어간 플라스틱 조각 빼내기, 어제도 있었고 그 전날에도 있었고 그 전해에도 똑같은 자리에 있었던 구멍에 딱 들어맞는 퍼즐조각을 끼워넣도록 도와주기 같은 기술이 필요하다. 그렇다. 일하는 부모는 체스복싱 선수와 비슷하다. 연타를 날리는 동시에 정신없게 만들어야 하고, 펀치를 계속 날려야 할지 아니면 자리에 앉아 체스판의 졸을 앞으로 밀어야 할지 완전히 확신하지 못한다.

몸이 좋지 않은 때도 있다. 초기에 식중독에 걸렸던 기억이 떠오른다. 새벽 네시경에 깨어 괴로워 뒹굴고 있었다. 할 수 있는 일이라고는 시계를 바라보며 이렇게 자신을 다독이는 것뿐이었다. "네 시간 후면 꼬마 원숭이가 깰 테니 그 전에 떨치고 일어나야 해." 부모는 마음 놓고 아플 수도 없다. 아픈 내색을 해서는 안 된다. 정신이 아찔할 정도로 몸을 뒤척이다가 죄인처럼 땀을 뻘뻘 흘리고 광견병 걸린 개처럼 부들부들 떨면서 아홉 달 된 아이와 서로 손뼉을 마주치며 놀 수는 없는 노릇이다.

처음 몇 개월간 집에 머물며 아빠노릇을 하는 동안 하루하루가 아주 정확하게 흘러갔다. 제임스가 아침을 먹고, 모든 것에 싫증을 내고, 잠깐 잠이 들었다기 깨어나, 산책을 갔다 와서, 온갖 장난감에 지루해할 즈음이면 아직 8시 23분이었다. 고된 하루가 빤히 보인다. 하지만 눈물을 다 쏟아낸―제임스나 나나― 10시가 되면 안정기에 접어든다.

아빠와 아들에게 공원은 자연스런 목적지였다. 공원에 있는 사람들은 대부분 여성, 곧 엄마들이었다. 그들은 '꼬마 원숭이'에게는 달콤한 미소를 보내지만 나에게는 걱정 가득한 시선을 보냈다. 유괴범 아닌가? 그들의 표정은 그렇게 말하고 있었다. 목요일 11시 15분마다 꼬마아이의 손을 잡고 등장하는 길고 날카로운 얼굴의 저 사내는 뭘 하는 사람이지? 나는 이 아주머니들의 남편들은 어떤 온전한 정신을 가진 사람들인지 하릴없이 궁금해하곤 했다. 그들이 나누는 대화는 이상하고 원시적이었다. 자기 말만 할 뿐 아무도 다른 사람의 말에 응답하는 것 같지 않았다.

"어제 대니얼이 혼자서 몇 걸음 뗐지 뭐예요."

"밀리는 아직 배밀이를 못해요."

"조만간 애가 손대지 않는 곳이 없을 것 같아요."

"헨리는 온갖 것에 관심을 보여요…"

"우리는 설탕 들어간 것은 아무것도 먹이지 않아요."

"우리 애는 과일을 정말 좋아해요."

"우리 애는 15개월인데 벌써 글자를 읽어요!"

"델핀은 음악을 정말 좋아해요."

"밀리는 혼자서도 잘 놀아요."

다른 건 몰라도 이 사람들은 자신에 대한 이야기는 절대로 하지 않는구나, 싶었다.

사회생활은 아주 협소해졌다. 다른 집에 초대받는 일은 쇄도 하지 않았다. 전에 내가 상상했던 아빠라는 사람은, 초대받아 방문한 집의 주방에서 초보 엄마들의 초롱초롱한 눈빛을 받으 며 그들과 스스럼없이 대화를 나눌 줄 알고 혹시라도 이웃집의 세탁기나 수도꼭지가 고장나면 바람같이 나타나 고쳐주는 사 람이었다. 비록 나는 손으로 직접 하는 일에 젬병이기는 하지 만 말이다. 아무튼 그런 일은 거의 일어나지 않았다. 누군가 다 가와 아침 커피모임이나 생일파티에 나를 초청해주지 않을까 싶어 교회 놀이모임이 끝나고도 15분을 더 서성거리기도 했다. 유모차에 매달린 끈을 하릴없이 만지작거렸고 게시판에 필요 이상의 관심을 기울이다보니, 주일 아침 커피 당번표와 '어린 이 헌장 1989'를 숙지하게 되었다. 두 사람이 내 쪽으로 고개를 끄덕여 인사를 해오자 나는 기분이 한결 나아졌다. 그런데 알고 보니, 그들은 내가 아니라 내 뒤에 있는, 그러니까 시타르(인도 악기)로 「마법의 용 퍼프」^{Puff the Magic Dragon}를 연주하고 있는 놀이모임 인도자에게 인사를 건네고 있었던 것이다.

집에서 아이를 보는 다른 아빠들을 만났는데 대체로 그들은 대책없기가 나와 마찬가지였다. 한 불쌍한 친구는 자기 아이의 이름조차 기억하지 못했다. 사실 그것은 거짓말이었지만, 그는 그정도로 형편없었는데 아이가 탄 그네를 밀어주고, 미끄럼틀을 타고 내려오도록 도와주고, 정글짐 사이를 오가도록 붙들어주면서 아이의 이력에 보탬을 주려는 헛된 노력을 하고 있었다. 그 아이가 정말 원했던 것은 땅바닥에 주저앉아 돌을 주워먹는 것인데 말이다. 돌을 주워먹다니, 걱정해야 마땅한 일이지만 이상하게도 걱정이 되지 않는다.

우리는 정면돌파하기로 했다. 하지만 런던 중심가로 가기 위해 우리가 택한 방법이 좀 위험한 것으로 확인되자 우리는 처음 방법을 버리고 기차에 뛰어올랐다. 최소한 올라탈 기차가 있었다면 우리는 벌써 그렇게 했을 것이다. 빈번한 연착과 운행 취소로 인해 여행은 힘겨운 일이 되었다. 우리는 진작 역에 서 있었고, 제때에 나타나지 않는 기차들이 모두 어디에 있는 건지 '꼬마 원숭이'에게 설명하고 있었다. 마침내 그다지 멀지 않은 곳에서 달려온 기차 한 대가 무심하게 한숨을 내쉬듯 힘없이 굴러 들어왔고 모두가 올라탔다.

아이들도 기차도 일을 꽤 잘하는 것 같지 않은가? 잠시 눈을 뗀 틈을 타 '꼬마 원숭이'가 마치 소시오패스처럼 무시무시한 문신을 새겨넣은 사람이 들고 있던 『선』*Sun*지를 찢어 입에 넣는 것을 보고 깜짝 놀랐다. 그래도 우리는 웃음을 잃지 않고 녀석의 입 안을 깨끗이 닦아주면서, 신문지를 먹어서는 안 돼, 특히 『선』처럼 난해한 헛소리를 파는 쓰레기 신문은 더더욱 먹어서는 안 된다고 '꼬마 원숭이'를 나무랐다.

우리는 슈퍼마켓에서 아침 시간을 보냈다. 오전 시간을 모조리. 우리는 우유와 소독제를 사러 갔을 뿐이다. 그리고 고백하건대, 모두 내 실수였다. 어쩌면 '꼬마 원숭이'가 자기 페이스로 하게 냅뒀더라면 녀석은 더 행복했을 것이다.

오롯이 자기만을 위해 뭔가를 할 시간, 바라던 일을 할 시간. 참을 만큼 참았다 생각했는지 녀석은 계산대 바닥에 털썩 주저앉아 우리를 지켜보는 것이었다. 결코 바람직한 장면은 아니었다.

우리는 뒤에 서 있는 사람들에게 미안한 마음이 들었다. 우리가 쇼핑한 물건을 담는 동안 그들은 우리를 앞질러 나갔다. "오늘은 금세 끝나겠죠?" 한 친구가 명랑한 소리로 말했다. "언제 우리가 질질 끈 적이 있었나요." 나는 이렇게 답했다.

*

공원에서 발견한 게 있다. 부모들이 자신에 대해 말하는 경우는 드물지만 자기 자녀들에 대해서는 시시콜콜한 내용까지 기꺼이 털어놓는다는 사실이다. 아이들 이름 이야기가 먼저 나오고 곧이어 나이, 요즘 응가는 잘하는지, 그리고 벌써부터 발견한 천재적 재능 이야기가 뒤를 잇는다.

대부분의 이름은 짐작할 수 있다. 존, 메리 같은 이름은 더이상 흔치 않다. 그 대신 제냐, 마그누스, 돌로레스, 저크시스, 구스타브 같은 묘한 이름들이 많이 쓰인다.

구스타브! 나는 안타깝게도 이처럼 무겁고 우울한 이름을 짊어진 똑똑한 어린 친구에 대해 연구한 적이 있다. 그는 구스타브처럼 보이지 않았다. 그런 이름이 어울리는 어린아이는 아마 없을 것이다. 나는 축약형, 그러니까 그 무거움을 덜어내기 위해 쓰이는 약칭이 있나 찾아보았는데, 구구$^{Gu-gu}$, 구스토, 타비^{Tavvy}밖에 생각나지 않았다. 나는 구스타브는 중부 유럽의 지식인 혈통, 아마도 호헨촐레른 왕가의 피를 이어받는 후손일 것이라고 추측했는데, 그의 어머니는 내가 다소 녹슨 독일어를 꺼냈을 때 움찔하며 놀랐다. 도대체 누구의 이름을 따서 이 가여운 어린 것에게 그런 이름을 지어주었는지 궁금했다. 말러$^{Gustav Mahler}$(오스트리아 작곡가)? 홀스트$^{Gustav Holst}$(영국 작곡가)? 아이의 엄마는 확실히 클래식 FM을 좋아할 만한 용모였다. 그녀는 당시 내가 잘 알지 못했던 홀스트의 「행성」The Planets의 일부분인 게 분명한 후렴구를 음이 정확하지 않은 콧노래로 계속 흥얼거렸다.

구스타브, 구스타프 클림트Gustav Klimt(오스트리아 화가)인가? 나는 아이 엄마가 안 볼 때 그에게 크레용을 슬쩍 쥐여줘봤는데, 아르 누보풍 작품을 생산해낼 조짐은 조금도 찾아볼 수 없었다.

카를 구스타프 융Carl Gustav Jung(스위스의 정신의학자)? 4차선 도로를 향해 불안정하게 움직이는 그는 확실히 생각이 깊어 보였다. 구스타프 키르히호프Gustav Kirchhoff(독일의 물리학자), 구스타보 쿠에르텐Gustavo Kuerten(브라질 출신의 프로테니스 선수). 만일 부모가 토마스 만Thomas Mann(독일 소설가로 오페라 「베니스에서의 죽음」은 그의 소설을 원작으로 한 것이다)이나 더크 보가드Dirk Bogarde(영국 배우로 영화 「베니스에서의 죽음」에서 주연을 맡았다)의 열혈 팬이라면, 어쩌면 구스타프 폰 아셴바흐Gustav von Aschenbach(「베니스에서의 죽음」의 주인공)인지도 모른다. 하지만 설령 그렇더라도, 토마스나 더크가 낫지 않았을까?

"토마스, 더크." 그의 엄마가 외쳤다. "동생을 밀지 말거라. 구스타브가 미끄럼틀을 타고 내려오게 도와주고." 네, 물론이죠. 그러지 않으면 베니스에서 죽음을 맞이할 테니…

자, 이제 두 명이다! 꼬마 원숭이 그리고 곰돌이 에드워드. 벅차다. 겨울이고 15분이나 30분 후면 어두워질 것 같다. 내가 개발한 나름의 요령이 있는데, 점심을 잘 먹이고 히터 온도를 높

이는 것이다. 그러면 두 시간 반 정도 애들이 낮잠에 빠지니 굉
장한 일이다. 하지만 나중에 아이들이 잠을 깨면 창밖에는 이
미 황혼이 내려 아이들과 아무것도 할 수가 없다. 평소 같으면
물 고인 구덩이에 발자국을 내거나 이파리를 주울 수 있지만,
추운 겨울에는 어느 쪽도 할 수 없다. 아이들 방에 앉아 어둠이
내리는 창밖을 바라보며 시간을 보낼 뿐이다. 카세트 플레이어
에서는 동요가 흘러나오고 바닥에는 퍼즐조각이 널려 있다. 보
라, 도마스 기관차 퍼즐조각 하나를 몰래 가져다가 입에 넣었
다고 꼬마 원숭이가 망치로 곰돌이 에드워드를 후려치고 있다.
훌쩍대는 두 아이의 코에서는 콧물이 입술까지 흘러내리고 어
둠은 내리는데, 나는 너무 암울하고 공허하여 실제로 몇 분간
숨쉬기를 멈추었던 것 같아 시계를 보니 3시 17분, 네 시간 후
면 샤론이 귀가하고 나는 잘 수 있다.

　아이들에 대해 사람들이 말해주지 않는 게 하나 더 있는데
아이들은 자란다는 것이다. 그 어느 것도 영원히 머물지 않는
다. 우리 아이들이 작은 아기였던 기간은 5년 정도였다. 고된
노동이자 마법 같은 시간이었다. 내가 아는 다른 모든 이들이,
누이들과 오랜 친구들이 아이들 배변 걱정 없이 여가를 즐겼다
는 소식을 안다고 해도 도움이 안 된다. 나는 그저 아이들이 버
거웠을 뿐이다. 아무튼 아이들의 유아 시절이 끝날 무렵, 나는
인생계획을 다시 짜야겠다고 생각했다. 육아와 기자일을 같은

비중으로 병행하는 부모보다는 학령기의 아이들이 자랑스러워 할 만한 좀더 전통적인 의미의 아버지가 되어야 할 것 같았다. 이렇게 말하고보니, 나를 재창조하기 위한 명백한 전략이 내게 있었던 것처럼 들린다. 그렇지 않았다. 나는 다만 꼬마들과 어울려 지내는 데 진력이 났고 한동안 어른들과 어울려 지내고 싶었을 뿐이다. 나는 한 번도 나를 실망시킨 적 없는 한 가지 일로 돌아가기로 했다. 바로 직장이다.

뉴스의 냄새를 다시 맡다니, 신이 났다. 나는 국내 뉴스팀에서 교대로 일을 했고, 주로 돈을 내고 신문을 사보는 사람들이 읽기 좋도록 다듬는 일을 했다. 식은 죽 먹기였다. 아무튼 곧 나는 『가디언』*Guardian*지 외신 야간 편집인 업무를 제안받았다. 이전 일보다 훨씬 멋진 직함이었다. 일은 때론 신나고 때론 지루했으며 항상 야행성이었다. "괜찮아, 록시." 마르코가 달래듯이 말했다. "힘을 내. 이겨내야지. 열심히 하고, 강해져야지. 잠 잘 시간은 줄었지만 원하는 것을 얻고 있잖아."

"아니, 네가 원하는 거겠지." 록시가 말했다. 원하는 것을 얻는 데 따르는 문제는 이것이다. 때로 너무 오랜 시간이 걸리기 때문에 원하던 것을 얻었을 때 그것은 더이상 원하는 것이 아니라는 것.

좀더 복잡한 문제가 있었다. 프리랜서로 일하면서 맺어놓은 유용한 거래처가 몇 군데 있었는데 그것을 포기하기 싫었다.

기자일은 몹시 불안정하기에 언젠가 돈이 다 떨어지면 프리랜서로 지원해야 할 터였다. 그런 날이 오기 전에 얻을 수 있는 것을 얻어야 한다. 『가디언』지 일은 한주에 3일 밤만 하면 되었다. 낮 동안에도 프린랜서로 일할 시간이 있을 것 같았다.

이처럼 전혀 지속 불가능한 패턴이 나의 낮시간에 자리잡기 시작했다. 나는 한주에 4일 출근하는 샤론과 한주 내내 이어지는 아이들의 필요에 맞춰 7시에서 8시 사이에 일어났다. 애들을 학교나 유치원에 데려다주고—어떤 날은 두 군데에 모두 데려다주고—바쁜 걸음으로 집에 돌아와 미국과 싱가폴 신문에 실을 기사 한두 꼭지를 뚝딱 써냈다. 점심을 먹고, 잠시 눈을 붙이고, 샤워를 하고, 런던 중심가로 쏜살같이 달려가 4시부터 정규직 일을 시작했다. 새벽 한두시 즈음까지 일이 이어졌고, 일이 끝나면 서둘러 집으로 돌아와 한숨 자고 처음부터 다시 시작했다.

밤늦은 시각의 귀가는 여의치 않았다. 나는 워털루발 1시 5분 기차를 주로 의지했는데, 그 시각 열차 안에는 기회주의자, 농담꾼, 주정꾼들이 가득했고 나와 같은 부류의 사람들도 약간 있었다. 기차를 이용하는 것만큼 내 오래된 자전거도 의지했는데, 집과 직장에서 양쪽 역을 오갈 때 요긴했다. 하지만 밤 11시에 이집트에서 자살폭탄 사건이 터진다거나, 장관이 사임을 한다거나, 미국 대통령이 황금시간대에 연설을 한다거나 하면, 퇴근은 물 건너간다. 1시 반이 넘도록 우리는 마감을 하지 못한다. 그럴 때면 나의 준마가 있었고 내 앞에 15마일이 놓여 있었다.

2005년 7월, 나는 피곤에 찌든 남자였다.

나는 현관에 서서 비를 맞으며 다음에 무엇을 해야 할지 생각하고 있다. 가야 하는데 무언가가 나를 막고 있다. 내 전화기다. 벨이 다시 울린다. 아직까지는 다음 세 시간에 대한 계획이 서 있다. 런던 중심가로 달려가서, 생존자들을 인터뷰하고, 경찰관들에게 정보를 캐내어, 노트북으로 기사를 작성해 보스턴에 송고해야 한다. 그러고나서 1시에 캐나다 방송사와 전화 인터뷰가 있는데, 그들은 아주 젊게 나온 내 얼굴 사진을 사용할 테니 문제될 게 없다. 2시에 보스턴 공영라디오방송사(WBUR)와 인터뷰가 있고, 그 후에 잠깐 샤워할 짬이 있으니 얼른 샤워를 하고, 다시 『가디언』지 일을 시작할 것이다.

전화기를 본다. 모르는 번호다.

"여보세요, 마크 라이스-옥슬리입니다."

"와, 안녕하세요!" 목소리가 미국인이다. 통화 연결이 되어 놀란 듯하다. "로스엔젤레스 공영라디오방송국(KPFK)입니다. 안녕하세요, 선생님?" 미국 공영라디오방송은 천편일률적으로 머리글자를 딴 네 글자의 볼품없는 이름을 쓴다. 사랑받지 못하는 지역 방송국을 뜻하는 알파벳 조합일까.

"음, 별로예요. 그러니까, 테러리스트의 공격(2005년 런던 일대에서 벌어진 이슬람 극단세력의 테러로 52명이 사망한 사건)이 있었습니다."

"우리도 알고 있습니다. 그래서 선생님께 전화드린 건데, 30분 후에 있을 아침 방송에 출현해주실 수 있으신가요?"

30분. 그런 짬이 날지 모르겠다. 더이상 짬이 있기나 한지 모르겠다. 나는 내 시간을 10분 단위로까지 쪼개어 사용하고 있다. 매 초가 중요하다. 집 전화가 울린다.

"잠시만요… 여보세요. 마크 라이스-옥슬리입니다."

"안녕하세요, 마크, 여기는 『모니터』지입니다."

"아, 제가 다시 전화드려도 될까요? 지금 다른 사람과 다른 전화로 통화하던 중이었어요."

"물론이죠, 한마디만 할게요. 킹스크로스 근처에 우리 회사 비상근 통신원이 있어요. 그가 잡다한 일을 해줄 수 있어요. 선생님께서 글을 마칠 수 있도록 조금은 시간을 벌어줄 겁니다."

지난 밤 10시부터 오늘 아침 9시까지 이렇게 흘러갔다. 나는 소파에 시체처럼 널부러져서 작은 승리를 자축하고 있다. 어제 스무 시간 동안 해외 신문사 두 곳에 런던이 2012년 올림픽 개최권을 따낼 것이라는 기사를 보냈고 이어서 몇 편의 라디오 인터뷰를 치러냈다. 이제 야간업무 전까지 멋진 하루를 보내는 중이었다. 텔레비전을 켜자 경찰이 쳐놓은 출입통제선과 구급차가 보였고, 화면 하단에 붉은색으로 자막뉴스가 흘렀다. 터졌구나. 이런 일이 벌어질 줄 어느 정도 짐작은 하고 있었지만, 오늘 터질 줄이야. 나는 숨을 깊이 들이마신다. 다시 안도의 숨을 내쉬기까지 한 달은 걸릴 것이다.

괜찮다. 지금『모니터』지에서 말하기를, DK 출판사에서 곧 런던 거리를 누빌 것이라는데, 그렇다면 문제가 한결 쉬워진다. LA 라디오 방송을 하고, 경찰관들과 본사에 전화를 돌려보고,『가디언』지의 동료에게 전화해 대필가들의 번호를 얻을 수 있나 알아보고, 그런 다음 기사를 보충하고, 그 다음엔 캐나다 TV 및 WBUR과 방송을 하고, 그런 다음 DK에 전화를 걸어 메인 기사에 들어갈 자료를 다운로드 받는다. 그런 다음 샤워를 하고 런던 중심가로 간다⋯ 아니, 런던 중심가로 가서 태비스톡 스퀘어과 킹스크로스를 돌아보고, 도중에 인터뷰를 하고 풍경을 취재하고, 그런 다음『가디언』지 사무실로 가고, 그런 다음 샤워를 하고, 그런 다음, 그런 다음, 그런 다음⋯

실수한 것 같다. 전쟁 이후로 런던에서 벌어진 가장 중요한 사건 현장에 가지 않다니. 하지만 뉴스는 그렇게 돌아간다. 전화만으로도 충분히 뉴스를 쓸 수 있다. 더 심한 경우도 있다. 텔레비전과 전신으로 들어온 뉴스를 보고 전화를 돌리고, 유력한 용의자들에게 연락을 취하고, 연락처를 훑어보는 것만으로 믿을 만한 기사를 쓰는 데 충분한 자료를 모을 수 있다. 기억에 남는 어떤 일을 하지 않아도 된다. 하지만 수많은 기사를 써본 내 경험에 의하면, 기사 쓰기는 더이상 기억에 남는 어떤 일을 하는 것이기보다는 오히려 관리 가능한 어떤 일에 더 가깝다.

나는 샌드위치를 먹으면서 캐나다 텔레비전 방송을 기다리고 있다. 어제 그들은 침착했다. 돌려 말하는 법이 없었다. 지난 주 고든 램지^{Gordon Ramsay}(영국의 요리 연구가)에 관한 질문으로 나를 난처하게 했던 공영라디오의 '세계' 프로그램과는 달랐다. 램지가 아니라 헤스턴 블루먼솔^{Heston Blumenthal}(영국의 유명 요리사)이었던가? 기억이 나지 않는다. 라디오 방송은 사실 무척 재미있다. 순발력이 생명이다. 주식에 대한 질문에 짧고 간결한 답변을 읽는 식으로는 안 된다. 대화처럼 전달되어야 한다. 미국 라디오 진행자들은 이 점에 능수능란하다. 그들은 항상 내 이야기가 훌륭하고 중요하게 들리게 만든다. 내가 어떻게 생겼는지 그들은 알고 있을까. 그들은 가끔 내 이름을 잘못 알고 있다. 라디오에서 말하기는 성가신 일이다. "룬딘의 마이크 알스-러클리 씨가 나와계십니다."

곧 거절 의사를 밝혀야 한다. CNN의 요구는 계속된다. 그들은 내가 1시 15분에 런던 서부에 가 있기를 바란다. 아침에만 해도 기꺼이 하고 싶었지만 이제는 너무 번잡하다. 아무튼 나는 넥타이도 매지 않고 시내에 들어왔다. 지금은 『가디언』지 보도국에 아주 차분히 앉아 있다. 다 마쳤다. 심장이 코카인에 취한 듯 뛴다. 초조해서 도무지 집중을 할 수가 없다. 다행히도 오늘 밤에는 편집부 기자가 두 명 있고 선배 기자들도 들락날락할 것이다. 나는 외신만 처리하면 된다. 한밤에 외신에 관심을 가질 사람은 아무도 없다. 해낼 수 있다. 저녁식사 시간에 살짝 나가서 앨부커키인가 콜럼버스인가 시애틀인가 하는 도시의 WXYZ 라디오 방송과 인터뷰를 할 수도 있다. 나는 곧장 밖으로 나가 집에 가서 잠을 자고 7시에 다시 하루를 시작할 것이다. 다시 시작. 미국인들과 이제 말이 통한다. 그렇다면 두세 주는 갈 것이다. 뉴스 프로는 대개 그 정도 주기로 간다. 사건 사고 기사, 오전 소식 정리, 그리고 그것이 어떤 변화를 가져오는지에 대한 분석 등이 있을 것이다. 그 모든 것을 해낼 생각을 하니 지친다. 도움이 될 것들. 첫째, 전화번호. 인간적으로 가능한 한 많이 모으라. 그러기에는 『가디언』만한 곳은 없다. 『가디언』지는 선하고 위대한 사람들의 전화번호부 같은 곳이다. 둘째, 내 자전거. 일터를 오가며 운동 겸 타는 자전거는 탈진을 예방해주는 좋은 해독제. 셋째, 내 누이네 집. 이틀 정도 그 집에서 지내면서 긴장을 풀 것이다. 넷째, 휴가. 우리는 8월에 떠날 텐데, 그 즈음이면 기사도 마무리될 것이다.

2006년 말, 나는 세번째 아이를 맞이할 준비를 하고 있었다. 전보다 더 불가능한 스케줄 속에 살고 있었고 『가디언』지에서 7일 밤을 연이어 폭주하면서 낮시간 동안 잠을 보충하며 지내고 있었다. 그런데 쉬는 낮시간이 쉬는 게 아니었다. 제임스는 학교에 있었고 3시에 데리러 가야 했다. 나는 프리랜서로서 나의 삶을 좀더 타이트하게 짜야 했다.

하루는 사무실에서 잤다. 1시 반에 신문을 넘기고, 슬리핑백을 가지고 뉴스 작성실 뒤편에 있는 방으로 살며시 빠져나갔다. 특이한 모양의 소파가 있고 벽면 가득히 나비와 회복적 정의에 관한 정기간행물이 빼곡히 차 있는 이상한 방이었다. 이정도면 충분해. 이제 어떻게 불을 끈담? 답은, 못 끈다. 스위치 몇 개를 찾아 돌려보았으나 내 눈이 닿는 부분에서는 아무런 소용이 없다. 요즘은 건물을 이런 식으로 짓는가보다. 널따란 판 위에 직원들을 헷갈리게 만드는 스위치를 모아놓는 방식으로 말이다. 방 절반을 밝힌 백열등 빛으로 눈이 따끔거리지만 나는 침낭 속으로 몸을 더 깊이 밀어넣었다. 8시에는 다시 일을 해야 했기에, 자전거를 타고 집에 갔다가 돌아올 수는 없는 노릇이었다.

다행히 나는 잘 자는 편이다. 불이 꺼짐과 동시에 잠이 든다. 하지만 이게 뭐지? 웅웅거리는 소음이 내 달콤한 꿈속을 비집고 들어온다. 문이 열리더니 진공청소기를 든 청소원이 부산하게 움직인다. 그녀는 일절 망설임이 없다. 아마도 이는 흔한 일이리라. 입안에 시큼한 맛이 돈다. 아직 밤이며 몸이 자정작용을 하고 있다는 뜻이다. 손목시계를 본다. 5시 15분. 다시 잠을 청해보지만 청소기 소리, 전등 빛, 소파의 각, 그리고 닿는 곳마다 느껴지는 끈끈한 느낌 때문에 소용이 없다. 샤워를 하고 일찍 일을 시작한다.

제이니[Janey]가 태어난 뒤로 샤론과 내가 생각해낸 방식이 있다. 나는 2시경에 회사에서 돌아와 한밤중에 꾸물대는 아기에게 우유를 먹여 아기방에 재우고 나도 거기서 같이 잔다. 따라서 샤론은 11시부터 6시까지 비번이다. 일곱 시간 내리! 그건 사치라고 그녀에게 말한다. 나는 이론적으로 3시부터 9시까지 비번이다. 제이니가 깨지 않는 한, 사내 녀석들이 시끄럽게 굴지 않는 한, 누군가 우유나 양파 혹은 내 영혼을 영원히 빌리려고 초인종을 누르지 않는 한 말이다. 하지만 실제로는 7시 넘어서는 거의 잠을 잘 수 없었다. 큰 소득이 없다. 10시까지 누워 있으면 오히려 시차를 겪는 것처럼 피곤했다. 다시 한번 잠을 줄여야 했다.

『가디언』은 내 집처럼 편안한 곳이었다. 뒷좌석은 뉴스 제작 지휘본부다. 낮에는 신문지면에 실을 내용과 방식을 결정하는 중요한 사람들이 그 자리를 차지하고 있지만, 8시가 되면 지휘본부에 신비한 변화가 일어난다. 선임들은 한잔하러 자리를 뜨고 보도국 사방에서 야간팀이 모습을 드러내기 시작한다. 마치 핼러윈 데이의 유령들처럼 말이다.

야간 편집은 생색이 안 나는 일이다. 우리는 스스로를 값비싼 스프링클러 시스템에 비교한다. 불이 날 경우를 대비해 있지만 실제로 그런 일이 일어나는 경우는 드물다. 대부분의 사람들이 우리가 하는 일을 낮에 하고 밤에 하지 않는 이유가 있는 것이다. 밤에는 실제로 아무 일로 일어나지 않는다. 수년간 밤을 새우며 지켜본바, '에콰도르 주택부 장관, 칠레 방문'이나 '연구: 아이들에게 튀김을 먹이면 건강에 유해' 같은 기사가 이따금 들어오는 정도다.

판을 교체하는 중간 쉬는 시간이 끝나면 다시 모여 회의를 했다. 차를 준비했고 기사와 관련된 이야기뿐 아니라 다양한 주제를 두고 흥겹고 열띤 시간을 가졌다. 고요한 밤이면 나는 동료들의 이름을 가지고 회문(回文, 철자를 거꾸로 읽어도 말이 되는 문장)을 만들었다. (그중 최고는 야간팀의 유쾌한 편집인 스티브 버스필드(Steve Busfield)의 이름으로 만든 것인데, 나는 그가 부편집인으로 내려앉으면 생산성이 현저하게 떨어질 것이라 보았다. "비스필드: 부편 되면 게으름"(Busfield: idle if sub).)

우리의 집단 몽상은 간지럼 씨(Mr. Tickle, 특이하게 긴 팔을 가진 이야기 속 인물)의 손발처럼 팔에 마법문신을 한 직원이 가판신문 뭉치를 내 책상 위에 쿵 하고 내려놓는 순간 사정없이 중단되곤 했다. 그러면 우리는 경쟁사의 다양한 기사들, 즉 흥미진진한 법정 사건, 전쟁 보도, 세계의 오지에서 벌어지는 대혼란과 죽음의 소식 같은, 어떤 것은 지어낸 게 분명한 끔찍한 기사들을 집중해 살펴보았다. 기사들을 두고 토론을 한 뒤 의자에 몸을 기댄 채 우리의 관점과 논리를 제시했고 기사의 근거가 되는 사실에 대해 하릴없는 논쟁을 벌였다. 끝에 가서는 우리가 흥미있다고 본 기사를 독자들도 재미있게 볼 수 있으니 우리가 뭔가를 해야 한다는 생각이 들곤 했다. 그러니 이 기사를 신문에 넣자든지 하는…

간혹 아주 긴급한 일이 벌어져 우리의 저녁시간을 망쳐버리곤 했다. 미국에서 누군가 저격을 당했다든지, 일본에서 재선거를 하기로 했다든지, 그게 아니면 아시아에 지진이나 쓰나미가 발생했다든지 하는 일들이었다. 그런 순간에 야간팀은 모종의 조치를 취하고 돈도 번다고 말하고 싶지만, 대부분의 경우 실제로 그렇게 영광스럽지는 못했다. 스카이 뉴스$^{Sky News}$나 로이터^{Reuters}에 뉴스 속보가 뜨면 나는 곧 사라지기를 바라는 마음으로 한동안 그것을 응시하곤 했다. 하지만 끝내 사라지지 않으면 나는 불가피한 현실을 마지못해 받아들였다. 야간 뉴스 편집은 쓰고 싶어하지 않는 사람들로 하여금 실제로 읽고 싶어하지 않는 사람들을 위해 기사를 쓰게 하는 기술이다. 본질적으로 그것은 또다른 매들린 맥캔 사건(영국에서 일어난 유아실종 살해사건)이나 홍역 공포로 확장될 수도 있는 모든 가능한 기사거리를 우리에게 '검토'하게 하는 체면치레 활동인 것이다.

집필을 누구에게 맡길까? 몇 주째 못 자고 깨어 있지만 결코 거절할 줄 모를뿐더러 빈정거림과 암시, 중복된 이야기라는 유독성의 구름 속에서 자연적으로 산화되려는 특파원? 저녁시간을 망쳐놨다고 당신에게 불평할뿐더러 기사가 『타임즈』$^{The Times}$에 실리는 것을 보니 쓰레기가 분명하다고 콧방귀를 뀌고는 몇 년 만에 최고의 작품을 써낼 거물 전문가? 그날 이미 『이브닝 스탠더드』$^{Evening Standard}$에서 열 시간 일하고 이제 긴 섬을 고대하지만 짐바브웨에 대해서는 아는 게 전혀 없고 어쨌든 『계간 시멘트 리뷰』에 보낼 프리랜서 기사를 작성하느라 바쁜 평범한 야근 기자? 누가 되든간에 힘겨운 과제일 것이다. 굽실거리고 사과하고 추켜세우고 감언이설로 그들을 꾀어야 할 테고, 그나마 뒤늦게 들어온 원고가 뻔한 내용에 짧고 분명한 오류가 있으면 저자에게 다시 돌려보내야 할 테고—'몇 가지 사소한 오류를 고쳤'음을 분명히 해서—그런 다음 모두 헛수고가 되지 않도록 지면에 들어갈 자리가 충분한지 확인해야 할 것이다. 그러고 나서 상단에 글쓴이의 이름을 넣고 안도의 숨을 내쉰다. 당신의 수고에 다른 이들의 이름이 붙는다.

지정 이후에 큰 사건이 터진다면 불가능한 선택만 남는다. 책임 편집인에게 전화를 걸어 한밤중에 그를 깨울 수밖에 없는 이유를 설명한 뒤 이라크 정치의 좀더 정교한 점을 토론하든지, 그게 아니면 모든 책임을 지고 14면에 기사를 배치했다가 다음날 아침 다른 모든 신문의 1면에 그 기사가 도배되어 있는 현실을 발견하든지. 나는 성급한 결정을 내렸는데, 1면에 지나치다 싶을 정도로 대서특필한 것이다. 포커에서 올인하는 것과 약간 비슷한데, 대개는 무난하게 넘어간다. 하지만 잘못 짚을 경우, 바보꼴이 되고 만다.

늦어질수록 신경이 곤두선다. 최종판은 새벽 1시 30분. 그 후에도 작은 수정은 여전히 가능하긴 하다. 자정 편집본을 마감하고 나면, 기다리는 일뿐이다. 다행히 실제로 별다른 일은 일어나지 않지만, 아직 긴장을 풀어서는 안 된다. 사우디아라비아, 이집트, 모로코의 자살폭탄 테러범은 한밤중까지 기다렸다 공격하는 데 요령이 있으니까. 사담 후세인이 처형되던 밤, 그의 사망 사실은 2시가 되기까지 확실하게 확인되지 않았다. 따라서 최종 마감을 하기 전에 가능한 한 마지막 순간까지 기다리고 기다려야 했다. 그리고 미국인들이 있다. 그들은 항상 투표와 연설, 선거결과 발표를 터무니없을 정도로 늦게까지 미룬다. 우리는 미국 백악관 서관 상황실과 연동하여 경악할 만한 수준까지 초초해지곤 했다. 전화상의 미국 특파원은 뭐라 말할 수 없다 하고, 다른 전화상의 제작부에서는 1면 마감이 45분이나 늦었다고 아우성이다. 결국 어떻게든 해결이 된다. 다음날 축하가 쇄도한다. 하지만 일을 잘하는 것의 문제점은 당신의 일을 대신 누군가에게 맡기기가 점점 더 여려워진다는 것이다. 나는 5년간 야간 편집부에 꼼짝없이 박혀 있었다.

마침내 나는 회사에서 승진했다. 두 사람이 외신 데스크를 떠났고 나는 야간 편집부에서 영원히 벗어났다. 나는 장기간에 걸친 야간 근무로 손상된 바이오리듬을 바로잡는 작업에 착수했다. 생체시계와 24시간 주기 리듬은 아주 중요하다. 처음에는 그 변화가 기분 좋았다. 매일 밤 10시 30분에 잠자리에 드는 것은 새로움 그 자체였고 마치 새로 이사한 것 같은 기분이었다. 아이들도 더 잘 잤고 우리 가족은 처음으로 정상적인 가정의 모습에 다가가고 있었다. 정확히 이때에 내 수면에 문제가 있음을 감지하기 시작했으니 얼마나 아이러니한 일인가.

처음에는 재적응에 따르는 문제로 치부했다. 크리스마스 무렵 어느 밤, 새벽 4시까지 깨어 있었다. 2월에도 그런 밤이 있었다. 그 후로 조금 다른 일이 차츰차츰 찾아왔다. 3시나 4시, 매우 이른 시각에 깨어 뜬눈으로 누워 있으면서 이게 무슨 일인지 궁금해지기 시작했다. 기분이 나쁘지는 않았다. 이렇다 할 시급한 걱정거리도 없었다. 다시 잠이 드는 경우도 있었지만 대개는 뜬눈으로 누워서 새날이 시작되는 소리를 들었다. 아무 일도 하지 않고 침대에 누워 있는 것만으로 엄청나게 많은 것을 할 수 있다.

직장에서 새로 맡은 일은 스트레스가 많은 풀타임 업무였는데, 나는 여전히 프리랜서 일과 육아, 그리고 나 자신을 제외한 모든 이들을 위해 시간을 내고 있었다. 나는 모든 것을 가진 사람이었다. 모든 것을 가진다는 것의 문제점은 돌볼 게 많고, 유지할 게 많고, 잃은 게 많다는 것이다. 그것은 가차없는 삶으로 이어졌다. 10분 일찍 일어나 잡다한 집안일을 기록적인 시간 안에 처리하고, 아침 일과에 따라 아이들을 학교와 유치원에 데려다주고, 수영장으로 달려가 간신히 운동을 하고, 자전거에 올라 통근 기차를 타러 갔다. 항상 늦다. 열 시간 동안 미친 듯이, 한 동료가 비유한 대로 벽에 젤리를 박는 것 같은 업무를 수행한다. 그러고 나서 집으로 향한다. 15분 시간을 벌어줄 기차에 대기 위해 언제나 예외없이 달려가 지하철에 몸을 싣고 집에 와서는 도시락을 싸고 청소를 하고 아이들의 다음날 준비물을 챙겨준다. 그 일을 끝낸 후 어쩌면 감을 잃지 않기 위해 한 시간 가량 기타나 피아노를 치지만, 내게 그런 감이 있기나

했었는지 모를 정도로 손가락이 둔하고 더디다. 거절하지 않고, 다른 사람들을 위해 강해지고, 나에게 가장 좋은 게 무엇인지 생각하지 않고, 소파에 앉아 얼빠진 듯 텔레비전을 본다거나 조용히 산책을 한다거나 책 한 권을 들고 동네 식당을 찾거나 하지 않는다. 한없이 바쁜 사내의 삶에 게으른 인격이 내주해 있다. 그는 너무 열심히 하려고 한다.

그래, 마르코, 록시, 네가 누구건 간에, 너는 네 자신이 우울증적 신경쇠약에 절대 쓰러질 사람이 아니라고 생각하고 있지. 하지만 저 스케줄을 돌아보면, 그것은 다만 시간의 문제였을 뿐 곧 무슨 일이 벌어질 게 분명했다.

4
신경쇠약

나는 직장으로 돌아가기로 결심한다. 기대와 그보다 큰 희망을
품고서. 하지만 그 전에 한주간 글렌딘에서 지내기로 한다. 나
의 정든 글렌딘, 내가 태어난 곳이요 나를 키운 곳. 삐걱대는 마
룻바닥, 벽지에 새겨진 문양, 각양각색의 컵에 난 금까지 내가
속속들이 알고 있는 그곳. 현관문이 뻑뻑하게 잠겼을 때 얼마
나 힘을 줘서 밀어야 열리는지 나는 알고 있다. 욕실에 들어갈
때 내가 빗장을 젖히면 아무도 알아채지 못할 정도로 조용히
열린다. 세 계단을 한 걸음에 올라갈 줄 알뿐더러 뜨거운 물과
찬 물 사이 정확히 어느 지점에 수도꼭지를 맞춰야 따뜻한 물
이 나오는지도 안다.

우리가 주말에 도착하자 시계는 그 해, 그 순간으로 거슬러 올라간다. 우리가 탁 트인 야외에서 물러나와 양초나 구운 감자, 연말에 기증받은 외투처럼 겨울의 조용한 물건들에서 작은 보상을 발견하던 때로. 붓서^{Butser} 고갯길을 따라 산을 오르는데 뭐라 표현할 수 없는 공포감이 목을 타고 올라오는 게 느껴진다. 어둠이 내리고 있다. 항공모함의 갑판 위에 떨어진 낡은 종처럼 오른쪽 귀가 울린다. 오래전 BBC방송 종료시간을 알리던 화면처럼 날카롭고 잊히지 않는 고음의 사이렌 소리가 오른쪽 귀에서 울려댄다.

도착할 무렵 내 불안이 일렁인다. 아버지는 텔레비전에서 '트웬티20' 크리켓 경기를 보고 있다. 나는 어린 시절의 절반을 거실에서 크리켓 경기를 보면서 보냈다. 하지만 이제 화면의 움직임은 불안과 긴장만 줄 뿐, 하여 누가 이기든 관심을 기울이지 못한다. 차를 잔에 따라 마시지만 다 마시지 못하고, 저녁을 먹으러 자리에 앉지만 몇 숟가락 삼키지 못한다. 일찍 자면 나아지겠지. 그런 생각에 침대에 눕지만 나아지지 않는다. 가만히 누워 있기가 힘들다. 아래층에서 불 끄는 소리가 들린다. 가벼운 공포가 밀려온다. 제길! 모두가 잠자리로 흩어지고 있다! 일찍 잠자리에 누웠지만 소용이 없다! 다른 사람들이 나보다 먼저 잠이 들 것이다. 샤론이 들어오자 나는 잠든 척한다. 이유를 모르겠다. 자신을 속일 수 있다고 생각하는 것인지도 모른다. 물론 효과가 없다. 샤론은 곧 잠이 들고 홀로 남은 나는 두렵고 불안하고 어찌할 바를 모른다. 샤론의 수면을 방해하지 않으려 아래층으로 내려가기로 마음먹는다. 하지만 나아진 게 없다. 초조하고 가만있을 수 없다. 편도선에서 심장 뛰는 소리가 느껴지고, 귀에서는 백색소음이 잔뜩 들리며, 배에서는 웅 소리가 난다. 나는 부엌으로 살금살금 들어간다. 뭘 하지? 밖을 내다본다. 위대한 천상의 퍼즐을 풀어줄 단서인 양 희고 날카로운 달빛이 환히 비친다. 그것을 바라본다. 시계의 시침처럼 느린 그 움직임을 볼 수 있다. 고양이가 헤매인다. 코시카(러시아어로 고양이라는 뜻). 내가 키우던 고양이다. 나는 녀석을 러시아 시장에서 샀고 배에 태워 데려왔다. 코시카는 한때 나를 사랑해서 내게 뼈다귀들을 가져다주었다. 내가 녀석의 머리 뒤쪽으로 접힌 귀를 쓰다듬어주면 녀석은 태엽 감긴 장난감마냥 가르랑거렸다. 이제 녀석은 나를 수상한 듯 몇 초 동안 대하다가 몸을 돌려 총총걸음으로 사라진다. 녀석은 이 일에 엮이고 싶지 않은 것이다. 녀석을 비난하지 않는다. 나도 녀석처럼 총총걸음으로 사라질 수 있다면 좋겠다.

독서. 책을 읽어야겠다. 『이코노미스트』에 라트비아 관련 기사가 실렸다. 라트비아에는 두 번 정도 가보았지만 기억나는 게 별로 없다. 그때는 여전히 공산주의 치하였다. 해변이 무척 아름다운 프러시아풍의 나라였다. 황갈색의 나라, s로 끝나는 이름을 가진 사람들이 넘쳐나는 곳. 내가 라트비아인이었다면 내 이름은 마크스 라이시스-옥슬리스였을 것이다. 5분간 기사를 읽지만 내용이 들어오지 않는다. 아버지의 서재에서 키스 플레처 전기를 꺼내 읽는다. 문득 그가 라트비아에 다녀온 적이 있는지 궁금해진다. 춥다. 열다섯살 때 마지막으로 입었던 가운을 걸쳐 입는다. 부엌 창에 비친 내 모습을 바라보며 백만 번째 묻는다. "내게 무슨 문제가 있는 걸까?" 몸무게가 12킬로그램 가까이 빠졌다. 살이라곤 없는 내 얼굴은 이제 각진 모습, 어떤 수학책에도 나오지 않는 기하학적 모양새다. 나는 몸을 떨며 울고 있지만, 이유를 모른다. 거대한 무언가의 종말, 한 시대의 종말을 감지한다. 아마 내 젊음, 어쩌면 내 인생인지도 모른다. 요가 자세를 취해보지만 도움이 안 된다. 시간은 점점 더 늦어져 이제는 이른 시각이다. 다섯시, 더이상 참을 수 없다. 부모님 방문을 두드리는가 싶더니 어느새 침대 위 두 분 사이에 끼어들어 있다. 어린 시절 이후로 처음으로. "나한테 무슨 일이 일어나는 걸까요?" 어머니에게 묻는다. "신경쇠약에 걸린 걸까요?"

"모르겠구나." 어머니는 보통 어려운 질문에 답을 갖고 계신다. 나는 동이 틀 때까지 뻣뻣하게 누워 있다.

다음날은 얼마나 암울한지 토요일 같지 않다. 누군가 틀어 놓고 외출한 것처럼, 가는 비가 끊임없이 내린다. 나는 금방이라도 어딘가로 치달을 듯한 상태가 지속된다. 사람들에게 말을 해보려 하지만 안 된다. 기분이 너무 비참해서 어떻게 될 것만 같다. 어떻게 된다? 갈 곳도 없고, 할 일도 없다. 이게 직업이라면 당장 그만두겠다. 헬스장의 런닝머신이라면, 스위치를 끄고 사우나에 들어가 쉬겠다. 이게 과제라면, 편집부장에게 전화를 걸어 너무 어렵다고, 완수할 수 없는 일이라고 말할 텐데. 하지만 이건 그런 게 아니다. 내 삶이다. 그냥 꺼버릴 수는 없다. 그렇지 않은가?

어머니가 운영하는 재활용품점 일을 돕기 위해 시내로 나간다. 잡동사니가 잔뜩 널려 있는 진열대 사이로 총총대며 뛰어다니는 아이들 때문에 물건이 떨어지고 장난감이 망가진다. 할아버지가 나선다. 밖에는 가죽잠바 속에 두꺼운 목과 20파운드 지폐다발을 숨긴 사람들이 운영하는, 이동식 유원지에 있을 법한 '공포의 집'이 있다. 10월의 어느 칙칙한 토요일, 상업지구 한가운데 저런 것이 있는 이유를 모르겠다. 아마도 너무 형편없어서 유원지에서 쫓겨났는지도 모른다. 아니면 일찌감치 헬러윈을 준비하는 것인지도. 어딘가 둘 곳이 필요했었을 거라고 짐작해본다. 분장한 유령이 손짓을 하지만 그 자신도 확신이 없는 모습이다. 그 물건은 비를 맞아 추레한 모습으로 텅 빈 채 서 있다. 아이들은 들어가고 싶어한다. 4분 남짓한 시간에 2.5 파운드. 아직 11시밖에 되지 않았다. 이 날을 보내기 위해 우리는 무엇을 해야 할까, 궁금해진다.

이른 점심을 먹고 분위기를 바꿔볼 겸 포츠머스로 드라이브를 떠난다. 요즘 불황을 겪고 있는 포츠머스는, 서로 자기 차례라고 말다툼을 벌이는 살찐 노인들처럼 그저 머물러 있는 배들이 즐비한, 항구보다는 어귀(포츠머스는 항구(ports)와 어귀(mouth)의 합성어다)가 어울리는 곳이다. 어떤 도시가 고층건물 따위를 짓고 사람들을 초대해 전망대 입장료로 6.5파운드를 받는다면 그 도시는 끝난 거라고 할 수 있다. 하지만 '파이럿 피츠' 빌딩에서 아이들은 아주 즐겁게 놀고 나는 아버지, 할머니와 함께 차를 마시며 바다를 바라본다. 태양은 이미 하루를 마감하고 있다. 추위가 싫어 안으로 들어오고 싶다는 듯 성난 파도가 창밖에서 넘실댄다. 축구 경기 결과가 화면에 단신으로 흘러가지만 오늘은 모두가 패자처럼 보인다. "내 생각에는 말이다, 네가 다시 열심히 일을 해보면 좋을 것 같구나." 아버지가 말한다. 걱정하는 마음이 전해진다. 아버지는 회사의 체계와 사무실 동료들이 내가 자리를 잡는 데 도움이 될 거라고 보는 듯한데, 맞는 말일 것이다. 첫 겨울밤이 다가오고 있다. 우리는 집으로 향한다.

일찍 잠자리에 들어보지만, 잠은 고사하고 가만히 누워 있기조차 힘들다는 것을 눕자마자 깨닫는다. 샤론은 나를 진정시키기 위해 최선을 다하지만 솔직히 샤론도 겁을 집어먹었다. 나는 창문을 바라보다가 저 창문을 열고 뛰어내리면 어떻게 될지 궁금해한다. 높이가 충분치 않다. 병원의 정신과 병동에는 골절 환자와 폐질환 환자들이 가득하다는 이야기를 읽은 적이 있다. 자살은 쉽지 않다. 나는 그게 무엇이 되었든 짜내기 위해 바닥에 쭈그리고 앉아 온몸을 웅크린다. 내 움직임과 서성거림, 공포가 모두를 미치게 한다. 그러다가 불쑥 내뱉는다. "다 끝난 것 같아요. 죽고 싶어요." 어머니는 건강보험공단에 전화를 걸고 아버지와 샤론은 근무시간 이후에도 문을 연 진료소를 찾아 차를 몰고 나간다. "적어도 우리는 근무시간 이후에도 최선을 다하고 있잖니." 아버지가 어두운 소리로 샤론에게 중얼거린다. 우리 아버지는 이런 분이다. 위기 속에서도 착한 사내.

아버지와 샤론이 나간 동안 어머니는 나를 진정시키려 애쓴다. 어머니는 항상 좋은 엄마, 정말로 좋은 엄마였다. 도대체 왜? 어머니는 그런 생각을 하는 게 틀림없다. 내가 그토록 사랑하고 아끼면서 돌보고 뜨겁게 격려하고 총명하게 키우고 아낌없이 헌신적으로 키운 아이들, 그 애들 중 왜 이 아이에게 이런 일이 생긴 걸까? 이 아이와 카나스타를 비롯 루미, 포커, 21 같은 카드놀이를 했지. 우리는 이 아이에게, 네 명의 아이 모두에게 자유와 너른 하늘, 마음껏 다닐 수 있는 시골 밭을 주었지. 자전거 타는 법, 잔디 깎는 법, 수영하는 법, 취한 말벌에 쏘이지 않으면서 바람에 떨어진 사과 줍는 법을 가르쳤지. 읽고 쓰고 생각하도록 도왔지. 좋은 학교에 들어가고, 크리켓 경기와 축구 경기에 참여하고, 친구네 집에서 놀고, 성가대 연습을 하도록 시켰지. 매년 휴가 때면 서섹스 해안에 데려가서 다시 9월 학기가 시작되기 전까지 황금색으로 물든 이 아이의 머리칼과 보드라운 발에 감탄했지. 금요일에는 생선을, 일요일에는 구이를, 월요일에는 정식을, 목요일에는 감자칩과 땅콩과 비스킷(단맛 하나, 보통 맛 하나)을 먹었지. 도서관에 가 있는 동안 뒤쪽부터 껍질을 벗겨야 했던 막대사탕(투펜스)도. 우리는 이 아이에게 인생의 놀라운 동반자이자 아이가 여전히 사랑하는 세 명의 누이를 주었지. 아이가 청소년기를 지내며 몇 가지 실수를 하였지만 영 잘못된 길로 갈 것이라는 걱정은 하지 않았지. 아이는 저지르고 보는 편보다는 몽상가에 가깝고 건방지지 않지만 결코 대범하지 않았어. 그래, 우리는 아이를 밀어붙여 한 학년 월반하게 했지만 아이는 감당할 만큼 총명해 보였어. 대학에 진학하기 전 한해 동안 쉬는 것을 허락했고, 스위스에서 뭔가 할 일을 찾도록 도왔어. 마침내 아이를 만나러 갔을 때 더이상 부모와 아들이 아니라 친구 사이의 세 어른이 만난 것 같았지. 그리고 지난 스무 해는 이러했어. 우리는 이 아이를 보려고 모스크바와 파리를 찾아갔고, 런던에는 셀 수 없을 만큼 여러 번 갔지. 남편은 런던 셰퍼드 부시에 있는 이 아이의 공동주택에 묵을 때면 베개를 직접 챙겨갔는데, 잔디밭에 베개를 두고 왔다가 다음날 아침에 되찾고는 우리 모두 크게 웃은 적이 있었지.

왜 이런 일이? 네 명의 아이 중 가장 무난하게 살아온 편인 이 아이는 자기가 원하는 게 무엇이고 자기가 어떤 길을 가는지 알고 있었어. 조금 어리지만 자신에게 딱 맞는 여자를 만났고, 결국 열아홉살 아가씨에게 나쁜짓을 하진 않은 거지, 애야? 마크에게 인생은 항상 즐거운 일이었어. 그런데 왜 이런 일이? 왜 지금?

나중에 우리는 함께 그 답을 찾아갈 것이다. 어머니는 매주

와서 머물면서 내가 울면 위로해주고 내 기분이 나아지면 격려하고 매일 말을 걸고 문자를 보내줄 것이다. 암흑같이 가장 어두운 순간에도 나는 내가 운 좋은 사내임을, 나를 안아주고 진정시켜주고 괜찮을 거라고 말해주는 어머니를 둔 운 좋은 사내임을 알게 될 것이다.

한 시간 후 아버지와 샤론이 약을 가지고 돌아온다. 그게 무슨 약인지, 어떤 효과가 있는지 사실 아무도 모른다. 하지만 신경쓰지 않는다. 나는 두 알을 삼키고 혹시 부족하지 않을까 초조해한다. 그러다가 자리에서 일어나 화장실로 가다가 벽에 부딪혀 안경을 개수대에 떨군다. 망각이 기다리고 있다. 나는 침대로 돌아가 여섯 시간 동안 소강상태로 쉰다.

일요일. 몸이 가볍지 않다. 죽 그릇을 앞에 두고 먹을 수 있을지 걱정이 앞선다. 먹지 못할 경우, 시간 수용소의 너른 연병장에서 고투하며 하루를 보내게 될 것이다. 어머니 아버지와 함께 교회로 향한다. 크리스천들도 내가 걸린 이 병에 걸릴 수 있는지, 믿음이 마음의 위기에 대비하여 예방접종을 해주는지 궁금하다. 내 생각에 두 질문에 대한 답은 아마 어느 정도는 그렇다일 것이다. 나오는 길에 부목사가 내 손을 잡고 악수한다. 나는 생각한다. '목사님께는 아주 쉽겠죠. 목사님은 내가 아니니까요. 목사님은 예수님과 더불어 편안한 일요일 오후를 맞겠지만 나는 지옥으로 돌아가야만 합니다.' 그는 상냥하게 목례를 건네지만, 내 얼굴을 보고 심각한 문제가 없다고 생각할 수는 없으리라. 점심식사는 바비큐이지만 나는 거의 먹지 못한다. 숲으로 산책을 나가기로 한다. 내가 운전한다. 나는 이 여정이 끝나지 않기를 바란다. 이렇게 운전하는 동안만큼은 다른 생각이 들지 않고 몸 상태도 괜찮다. 아이들은 「고릴라즈」^{Gorillaz}를 듣고 싶어한다. 전에 그토록 사랑하던 음악을 듣는 게 고역이라니 충격이다. 도착해서 우리는 아이들을 꼬드겨 장애물 코스로 간다. 딸아이의 고사리손을 잡는데 뭔가가 내 횡경막을 열어젖힌 것 같은 느낌을 받는다. 숨이 빠져나가고 속이 파이는 것 같은 게, 내 속으로 붕괴되지 않으려면 숨을 골라야 할 것 같다. 결국 우리는 돌아간다. 샤론이 운전대를 잡고, 앞으로 어떻게 될 것이며 우리는 어떻게 대응하고 어떻게 이겨낼 것인지 이야기한다. 전에도 어려운 일을 이겨냈다고 말한다. 나는 샤론을 보며 생각한다. 누군가 여기서 나를 건져줄 사람이 있다면 그것은 바로 샤론이라고. 우리는 집으로 간다. 약물에 의한 의도적인 망각의 밤으로.

나는 침대에 누워서 태양이 세상에 작은 행복을 밀어넣으려는 모습을 지켜본다. 어두워지기 전에 집으로 돌아가려고 종종 걸음치는, 아스다^{ASDA}(영국의 대형마트) 백을 든 할머니마냥 하늘을 낮게 스치는 태양의 분투는 질 수밖에 없는 싸움일 뿐이다. 1년 중 이맘때 뒷마당에는 빛이 전혀 들지 않는다. 집 그림자가 우리집 마당과 다른 집 후면을 가르는 레이랜디 삼나무 절반까지 가리운다. 햇볕이 들려면 3월까지 기다려야 할 것이다.

나는 벌써부터 3월을 고대하고 있다. 봄이 되면 건강을 되찾을 거라고 아버지가 말한다. "여섯달, 여섯달이면 될 거다. 생각보다 금세 지나갈 거야." 내가 겨울을 이겨낸다면 말이다. 나는 견디는 것 하나는 잘한다. 매년 내가 어떻게 견뎌왔는지 본다면 당신도 내 말을 이해할 것이다. 축구 선수가 골을 넣고 자축하듯이 "정말 잘했어, 마르코"라고 말하며 내 인내에 박수를 보낼 테고, 그러면 록시가 그 말을 받아 그다음 18시간 동안 마르코를 격려할 것이다. 나는 바퀴벌레다. 밟히고 짓이겨지겠지만, 포기하지 않을 것이다. 이겨낼 것이다.

오늘까지 이틀째 항우울제를 복용하고 있다. 닥터 버니는 지체없이 이 약과 함께 내가 아는 한 이름을 가장 잘 지은 약 중 하나인 조피클론^{zopiclone}이라는 수면제를 처방해주었다. 조피클론은 포장지에 씌어진 대로는 효용이 없고 오히려 그 이름이 뜻하는 대로 효용이 있다. 복용하면 기분이 좋아지고^{zop} 약간 복제^{clone} 상태가 되며, 이내 크고 통통하고 즙 많고 따뜻한 잠의 조각^{zop} 속에 빠져들게 되어, 그 상태가 밤마다 복제^{clone}된다. 두어 가지 부작용이 있다. 지역 보건의는 열흘 넘게 복용하는 것을 허락하지 않을 텐데, 이 약을 먹고 나면 모든 것이 수은에 절인 민트 맛이 난다. 하지만 이는 더 진행된 뒤에 걱정할 일이다. 현재로서는 항우울제가 문제다. 복용하기 시작한 뒤로 이보다 더 기분이 나쁠 수 있을까 싶다.

주의를 받은 바 있다. 이 약은 기적의 치료제나 특효약이 아니다. 실은 항우울제의 원리에 대해 제대로 아는 사람은 아무도 없을뿐더러 실제로 약효가 있는지도 확실치 않아 보인다. 왜 약효가 곧바로 나타나지 않는가 하는 질문을 비롯해서 답변할 수 없는 질문들이 있다. 약간 과학적인 답변이 있기는 한데, 우울증 환자들은 한 신경세포에서 다음 신경세포로 메시지를 전달하는 화학물질인 세로토닌 결핍에 시달린다는 이론이다. 정상 상태의 신경세포는 세로토닌을 재흡수하여 재사용한다. 선택적 세로토닌 재흡수 억제제(SSRI)로 알려진 항우울제는 이 재활용 과정을 차단하여 더 많은 세로토닌이 모이게 함으로써 신경전달작용을 활성화시킨다. 하지만 SSRI가 세로토닌의 '재흡수'를 억제하는 데 성공적이고 그래서 가용 세로토닌이 증가한다면, 왜 약효가 나타나는 데 몇 주에서 몇 달씩이나 걸리는 것일까?

나는 슬그머니 인터넷을 찾아본다. 엄격히 말해, 나는 인터넷을 해서는 안 된다. 환자에게 구글 검색은 안정보다는 충격을 주기 쉽다. 그리고 나는 5분이 못 되어 내가 기력을 잃고 쓰러져 침대에 눕고 말 것임을 안다. 5분이면 구글에 SSRI와 시탈로프램을 입력하여 채팅방 몇 곳을 찾아 한두 가지 단서를 찾기에 충분한 시간이다. 하지만 이게 무슨 소용이람? 채팅방에서 만나는 사람들은 5년간, 10년간 우울증에 시달려왔다고 말한다. 그들은 아침에 눈을 뜨자마자 시작되는 길고도 끔찍한 전투에 대해 얘기한다. 그들은 정신병에 대해 말한다. 나는 정신에 질환이 있는 게 아니니, 이건 내게 해당하는 이야기가 아니다. 세 번이나 자살을 시도했다는 여인이 있는데, 그녀는 자살에 대해 또 이야기한다. 다른 이들은 즉각 그녀에게 다가가려고 애쓴다, 창문을 열고 시원한 공기를 마시라고, 쇼팽을 들으라고, 새와 꽃에 관심을 가져보라고 한다. 하지만 소용없다. 우울증에 걸린 마음에 이성은 작동하지 않는다. 이것은 광증의 한 형태인 것이다.

나는 휘청휘청 침대로 돌아간다. 이전에 나는 영예로운 사람이었고, 내게도 황금기가 있었다. 지금 나는 자살을 생각하는 사람들, 해가 거듭되어도 우울증에서 벗어나지 못하는 사람들, 그 주기에서 탈출하지 못하여 그 삶과 생계를 영원히 망쳐버린 사람들, 인생을 살아낼 한 번의 기회를 자기 잘못이 아니라 재난처럼 갑자기 닥친 화학물질의 자의적 간섭 때문에 잃어버린 이들과 마찬가지로 좁고 어두운 무리에 든 것이다.

시탈로프램 상자 안에 든 사용설명서를 읽는다. 또다른 실수. 사용설명서 같은 것은 읽지 말아야 한다. 그것은 거대 제약회사의 자기 보호를 위한 법적 명분에 불과하다. 6포인트 크기의 글자로 빽빽하게 씌어진 설명서에 따르면 이 약의 흔한 부작용으로 수면장애, 기력 쇠퇴, 발한, 입마름, 어지럼증, 변비, 심장박동 이상, 졸음, 두통, 떨림, 홍분 등이 있다고 한다. 내가 초기에 겪은 증상 대부분이다. 드문 부작용으로는 집중력 장애, 기억력 감퇴, 불안이 있다. 또한 맨 앞 장에 큰 글자로 이렇게 쓰여 있다.

자살 충동과 우울증 심화: 우울증에 걸리면 이따금 자신을 해하거나 자살하려는 생각이 들 수 있다. 이런 충동은 항우울제 복용 초기에 강화될 수 있는데, 약이 효과를 발휘하기까지 보통 두 주 정도의 시간이 필요하기 때문이며 이따금 더 많은 시간이 걸리기도 한다.

어떤 호전의 징후가 느껴지기까지 여러 주가 걸릴 수 있다고 사용설명서는 규칙적인 간격으로 말한다. 백만번째로 묻는다. 바닥은 어디인가? 얼마나 기다려야 하는가? 얼마나 더 떨어져야 하는가?

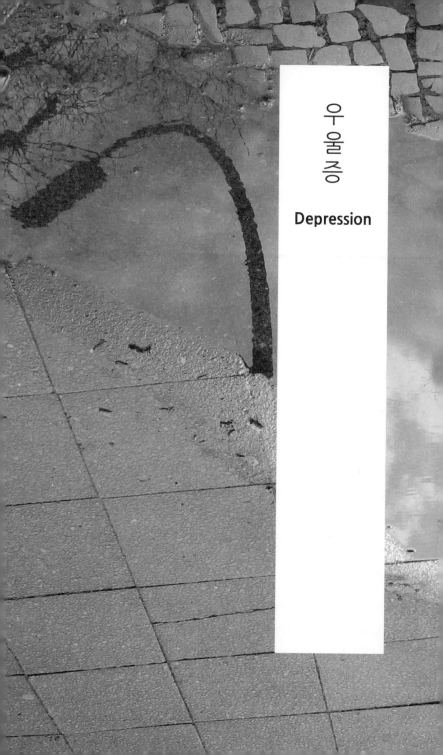

우울증

Depression

5

위축

나는 정신과 의사와 얼굴을 마주하고 있다. 정신과 의사. 정신
병원에서 온. 결국 거기가 내 종착점이다. 내 호기심이 발동한
지점은 희박한 희망이었다. "적어도 그 유명한 로햄턴 정신병
원 내부를 둘러볼 수 있으니, 누가 알겠어, 몰락한 스포츠 스타
나 가발 벗은 70년대 화려한 록 가수를 만나게 될지도 모르잖
아." 사소한 위로다. 사실, 전혀 위로가 안 된다. 내가 찾으려 할
지라도, 정신병원과 관련해서 화려한 것은 아무것도 없다. 본관
은 내셔널 트러스트 본부처럼 말쑥한 대정원에 자리잡고 있으
나 건물 내부는 다소 낡았고 정이 가지 않는 분위기다. 정신적
문제를 앓는 사람들을 돌보는 일에 적합해 보이지 않는다. (나

는 아직 나 자신을 그 무리에 끼워넣지 않는다. 아직은.) 복도가 너무 많고, 의자를 원형으로 배치한 빈 큰방들도 많은데, 내 입장에서 볼 때 어느 것도 좋게 보이지 않는다. 한 복도에는 침실들이 줄지어 놓여 있고, 어떤 방들의 문은 열려 있다. 방 안에서 간호사들과 청소원들이 부산하게 침대보를 정리하고 있다. 나는 왜 놀라는 걸까, 나도 모르겠다. 나는 사람들이 이곳에 머물기 위해 온다고 생각하지 않았다. 그렇다면 이 순간에 나는 '치료' '재활' '수용' 같은 말들을 추상적 개념으로 여기는, 즉 다른 사람들의 삶에서나 일어나는 일로 여기는 단계에 아직 머물러 있는 것이다.

집을 나설 때 태양은 리치먼드 파크 위에 낮게 떠 있었다. 사방에 갑자기 낙엽이 수북해지면서 연석 가장자리까지 쌓이거나 겨울의 공습에서 피하려는 듯 너른 바닥을 획 훑고 지나가는 시절, 한해의 끝, 그런 주간이다. 로햄턴까지는 3마일밖에 안 되지만 먼 출장을 떠나는 것 같다. 내 시야는 급속하게 좁아지고 있다. 머잖아 문밖을 나서는 것만도 장대한 여정처럼 느껴질 것이다. 우리는 누이에게 여섯 아이를 맡기고 나왔다. "시누이가 부럽지 않아." 샤론이 한마디 한다. 나는 아무 말 않는다. 나는 누이가 부럽다. 그녀는 나와 같지 않으니.

우리는 수납계에서 10분 정도 기다린다. 당신도 알다시피 병원은 영리기관이다. 문진은 정시에 시작해서 정시에 끝난다. 음료 자판기가 있고 대형 어항이 있다. 물고기를 바라본다. 영양

상태가 안 좋아 보이는 십대 소녀들이 금발머리에 억척스런 얼굴을 한 어머니들의 보호를 받아 오간다. 제대로 먹지 못한 십대 소녀들과 같은 처지에 놓이다니, 믿을 수가 없다. 하지만 나는 지금 여기 있다.

정신과 의사는 삼촌처럼 인자하다. 혁명가의 수염을 하고 빨간 양말을 신었는데 관리를 잘한 듯싶다. 모든 것을 이해하는 누군가에게 모든 이야기를 쏟아낼 수 있다니 큰 위안이 된다. 나는 그 앞에 난장판이 되어버린 내 인생을 내려놓고 나타난 순서대로 증상을 나열한다. 두통, 무기력, 위장장애, 공황장애, 불안, 근육경련 및 떨림, 이명, 분노, 불면증. 자기연민의 늪에 빠져 말이 막힐 때면, 샤론이 침착하게 내 말을 이어서 마무리하고 조금 더 객관적인 입장에서 한 사람의 무너짐을 목격하는 느낌이 어떤지 말해준다. 그녀도 가장자리에 서 있다. 나는 안다. 샤론의 얼굴이 얼룩덜룩하다. 속이 상하거나 화가 날 때 나타나는 증상이다. 비록 나는 그녀가 우는 모습을 본 적이 없지만, 그동안 내리 울고 있었던 게 분명하다. 나는 알아야 한다. 지난 몇 주 동안 나는 마치 내상을 입은 강아지처럼 그녀 뒤를 졸졸 따라다녔음을. 이따금 그녀는 내 손을 꼭 쥔다. 희미한 안도의 신호를 얻는다. 누군가 나를 꺼내줄 사람이 이 행성에 있다면, 그것은 바로 샤론이다.

정신과 의사인 윌킨스가 만년필로 휘갈겨 쓴다. 그로서는 수천 번 해온 일이다. 나는 그저 그의 월요일 오후 2시 30분 환자일 뿐이다. 내 뒤에도 환자들이 있을 테고, 내일도 사람들이 있을 것이다. 불행한 사람들의 행렬은 끝이 없다. 3시 30분에는 얼빠진 눈에 수전증을 앓는 누군가가 올 것이다. 새로운 처방이 필요한 오후 4시의 손님이 있을 테고, 말짱하다 생각했는데 이제 최악의 상태에 처한 4시 30분의 환자도 있을 것이다. 정신과 의사는 자신이 하고 있는 일이 뭔지조차 알지 못하며 현대 의학은 문제를 악화시킬 뿐이라고 철석같이 믿는 혈기왕성한 친구가 오후 5시의 손님인지도 모른다.

이처럼 피곤한 오후를 앞두고 있지만 윌킨스 박사는 예의바르고 유머감각이 있다. 도움이 된다. 그는 적절한 질문을 던진다. 그동안 취침은 어땠는지, 집중력은 어떤지, 기분은 어떤지, 그리고 식욕은 어떠한지? 모두 엉망이 되었다고 답한다.

가족 중 우울증을 앓은 사람이 있습니까?

평상시 가족력을 묻는 질문지에 답변을 채워넣을 때면 '아니오'라고 표시된 칸에 신속히 기입할 수 있어 다행이라고 생각했다. 협심증이나 고혈압, 녹내장, 광견병은 해당 사항이 없다. 내가 아는 한 암에 걸린 사람도 없다. 할머니는 102세임에도 티크나무처럼 건강하다. 우리 가족은 복된 유전자를 타고났다. 하지만 우울증의 기미는 있다. 20년 전 아버지가 우울증에 걸렸었다. 전혀 그럴 것 같지 않은 사람이 난데없이. 공교롭게도 우리 남매 대부분은 실제로 거의 같은 날에 집을 떠났다. 줄리앤은 열여섯살에 이후 30년간 하게 될 무용을 하러 이미 런던으로 떠났다. 캐롤린은 법률사무소에서 일하기 위해 런던으로 이사했다. 나는 모스크바로 떠났다. 혼자 남겨지는 것을 늘 싫어했던 케리도 런던으로 이사했다. 아버지는 이것을 째깍 냉장고 증후군이라 부른다. 20년의 난장판이 끝나고 나니 빈 방에서 소리 없이 0:00을 깜박이며 자기 일을 하고 있는 전기 기기 외에 집에서 들려오는 소리가 전혀 없었음을 일컫는 말이다.

나의 의료기록 정보는 꽤 간단하다. 골절 한번 없다. 3년 전소아기 질병이 계속 목에 도졌을 때 받은 편도선 절제술. 그 후로는 깨끗하다. '아니오' 칸에 계속 표시한다.

그러고 나서 요즘 병원 일이 호황이라는 정감어린 농담을 던진 후 윌킨스 박사는 한결 부드러운 질문을 던진다. 우리의 결혼생활은 어떤지, 서로를 위해 시간을 내고 있는지, 마지막으로 크게 웃은 게 언제였는지? 우리는 서로 바라보며 웃는다. 둘 중 누구도 질문에 답할 수 없다는 암묵적인 시인이다. 기억나지 않는다.

우리에게도 웃음꽃 만발하던 시절이 있었다. 페루의 알티플라노 고원을 따라 걷는 무척 긴 여정에서 우리는 '너도 보이니'
(I Spy, 유아용 숨은그림찾기 놀이) 놀이를 했는데, 그때 일행 중 한 명이 이렇게 말했다. "내 작은 눈에 엘(l)자 두 개로 시작하는 뭔가가 보여."(Double L은 영국의 농기구 회사명으로 이 회사의 기계에는 로고가 찍혀 있다) 또 영국 뉴랜드 코너에서 아이스크림을 살 때 나는 얼음 막대사탕을 샀는데 사탕이 너무 차가워서 그만 혀에 붙어

버렸다. "봐 봐." 나는 이렇게 말했다. "두 손이지, 한 손이지, 손 났다!" 나는 약간 바보처럼 막대사탕을 입에 붙이고 뛰어다녔다. 그런 뒤 막대사탕을 잡아당기자 혀 절반이 딸려나왔다. 나는 무척 괴로웠지만, 나를 뺀 모든 이들은 자지러졌다. 인터레일과 관련된 사연도 있다. 오랜 친구인 리셔와 나는 식당칸에서 프랑스 음식을 주문해 먹었는데 사려 깊은 웨이터가 우리 테이블에 난로를 가져다주었다. 리셔는 음식을 다 먹는 법이 없었고(와인은 예외였지만) 그러면 나는 그가 남긴 음식을 먹어 치우곤 했기에, 나는 그와 인터레일을 타고 여행하는 게 좋았다. 음식이 나왔다. 야채, 신선한 감자, 소시지, 생 닭고기와 쇠고기였다. 음… 프랑스 요리는 이상하다고 생각했다. 하지만 괜찮아. 우리는 날고기를 입안에 우겨넣고 씹었다. 잠시 후 우리는 궁금해졌다. 온화한 날씨라 히터는 불필요해 보였다. 그래서 우리는 서툰 프랑스어로 웨이터에게 물었다. "저, 뭐 하나 물어볼게요. 그러니까 이건 왜 갖다준 거죠?" 그는 우리의 빈 접시를 보더니 경악하며 말했다. "아, 그게 고기 익히라고 준 건데!" 벨기에까지 가는 내내 우리는 웃었다.

아이들은 고된 일상에서도 반드시 웃음을 가져다주었다. 우리집 애들이 좋아하는 텔레비전 프로그램이 있는데, 물건 모으는 법을 가르쳐주는 프로그램이었다. "빨리!" 곧 무슨 일이 일어날지 보면서 맏이가 말했다. "가서 메모지(pads) 가져와." 작은 발들이 쿵쿵거리더니 곧 각자 자기 방에서 재등장했다. 사내아이들은 공책을 가지고 제이니는 속바지를 가지고. 제이니는 이렇게 물었다. "바지(pants)가 왜 필요한 건데?"

하지만 어린 자녀가 있는 가족에게 웃음은 종종 이를 꽉 악무는 결단을 요구한다. 단지 너무 중요하기에 손을 놓을 수 없는 일이 있다. 그것은 아무 구속 없이 친구들과 웃고 떠드는 즐거움과는 매우 다른 해방감이다. 이제 부모가 된 이의 삶은 새로운 생명의 탄생을 기점으로 새롭게 주조된다. 전에 나는 심한 숙취가 따르게 마련인 시끌벅적한 술자리를 즐겼다. 시간을 잊은 채 일요일까지 술잔을 들이켰고, 한낮에 영화를 보는 수준 떨어지는 생활에 대해 가차없이 빈정댔다. 하지만 아기들을 키우는 집안에서 한낮에 영화 보기는 아주 익숙한 풍경이며, 숙취는 어떻게 해서든 피해야 할 적이다. 제임스가 아직 아기였을 때 맞이한 새해 첫날 숙취에 시달렸던 기억이 어렴풋이 난다. 제임스는 울고 또 울었다. 우리는 애가 살아 있는 수류탄인 양 오전 내내 서로에게 떠넘기기를 반복했다. '이 하루를 무사히 마칠 수 있을까?' 처음은 아니었지만 이런 생각이 끊이지 않았다.

윌킨스 박사가 목을 가다듬고 말한다.

"제가 볼 때 스트레스와 연관된 상태, 우울증인 게 분명합니다. 극복하려면 시간이 필요합니다."

잠시 말이 없다.

"하지만 회복될 겁니다." 언제쯤 나아질 거라고 말하지 않는

다는 점에 유의하라. 이런 일에는 정해진 기한이 없다. 몇 개월
은 예사일 테지만, 3일일지, 33일일지, 333일일지 아무도 모른
다. "사람에 따라 다릅니다." 윌킨스 박사가 덧붙인다. 그는 몇
가지 모호한 지표를 알려준다. 일에 대해 이야기하자 그는 성
탄절까지는 어려울 것 같다고 넌지시 말한다. 새해맞이 파티
계획을 언급하자, 그는 "다음해에 하시죠"라고 말한다. 항우울
제 이야기를 하자 그는 장기, 최소한 6개월은 복용해야 좀 나
아졌다고 느낄 수 있는 지점에 이른다고 말한다. 확정된 기한
은 없을 수 있지만 장기전인 것만큼은 분명하다. 나중에야 나
는 왜 기한에 대해 여러 말 하기를 꺼리는지 이해한다. 우선, 그
들도 모르기 때문이다. 두번째, 만일 의사가 어림해서 근사치를
말해준다면—제가 보기에 앞으로 최소한 12개월에서 18개월
정도는 어느 정도의 회복을 기대하기는 어려울 것 같습니다—
그러면 환자가 포기할지 모른다. 세번째, 만일 의사가 예상 날
짜를 일러주었는데 그날이 지나도 별다른 호전이 없다면, 환자
는 의사에 대한 신뢰를 잃고 말 것이다. 우울증 치료에서 의사
에 대한 신뢰는 절대적이다.

윌킨스 박사는 나만 그런 게 아니니 걱정하지 말라고 말한다.
내가 종사하는 직종의 사람들에게 드문 일이 아니라고 한다. 중
앙 일간지의 부편집장으로 내가 맡은 일은 끝없는 압박과 책임
이 따르는 고단한 일이다. 실수를 하면 눈에 띈다. 윌킨스 박사
는 내게 완벽주의 기질이 있다고 하는데, 샤론은 그 말이 재미

있나보다. "집안 청소할 때는 완벽하지 않아요." 윌킨스 박사는 웃으며 덧붙인다. 이것은 좀 다른 형태의 완벽주의인데, 자신이 도달할 수 없는 기준을 자기에게 들이댄 뒤 그것을 이루기 위해 더욱 가열차게 자신을 몰아붙이는 식이라고.

안심이 된다. 이 의사가 딱 맞는 것 같다. 그는 병원이 도움이 될 수 있다고 하고, 우리는 이후 진료 약속을 잡는다. 그런 뒤 집으로 돌아온다.

학기 중간의 짧은 방학이다. 집안은 아이들의 티격태격, 옥신각신, 그리고 아프다고 끙끙대는 소리로 가득하다. 가을방학은 1년 중 최악의 휴일이다. 실내에서 비가 멈추기만을 기다리며 보내는 감옥살이 같은 열흘의 시간. 하루종일 텔레비전이 켜져 있다. 아이들은 번갈아가며 한밤중에 잠을 깬다. 샤론은 피곤해 뵈고 누구를 돌봐야 할지 모른다. 내 생각에 샤론은 직장으로 간절히 돌아가고 싶어한다. 제임스가 가장 안 좋다. 기운이 없고 열이 있다. 샤론이 마지막 햇빛을 쬐게 하려고 다른 두 아이를 데리고 공원에 나간 오후의 두어 시간 동안, 나는 제임스와 둘이서 집에 앉아 있다. 속이 얼마나 공허한지, 텅 비어 안쪽으로 무너져내릴 것만 같은 이 기분, 설명하기 어렵다. 숨 쉬는 것조차 노력이 필요하다. 그러나 제임스를 위해서라도 나는 강해져야 한다. 제임스가 놀이를 하자고 한다. 우리는 모서리가 구겨진 조악한 보드게임판을 세우고 겨우 시늉을 한다. 5분 후 더 참을 수 없어 말한다. "얘야, 아빠는 더 못하겠구나. 목욕할래?" 제임스를 욕조에 들여보낸다. 아이가 장난감 배를 가지고 힘없이 노는 동안 나는 어둠 속에 앉아 있다. 6시에 제임스를 재운다.

결국, 끝없을 것 같던 날이 지나간다. 학기중 방학이 끝났다. 아이들은 다시 학교로 돌아간다. 집은 고요하고 춥다. 방은 비어 있다. 그때 레몬나무가 눈에 들어온다. 내 생일에 들어온 이래로 비를 잔뜩 맞으며 뒷마당에서 떨고 있었던 것이다. 가지에 매달린 관리지침서는 흠뻑 젖어 읽기 어렵게 되었다. 진작실내에 들여놨어야 했음을 겨우 알아볼 수 있을 뿐이다. 침실에 적당한 자리를 찾는다. 이제 레몬나무가 그 자리에 있다. 나무는 내 곁에 있어줄 것이다.

나는 미쳐가는 중일까? 이런 게 미치는 걸까? 정신질환. 이 단어를 내게 적용할 때마다 얼마나 기분이 이상하고 끔찍한지 모른다. 우울증, 정신질환, 조울증, 정신분열. 흔히 정신적으로 신뢰할 수 없다고 여겨지는 사람들에 대해 우리가 사용하는 이런 단어들은 얼마나 어둡고 불길한가. 그런 말들이 우리가 그들을 조금이라도 더 제대로 이해하는 데 도움이 되는가? 다른 이들 못지않게 나도 유죄다. 이 일이 내게 일어나기 전, 우울증은 실패자의 일이고, 정신질환은 약한 사람의 일이며, 정신분열증 환자는 감옥에서 탈출해 런던 북부의 어느 공원에서 사람들에게 칼을 휘두르는 사람이라고 보았다. 그리고 미쳤다는 것은… 미쳤다느니 제정신이 아니라느니 하는 말은 하나마나 한 말이다. 미친mad 사람, 제정신이 아닌crazy 사람은 덜렁대고 무신경하며 옆에 있으면 재미있는 사람이지 않은가.

나는 항상 조금씩은 미쳐 있지 않았던가? 나는 마치 다른 시대에 매달려 있는 것처럼 어떤 말과 소리를 듣는다. 그것들이 어디서 오는지, 내가 입력하지 않았는데도 거의 스스로 기록되는 이 조각들이 어디서 오는지 궁금하다. 마음에 들리는 소리를 받아적다보면 어느새 글 한 편이 되고, 터져나오는 선율 한 소절이 반쯤 완성된 노래가 되고, 바로 그 앞에 내가 있다. 이게 내 것이 맞는지조차 확신이 서지 않는다. 내 날랜 손놀림을 누가 보고 있는 건 아닌지 확인하고자 매번 주변을 둘러봐야 한다. 나 자신에게 말을 건네기도 한다. 그러면 곧바로 알게 된다. 그것은 때로 록시이며, 때로 마르코이고, 때로는 내가 만들어 낸 간결한 직업적 마감신호인 mro(저자 이름 Mark Rice-Oxley에서 첫 철자를 모은 기호)일 때도 있다. 이런 정신의 연속 작용은 나만의 증상인가, 보편적 증상인가? 당신도 제3자를 대하듯 자신에게 말을 거는가? 당신 자신과 말싸움을 하는가? 혹시 나만 그런 건가? 내가 미친 건가? 윌킨스 박사는 이런 일을 끝내려면 발병의 원인을 찾아내어 끊어버려야 한다고 한다. 하지만 발병의 원인이 나라면?

만일 이것이 광증이라면, 좋은 건가 나쁜 건가? 어쩌면 이것은 단지 통과의례인지도 모른다. 어디선가 읽었는데, 참 자아를 찾기 위해서는 먼저 정신을 놓아버려야 한다고 한다. 그런 일이 일어나고 있는 건가? 최근 수년간 나는 자신에게 진실했던 적이 없었는지도 모른다. 나 자신의 본질적인 면을 계속 부인했더니 이제 나의 참 자아가 스스로 자기 모습을 드러내고 있는 것인지도 모른다. 하지만 만일 그렇다면, 참 자아는 무엇인가? 장난기 많고, 근심과 걱정 없고, 덜 진지한 삶을 요구하는 록시인가? 아니면 다른 이들의 기대를 충족시키기 위해 행하는 책임감 강한 아들이자 남편, 형제이자 아버지인 마르코인가? 아니면 무슨 일에든 5분 이상 집중하지 못하는 나 자신의 모습에 초초해하고 분노하는 mro인가?

나는 잠깐 용기를 얻는다. 이것을 이겨낼 것이다. 길을 잘못 든 곳에서 문제를 해결하고 바로잡을 것이다.

쉽지 않다. 말은 그럴싸하게 했지만, 정말 정말 어렵다.

바닥에 흩어진 퍼즐조각들을 깔고 앉아 있다. 11월 중순의 어느 화요일 아침이다. 11월 중순의 어느 화요일 아침에 나는 결코 쉬지 않는다. 음악을 듣고 있기가 힘들어 라디오를 꺼버렸다. 몇 번이고 시도한 이유가 있다. 앞으로 수개월의 시간을 보내야 할 텐데, 그렇다면 그 긴 시간 동안 지금껏 녹음된 모든 음악을 듣고, 들은 것에 대해 메모를 남기고, 나중에 필요할지 모르니 오래전에 잊어버린 코드를 다시 익혀두고, 진작에 읽었어야 했던 알렉스 로스Alex Ross(미국 음악 평론가)의 책을 읽는 것만한 게 없기 때문이다. 하지만 나는 여전히 읽을 수 없고, 여전히 음악을 들을 수 없다.

방 안은 춥고 아침 나절의 흔한 공허함으로 가득 차 있다. 내 몸은 아직 얼추 말을 듣는다. 나는 샤론이 출근하는 시각에 일어났다. 애들과 잠시라도 같은 방에 있는 것조차 힘들지만 간신히 세 아이에게 옷을 입혔다. 아이들이 내지르는 소리는 부고(訃告)처럼 내 속을 꿰뚫고 지나간다. 아이들은 양말 때문이지 아빠를 괴롭히려는 게 아니라고 항변하지만 나는 견딜 수가 없다. 우리는 하릴없이 아침밥을 먹는다. 나는 별로 배가 고프지 않다. 요 며칠간 실제로 전혀 배가 고프지 않다. 하지만 목은 마르다. 일어나 물을 마시러 간다.

"물 먹고 싶어요." 한 아이가 말한다.

"저도요." 두번째 아이가 말한다.

"나도 물." 막내가 말한다.

나는 물병에 물을 채우고 컵 세 개를 준비해 식탁 위에 탁 내려놓고 돌아와 앉는다. 30초쯤 후 내가 목이 마르다는 사실이 생각난다. 자리에서 일어나 물을 마신다.

시계는 8시 30분을 향해 기어간다. 걸어서 아이들을 학교에 데려다준다. 우리는 아주 일찍 왔다. 비록 아이들이 내 신경에 거슬리지만, 아이들과 헤어지면 울음이 터진다. 나는 혼자다. 가쁜 숨을 쉬며 천천히 걸어서 집에 온다. 현관 앞에 도착할 쯤이면, 나는 누군가를 업은 노인처럼 발을 질질 끌며 걷는다. 문

5. 위축

을 닫자 꽝 하는 소리가 집이라는 빈 벡터 공간에 울려퍼진다. 난방이 꺼져 있다. 아무것도 특별할 게 없는 날, 사랑한다 말하려고 전화했다는 스티비 원더Stevie Wonder의 히트곡을 웅얼댄 날이 이러했으리라. 하지만 우리 집 전화는 울리지 않는다. 하루의 시간이 돌아가기 시작한다.

퍼즐을 꺼낸다. 내 열네살 생일 때 누이가 선물한 퍼즐이다. 70년대 어린이들이 먹던 다양한 종류의 사탕 그림들이 그려진 1천 조각 퍼즐. 퍼즐에는 없는 게 없다. 더블 테커스, 스팽글스, 토티 프루티스, 컬리 울리스, 프루트 패스틸스, 라이언 바스, 그리고 매치메이커스. 나는 민스트릴 겉에 붙은 바삭바삭한 부분만 떼어먹고 부드러운 초콜릿 부분은 포장지에 다시 넣어두는 식으로 먹기를 좋아했다. 한번은 한 봉투 안의 사탕 전부를 그렇게 먹은 적이 있는데, 나중에 작은 초콜릿 볼 부분만 뭉쳐서 한입에 먹어버렸다.

지금은 몰티저스에 꽂혀 있다. 작은 퍼즐조각들을 샅샅이 살피고 저마다 다른 모양을 검토한다. 좋은 퍼즐은 같은 모양의 조각이 거의 없다. 네 귀퉁이 조각 중 하나인 대문자 M이 그려진 조각을 찾으며 몰티저스 상자를 시작할 수 있게 되어 작은 희열을 느낀다. 어림해보니, 하루에 50조각씩 맞추면 3주 만에 퍼즐을 완성할 수 있다. 그 후에는 무엇을 한다? 3주 후에는 건강해질까? 안 그럴 거다. 나는 천천히 맞춘다. 퍼즐을 하는 동안은 내 '그것'에 신경을 쓰지 않을 수 있다.

멈추면 그것은 다시 돌아온다. 나는 침대에 앉아 창밖을 내다본다. 나 자신을 어떻게 해야 할지 모르겠다. 레몬나무에 물을 준다. 기껏해야 두 시간이면 충분한 활동이다. 그래서 나는 더 앉아 있다. 그리고 바라본다. 책장에 꽂힌 읽지 않은 책들, 천장에 난 금, 때로 시계를. 여전히 내 예상보다 이르다. 시간은 항상 내 생각보다 이르다. 주위에 아무도 없다. 오직 나뿐. 어머니와 샤론에게 전화를 걸어 오늘 날씨가 좋지 않다고 말했다. 내가 얼마나 더 이럴 수 있을지 모르겠다. 언제까지 지속될까? 몇 주 동안은 버틸 수 있겠지만, 이런 상태가 영원히 계속된다면 못 버틸 것이다. 나 자신을 어떻게 해야 할까? 대화를 하다 보면 수화기 건너편의 타인에게서 이런 절망감과 무기력을 감지할 때가 있다. 그런 순간이 바로 이제 전화를 끊어야 할 때다. 당신 스스로 전화를 끊어야 한다. 누구도 도와줄 수 없다. 그들도 자신의 삶을 살아야 한다. 당신은 그 방법을 익혀야 한다.

참아, 마르코, 참으라고. 나는 다시 카드를 손에 쥔다. 카드 한 벌의 무게가 마음을 편하게 해준다. 카드놀이는 기분 좋은 크기와 무게가 중요하다. 카드에는 현재에 관한 정보뿐 아니라 과거로부터 온 암호 메시지까지 많은 자료가 들어 있다. 왜 두 짝만 옆 모습일까? 스페이드 여왕은 누구이며, 그녀는 희생자였는가 아니면 여우였는가? 왜 에이스는 높고도 낮은가, 최고 끝발이자 최악의 끝발인가?

카드 세 장이 엎어져 있고, 네 장이 뒤집혀 있다. J, 7, Q, T. 카드와 나는 오랫동안 함께해왔다. 우리는 단추, 성냥, 푼돈을 걸고 카드놀이를 했다. 사람이 부족할 때는 카드 박스를 사람으로 두고 게임을 했다. 그 사람은 카드 박스에 갇혀 금고형을 사는 괴물이었다.

카드 세 장이 엎어져 있고, 네 장이 뒤집혀 있다. K, 2, 2, 3. 케리는 안경을 꼈기에 우리는 그녀에게 카드를 쥔 손을 높이 들게 시켰는데, 그러면 안경 렌즈에 비친 그녀의 카드를 볼 수 있었다. 캐롤린은 늘 이겼고, 어머니도 자주 이겼다. 할머니는 손 관절염 때문에 카드를 돌릴 때마다 애를 먹었고 카드가 끈적끈적하다고 화를 내곤 했다. "너희 꼬마들 사탕 때문이야." 아버지는 휴일에 혼자 하는 카드놀이를 하며 한주의 승패 합산을 내곤 했는데, 나는 81점, 줄리앤은 56점, 케리는 28점, 그리고 아버지 자신은 17점을 뒤졌다. 나머지 사람들이 승자였다. 그러면 아버지는 "카드 운은 없고, 사랑 운은 있네" 하고 말했고, 그러면 나는 '사랑 운은 필요없어, 카드 운이 있어야지' 하고 생각했다.

카드 세 장이 엎어져 있고, 네 장이 뒤집혀 있다. J, 6, K, 9. 다시 한번 킹이 가장 높다. 잘되었다. 우리는 러시아에 있을 때에도 카드놀이를 자주 했는데, 붉은 군대[Red Army](구소련 공산군인 적군〔赤軍〕을 뜻하나 사기 도박이란 뜻도 있다)의 놀이인 띠샤차를 주로 했다. 사샤, 올렉과 함께 몇 시간이고 죽치고 앉아, 러시아식 맹세

법과 합산 법을 배웠고, (킹, 퀸, 잭) 그림이 그려진 카드를 튕길 때마다 힘차게 "예따 온!"(그 한 장!) 하거나 "예따 오나!"(그녀 한 장!) 하고 외치는 법을 배웠다. 카드의 각 세트를 일컫는 러시아식 단어가 우리와 다르다는 사실도 재미있었다. 우리가 다이아몬드라 부르는 것을 그들은 탬버린이라 불렀고, 우리의 하트는 그들에게 벌레였다.

카드 일곱 장이 뒤집혀 있다. Q, 9, T, 9, 4, Q, Q. 스페이드 퀸을 제외한 나머지 퀸이 모두 나왔다. 공산주의가 붕괴하기 직전인 1991년 5월의 어느 한주, 우리는 보드카 한두 병, 콜바스(헝가리 소시지) 조금, 과일칼 하나, 카드 한 벌만 가지고 러시아에서 야간 기차를 타고 소비에트 연방을 휘젓고 다녔다. 우리는 여왕 잡기 놀이를 했는데 퀸이 걸리면 보드카 한 잔을 마셔야 했다. 한주가 끝나갈 무렵 알코올은 더이상 우리를 취하게 하지 못했다. 흑해에서 일광욕을 하고 손님 없는 식당에서 러시아산 샴페인을 마시면서 우리는 깨달았다. 이런 시간은 다시 없을 것임을.

일곱 장의 카드가 뒤집혀 있다. 7, 5, A, 8, 5, 5, 7. 텍사스 홀덤 포커가 될 수 있겠다. 베팅을 할 것인가? 7, 5가 비장의 수다. 그러나 가능성은 희박하다. 하지만 최소 베팅을 했다가 운이 좋으면 막판에 판돈을 한번 올릴 기회가 올지도 모른다. 그때 나는 보텀 페어를 치고 다른 이는 에이스에 베팅하면 아마 나는 카드를 엎어둘 것이다. 완전 망했다. 나 자신에게 쪽지를 남긴다. 건강이 좋아지면 그때 포커를 더 많이 하겠다고. 아, 건강해지면 하려는 일들이 너무 많다. 다시 웃고 읽으며 그 무엇도 당연하게 여기지 않을 것이다. 첼트넘 골드컵을 보러 갈 것이며, 로드 크리켓 구장과 올드빅 극장, 그리고 여름 축제에도 갈 것이다. 연날리기, 서핑, 자원봉사, 낙하산 타기, 보트 타기 등 해보지 않은 일들을 해볼 것이다. 9월 내내 숲에서 웃통을 벗고 지낼 것이다. 하늘, 작은 생명체, 광고 간판, 지하철 통근자들의 얼굴에 뉴을 열어둘 것이다. 중국, 알제리, 아이슬란드 등 가보지 않은 나라에 갈 것이다. 다시 사랑을 할 것이다. 샤론에게 꽃과 샴페인을 선물하고, 그녀의 서른살 생일 때 케임브리지에 가자고 해놓고 실은 피렌체에 데려가서 놀라게 해준 것처럼 그녀를 놀라게 해줄 것이다. 인생을 다시 살 것이다. 나는 살고 싶다.

일곱 장의 카드가 뒤집혀 있다. 2, J, T, 4, A, K, A. 스페이드 에이스다. 에이스 카드에 이라크 지도자의 아들들이 그려져 있고 스페이드 8에는 타리크 아지즈(이라크 외무장관)가 그려져 있던 사담 카드 한 벌이 떠오른다. 내가 만일 카드라면 나는 어떤 카드일까. 그건 일정 부분 환경에 달려 있다. 대가족 중 유일한 아들로서 나는 놀기 좋아하고, 이따금 어둡고, 늘 변변찮은 속임수를 부리는 몽둥이를 든 잭이었다. 어느 한 가지에 뛰어난 사람이 되기 위해 진실로 전념을 다한 적이 없는 팔방미인 잭. 『가디언』지에서 나는 아마 하트 8 같은 존재일 텐데, 나쁜 패는 아니지만 그렇다고 위협적인 패도 못 된다. 하트가 갑자기 으

뜸패가 되고 얼굴 그려진 카드가 없는 경우라면 모를까. 비록 수염을 기를 수는 없었지만 집에서는 한동안 왕이 되었다고 생각하며 놀았다. 수염은 없어도 괜찮다. 하트 킹은 대체로 수염이 없으니까. 하지만 흔히들 슈사이드 킹이라고 하는 이는 칼을 등 뒤에 숨기고 있지 않던가? 나는 하트 킹이 그다지 좋지 않았다. 다이아몬드나 스페이드는 언제든 좋다. 아무튼 최근 내 상태를 볼 때 내가 왕과는 거리가 먼 것만은 분명하다. 지금 나는 클로버 2, 버려야 할 카드를 든 듀스(카드에서 가장 낮은 패인 2를 든 상태)다. 끝없이 팽창하는 우주에서 지구는 기괴한 일탈이며 사람들은 깨어지기 쉬운 사건일 텐데, 우리는 또다른 듀스와 짝하지 않는 한 모두 연약하고 덧없는 듀스인 셈이다.

마지막 카드 일곱 장이 뒤집혀 있다. A, 4, K, 2, 3, 8, 6. 그렇지, 이제 게임을 할 수 있겠다.

나는 몇 시간 동안 페이션스(혼자 하는 카드놀이)를 한다. 카드를 집어서 자리를 바꾸고 다음 번 있을 자리바꿈에 주시한다. 여덟 번에 한 번 꼴로 스스로 풀리지만, 해결될 때마다 오히려 만족감은 조금씩 떨어지고 카드가 맞지 않을 때마다 오히려 조금씩 더 재밌어진다. 난제를 푼 것보다 푸는 과정이, 도착하는 것보다 떠나는 게, 문제를 해결한 후보다 문제에 심취해 있을 때가 항상 더 즐겁다. 우울증만은 이러한 법칙에서 예외다. 우울증은 그 과정이 하나도 즐겁지 않다. 우울증을 해결하려는 긴 실천은 극도의 고통이며, 해결 자체가 곧 지복이다. 그 끝에 어마어마한 만족이 있음을 알기에 나는 이 불행을 견딜 수 있는 것이다.

　나는 사람들에게 나의 그것에 대해 말하기 시작한다. 나는 '우울증'이란 단어를 쓰고 싶지 않다. 사람들은 이해하지 못한다. 나는 혼동을 주는 그 단어를 아예 쓰지 않기로 했다. 그래서 나는 대화 상대에 따라 다른 방식으로 그것을 표현한다. 축구 친구들에게 나는 "마르쿠스 트레스코식Marcus Trescothick(영국 크리켓 선수)처럼 스트레스성 질환"에 걸린 것이다. 학교 정문에서 만나는 전업 부모들에게 그것은 일종의 과로로 인한 탈진이다. 아이들에게 그것은 아빠가 많이 아파서 한동안 회사에 못 가는 것이니 제발 '도마뱀 장난감 가지고 싸우지 말아라'이다. 대체로 나는 나의 그것이라고 부른다.

　속사정을 아는 사람들, 비슷한 것을 갖고 있는 사람들에게만 의학적 우울증에 대해 이야기할 수 있다. 나는 그들과는 정말로 이야기를 하고 싶다. 나와 같은 사람들, 내가 어떻게 될지 말해줄 수 있는 사람들, 서로 증상을 비교하고 치료법을 상의하거나 그저 어울려 지낼 수 있는 사람들, 우리의 파선된 미래에 대해 심드렁하게 대할 수 있는 사람들과 말이다. 나보다 병세가 심각한 이들은 내게 다시 감사를 일깨운다.

　알렉스는 내 오랜 대학친구다. 3년째 우울증을 앓고 있다는 그의 말에 나는 겁을 집어먹는다. 나보다 병이 많이 진전된 이들의 이야기를 내가 정말로 듣고 싶은 건지 자신이 없다. 그들의 이야기를 들으면 다가올 나의 미래가 걱정이 된다. 하지만 알렉스는 위대하다. 그는 자신의 몫을 겪을 뿐이며 내게는 나의 몫이 있다고 한다. 그는 정이 가득 담긴 이메일을 보내어 우울증에 대해 이해하기 쉽게 설명해주려고 노력한다.

옛 같다네, 친구여. 몇 가지 힌트를 주지. 자신에게 아주 너그러워져야 하네. 나는 끊임없이 자책한다네. 하지만 그런 건 도움이 안 되네. 샤론에게 도움을 청하게. 나는 그것에 대해 말하는 게 어렵다는 것을 알게 되었네. 헬렌은 그것을 이해하는 게 어렵다는 것을 알게 되었고. 자기 자신에게 아주 관대해야 하네. 아무리 강조해도 지나침이 없다네.

자네가 겪고 있는 위축 과정은 이 점에 대해 아마 약간 말해줄 거라네. 자네에게는 좋은 날도 있을 테고 궂은 날도 있을걸세. 만일 우울증이라면 그것은 단일 실체가 아닐세. 예를 들어, 나는 지난 두 주 동안 아주 바닥을 쳤네. 하지만 기운은 차고 넘쳤는데 기쁨이 없더군. 회복 또한 일정하지 않다네. 어떤 날에는 지쳐 나가떨어지겠지만 기분은 만족스러울걸세. 반면 어떤 날에는 기분은 정말 형편없는데 바쁘게 많은 일을 하고 싶지. 하지만 기쁨은 전혀 없다네. 예를 들어, 지난주에 나는 모든 서류 정리를 마쳤다네. 이틀 만에 말일세.

그뿐 아닐세, 그것은 기괴하게도 선한 삶의 경험이기도 하다네.

누군가 곁에 있었으면 싶거든 내게 알려주게나. 도움이 된다면 나는 언제든 자네를 찾아갈 수 있다네. 내가 필요하지 않다면 됐네. 가끔은 나도 주변에 누군가 있는 걸 참을 수 없으니까. 자네가 그러더라도 상처받지 않을 거네.

마지막으로 하고픈 말은, 자기 자신에게 지극히 너그러워야 한다는 거네. 그리고 웨이트로즈(영국의 고급 슈퍼마켓) 같은 곳에서 좋은 음식을 많이 주문하게나. 자네에게 일어나는 일과 싸우지 말고 자기 자신을 아주 아주 잘 대해주기를.

자네를 생각한다네.

직장 상사에게서 전화가 온다. 나는 직장을 잃게 될까봐, 부적격자로 분류될까봐 두렵다. 한편으로 나는 심각한 일이 아니라면 그녀가 내게 맡긴 일을 하지 못할 이유가 없음을 진지하게 전달하고 싶다. 다른 한편으로는 내 말이 너무 끔찍하게 들려서 그녀가 나를 영영 단념하게 만들고 싶지 않다. 결과적으로 그녀는 이 일에 대해 아주 잘 알고 있는 듯하다. 내가 연말까지 복귀하고 싶다는 바람을 표하자 그녀는 어떤 약속도 하지 말고, 쉬고 회복하는 일에 집중하고, 서둘러 뭔가를 하려 하지 말며, 행여라도 이 일 때문에 누군가 나에 대해 나쁘게 생각할 거라는 짐작은 하지 말라고 한다. 그녀의 친구도 비슷한 일을 겪었고 완전히 회복했다고 한다. 나는 이런 이야기가 좋다. 이런 이야기를 더 많이 들어야 한다. 수화기를 내려놓고 5분간 기분이 좋다.

간호사에게서 전화가 온다. 점점 더 전문적인 의학 종사자들이 내게 관심을 기울인다. 이번은 건강과 관련된 직업적인 전화다. 간호사는 어떻게 지내는지, 무슨 약을 복용하고 있는지, 복용해야 할 약을 현재 복용하고 있는지, 기분이 좋아져야 할 때에 실제로 좋아지고 있는지, 잠은 잘 자고 있는지, 매일 매시간 무슨 일을 하는지 묻는다. 우리는 45분간 이야기한다. 의료인들과 얘기하고 나면 항상 기분이 좋아진다. 그녀는 다른 이들이 이미 말한 내용을 거듭 말해준다. 약이 제대로 효과를 발휘하려면 최소 한 달이 걸릴 것이며, 그동안 휴식을 취하되 너무 골똘히 생각하지 말며, 짧은 산책을 하고, 사람을 만나되 너무 자주 만나지는 말라고 한다. 그녀는 유일하게 시간표에 따라 연락하는 사람이다. "1월까지는 직장에 복귀하기 어려울 거예요." 그녀가 말한다. 까마득히 먼 일 같다.

정신병원에 또다른 약속이 있다. 이번에는 내 사례를 점검하는 정신과 간호사와의 만남이다. 그녀와 내 담당의는 나를 집에서 이끌어내어 돌봄과 양육의 회복 과정에 참여하게 할 요량으로 집단 치료, 일 대 다수의 만남, 여러 가지 수업과 활동 코스로 이루어진 3주간의 재활 프로그램을 짜고 있다. 프로그램 중에는 '남성 지지 모임' '인지행동 치료/우울증' '스트레스 관리'처럼 하나같이 흥미로운 과정들이 있다. '춤 동작 치료' '적극성 훈련(녹색 방)'처럼 내용을 짐작하기 어려운 다른 과정들도 있다. 문진을 마칠 즈음 간호사와 나는, 나의 경우 자살 위험성은 무시해도 될 만큼 낮다고 판단한다. 다행이다. 나는 집으로 돌아와 휴식을 취한다.

갑자기 사고가 터진다. 의료보험회사에서 전화를 걸어와 나의 보험 보장범위에 문제가 있다고 한다. 몇 년 전 보험등급이 하향조정되어 이제 정신과 치료는 보장이 안 되는 게 분명하다는 것이다. 알았더라면 가입하지 않았을 것이다. 혹은 알았더라도 가입했을지 모른다. 결국 정신과 치료보장이 필요하게 될 거라고 생각하는 사람은 없다. 우리는 모두 정신적으로 문제가 생기기 전까지 정신적으로 온전하다.

아무튼 이제 혼자 힘으로 해결해야 한다. 윌킨스 박사의 비서에게서 전화가 온다. "우리가 볼 때 이건 그다지 놀라운 일이 아니에요. 그들은 선생님에게 보장이 된다고 했다가 이제 생각을 바꾼 겁니다. 그들이 선생님께 이러면 안 되죠. 건강도 좋지 않으신데." 나는 웅얼거리는 말로 동의를 표하고, 콜센터 어딘가에 있을 알 수 없는 누군가의 목소리와 말다툼을 벌이기 위해 조각조각난 신경을 곤두세운다. 그러면 그 목소리는 업무 실수가 있었고 따라서 보험사에서 내 주치의에게 한 차례 더 비용을 지불하기로 했다고 말한다.

나는 병원으로 다시 간다. 윌킨스 박사가 고개를 가로젓고 있다. 절대로 좋은 신호가 아니다. 그는 또한 수염을 밀었다. 수상한 일이다. 나는 문제적 사례가 되었다. 나는 더이상 AAA급

환자가 아니다. 나를 위한 3주 재활 프로그램은 내게 감당할 여력이 없으니 폐기될 것이다. 다섯 자리 숫자가 매겨진 가격표를 보니, 어느 건강보험사든 감당할 수 있겠나 싶다. 박사가 말한다. "성가시겠지만, 저는 선생님처럼 바쁜 사람들과 의견을 같이하는 편입니다. 선생님을 집에서 나오게 하는 동시에 생활의 틀을 유지해주는 이런 프로그램이 선생님께 도움이 된다고 봅니다." 나는 어깨를 으쓱한다. 어느 쪽이든 나는 죽을 듯이 힘들 것이다.

보험이 없는 사람의 우울증 치료는 전혀 다르다. 국민의료보험에서는 알약 아니면 대기자가 많은 집단치료 정도에만 보험 혜택을 준다. 자기 자신이나 가족에게 심각한 위협이 된다고 여겨지는 이들만이 회복에 반드시 필요한 심리치료를 기다리지 않고 곧바로 받을 수 있다. 그 밖의 사람들은 수개월씩 기다려야 한다. 나의 보건의는 고개를 가로젓는다. "필요한 사람 모두에게 심리치료를 받도록 해준다면, 국민의료보험은 여섯 번은 파산했을 겁니다." 병원의 또다른 정신과 의사는 이렇게 말해주었다. "국민의료보험으로 우울증에 대한 전문적 치료를 받으려면, 다음 세 가지 조건 중 하나에 해당해야 합니다. 1) 자살 위험이 현저히 높거나 2) 타인에게 위협이 된다고 여겨지거나 3) 어마어마하게 긴 대기자 목록에 이름을 올릴 준비가 되었거나. 하지만 중요한 건 지금입니다."

혼란 속에서 해결책이 떠오른다. 나는 심리치료사와 10여 번의 진료 예약을 하여 공포와 우울증을 이겨내는 데 도움이 될 '심리유연성' 치료를 받을 것이다. 그게 효과가 있다면, 장래에 재발을 방지하는 데도 도움이 될 것이다. 들은 바에 따르면, 심리치료를 받지 않은 이들의 재발율은 80퍼센트에 이른다고 한다. 이는 주머니에 에이스를 숨기고 있는 사람과 포커를 하는 것과 비슷하다.

또한 내게서 손을 뗄 생각이 없는 내 주치의와도 몇 번의 진료를 더 함께해야 할 것이다. 하지만 나머지 시간은 나 혼자서 이겨내야만 한다.

6

고장난 생각들

시간은 흐른다. 반복되는 날들은 여전히 죽음 같고 창백하다. 시간은 느릿느릿 지나가지만, 몇 주는 휙 지나는 것 같다. 병가 기간이 쌓여간다. 며칠 이상씩 일에서 손을 놓아본 적은 처음이다. 이제 두 주, 네 주, 일곱 주 하고도 반 주가 지났다. 여섯 주 이상 쉰 사람이 있었던가, 내가 기억하는 한 없다. 전에 근무하던 통신사에서 건초염에 걸린 이들이 있었는데, 가까운 친구 한 명은 1년 이상 쉬었다. 고립되어 지내다보니 당시 그가 처했던 곤경을 아주 잘 이해할 수 있다. 이 척박한 몇 개월은 나를 불안하게 하고, 그래서 나는 이발, 의사와의 약속, '카운트다운' 쇼의 8연속 승자 등 잃어버린 시간을 재는 다른 방식을 찾고 있다.

이 모든 시간, 거기에 아무것도 더할 수 없다는 사실이 곤란한 이유는 이내 생각이 많아지기 때문이다. 생각은 도움이 안 된다. 나는 주로 일 생각을 한다. 어떻게 업무에 복귀할지, 맨 처음 맡은 일과 같은 업무를 맡게 될지 같은 것 말이다. 중앙일간지는 심약한 사람들이 일할 만한 곳이 못된다. 힘든 업무를 수행한 힘든 한해였지만, 나는 누군가가 쓰러지면 쓰러졌지 내가 무너지리라고는 생각지도 않았다. 여기서는 모두가 장시간 일하지만, 특히 속시포처럼 사방에서 뉴스가 터지는 뉴스 담당 부서가 가장 심하다. 누군가를 몰아붙여 미치게 만들기에 충분하다. 하지만 그 누군가가 내가 될 줄은 몰랐다.

구글에다 '레몬나무 관리법'을 검색해본다. 인터넷은 우울증보다 레몬나무에 대해 더 쓸 만한 정보를 제공한다. 우선, 나무 하나를 고른다. 겨울을 이겨낼 수 있도록 햇빛 잘 드는 실내에 자리를 정한다. 실외에 두면 죽는다. 레몬나무는 원래 이런 고위도에서 재배할 수 있는 수종이 아니다. 큰 화분에 세워넣은 뒤 물빠짐이 잘 되는 자갈이나 고운 모래에 배양토를 섞어 채운다. 둥그렇게 말려 있는 뿌리를 깊이 밀어넣은 뒤 단단히 자리를 잡도록 갈색 부분까지 돋아준다. 손이 더러워질까 걱정하지 말라. 손은 씻으면 된다. 당신의 손에서 흙을 씻어내면 나무를 심기 전보다 항상 더 깨끗해져 있을 것이다.

주의할 점. 물을 지나치게 많이 주거나 적게 주어서는 안 된다. 나흘에 한 번 정도 흠뻑 주거나 비를 맞히는 것으로 충분하다. 하지만 나무에 따라 편차가 있다. 과하지도 부족하지도 않아야 한다. 감귤류 비료를 구해서 겨울과 여름 동안 적당히 뿌려 주라. 흙은 대략 소변 정도의 약산성이어야 보탬이 된다. 외풍과 방열기는 엄금이다. 서둘러 밖에 내놓으려는 유혹에 빠져서도 안 된다. 서리는 좋지 않다. 날이 풀리면 양지 바른 곳을 찾으라. 토양의 질소 성분을 높이려면 깎은 잔디를 퇴비로 주면 된다. 가을이 오면 잔가지를 쳐준다.

다음 방법은, 나무를 방에 두고 바닥에 누워서 몇 시간이고 쳐다보는 것이다. 시간은 충분히 있으니.

왜 나는 내 이야기를 쓰고 있는지 이따금 궁금해진다. 무슨 할 말이 있다고? 내 작고 조용한 삶에 뭔가 드라마 같은 일이 일어나기를 은밀히 바란 적은 있다. 하지만 이 삶은 반(反)드라마다. 매일매일이 똑같다. 약물에 의한 혼수상태에서 깨어나, 쓸쓸히 아침을 먹고, 아이들의 밝고 들쭉날쭉한 수다와 고함 소리를 얼버무려 넘기고, 빈 방에 앉았다가, 누워서 레몬나무를 바라보며 어떤 변화가 일어나기를 기다리고, 창밖을 바라보다가, 발을 끌며 어슬렁대고, 지루한 시간을 잊게 해줄 뭔가(혼자 하는 카드, 사탕 퍼즐조각 맞추기)를 찾고, 카모마일차를 마시면서 잠깐 쉬고(무엇을 했다고?), 한 번 더 발을 끌며 어슬렁대고, 황혼이 내리는 광경을 주시하다가 기분이 살짝 좋아지고(오후가 되어서야), 아이들이 돌아오면 몸을 숨기고, 잠잘 시간이 속히 오기를 고대하고, 그리고 잠들기 위한 고투. 이런 삶을 얼마나 색다르게 표현할 수 있겠는가? 바깥 날씨는 여전히 한 장의 사진 같다. 아무 일도 다시 일어나지 않는다. 나는 그냥 있을 뿐. 그뿐이다.

가만히 누워 있으려 하지만 그게 안 된다. 마치 밤늦게까지 술을 마신 뒤 방이 빙빙 도는 것 같은 느낌이다. 똑바로 앉아야 한다. 바로 앉는다. 라디오를 켠다. 켄 브루스가 '팝마스터'를 진행하고 있다. 하지만 '규 웨스트'의 두번째 싱글곡 제목을 기억해내기란 내게 너무 버거운 일이다. 라디오를 끈다. 명상 음악 씨디를 튼다. 5분간 버티다가 어머니에게 전화를 건다. 매번 같은 말을 거듭 나눈다. 나는 더이상 못 버티겠다고 하고, 어머니는 많이 힘든지 묻는다. 나는 오늘이 너무 힘들다 말하고, 어머니는 긴 인생에 견주면 하루는 아주 짧은 순간이라고 말한다. 어머니의 말을 들을 때마다 잠깐이지만 마음이 차분해진다. 그런 다음 공황상태가 다시 찾아온다. 죽겠어요. 못 버티겠어요. 절대 못 견딜 거예요. 수화기에서 아버지의 목소리가 들려온다. 아버지는 침착하게 말한다. 우리가 가랴? 아, 아뇨. 괜찮아요. 장인·장모님이 나중에 올 거다. 한두 시간을 위해 부모님을 오라니, 얼토당토않은 바람이다. 나는 전화를 끊고 거실로 나가 자리에 앉는다. 거실의 반만 햇빛이 든다. 나이든 사람의 얼굴에 어린 미소처럼. 그 빛 속에 앉는다. 아이들이 창 곳곳에 도배해놓은 슈렉, 스파이더맨 스티커를 뗀다. 하지만 소용없다.

여기 계속 머물 수 없다. 2층에 올라가본다. 제이니의 방으로 들어간다. 기린 퍼즐이 있다. 나무로 만든 두툼한 퍼즐인데, 전체 스물여섯 조각으로 각 조각마다 철자가 새겨져 있어 모두 맞추면 알파벳 순서대로 완성된다. 머리는 A이고, 다리는 W, X, Y, Z이며, 목은 B, C, D, E, F이다. 얼추 맞출 수 있다. 일단 완성하고 나면, 뒤집은 다음 이번에는 뒷면에 새겨진 숫자를 가지고 다시 할 수 있다. 살겠다는 의지를 포기하지 않는다면 말이다.

퍼즐 상자를 본다. '비츠 앤 피시스'^Bits and Pieces 라는 회사가 제조했다는 이 퍼즐은 "똑소리 나게 만드는 퍼즐"로서 "재능을 일깨운다"고 씌어 있다. 훌륭하다. 퍼즐 이름은 '꼬리 달린 알파벳 기린'인데, 그렇다면 '꼬리 없는 알파벳 기린'도 만들 수 있다는 말인가? 이 퍼즐의 진짜 이름은 '누군가 W와 X를 잃어버려서 앞다리가 없는 알파벳 기린'이 맞겠다. 우리 집에서는 항상 W와 X처럼 중요한 잡동사니(bits and pieces)가 분실된다. 「용의 소굴」^Dragon's Den (사업 아이템을 찾는 이들에게 투자해주는 리얼리티 프로그램)에 참가하고자 목을 빼는 부모 발명가들을 위한 멋진 아이디어를 제시하겠다. 집 전체를 진공청소기로 들어올린 뒤 작은 조각들을 원래 있던 곳으로 돌아가게 해주는 기계. 다만 이 기계가 고기파이를 망가뜨리지 않도록 설정을 잘해두어야 할 것이다.

침대. 나쁜 생각에 시달리며 침대에 20분간 앉아 있다. 벽을 보고 정원을 바라본다. 해가 구름 뒤로 숨었다. 11시 7분. 아이들이 집에 오기까지 다섯 시간 남았다. 샤론이 오기까지는 여덟아홉 시간. 샤론에게 전화를 건다. 짧은 통화. 우리 둘 다 무슨 말을 해야 할지 모른다. 나는 바닥에 앉아 사탕 퍼즐을 조금 더 맞춘다. 이제 거의 끝났다. 제임스의 침대에 앉아 녀석의 책을 바라본다. 뜨거운 음료를 타서 제이니의 침대에서 마신다. 집의 전면은 확실히 더 낫다. 남서향 집이다. 집의 뒤쪽은 너무 어둡다. 길든 짧든 거기서 시간을 좀 보낸다면 누구든 우울증에 걸리고 말 것이다. 발을 끌고 아래층으로 내려가 컵을 닦는다. 따뜻한 음료를 한 잔 더 타야겠다. 그러다 생각을 고쳐먹는다. 천천히 부엌에 있는 몇 가지 물건들을 정리하고, 자리에 앉아 잠깐 휴식을 취한다. 고등어가 있어서 점심으로 조금 먹는다. 그런 다음 다시 휴식을 취한다. 해가 기울고 있다. 사탕 퍼즐을 조금 더 맞춘다. 그런 다음 침대에 앉아 긴 휴식을 취한다. 전화벨이 울린다. 하지만 전화받을 기력이 남아 있지 않다. 누군가와 이야기하고 싶은 마음이 간절함에도.

아무 일도 하지 않으면서 그냥 앉아 있기만 한다면 미치는 데 얼마만큼의 시간이 걸릴까? 며칠? 몇 개월? 독방 수감을 견뎌낸 사람들을 떠올린다. 존 맥카시John McCarthy(레바논 사태 때 5년 이상 인질로 수감되었던 영국 언론인), 브라이언 키넌Brian Keenan(레바논 사태로 4년간 인질로 수감되었던 영국 작가). 그들은 어떻게 미치지 않았을까? 둘이 서로 의지하지 않았을까 싶다. 또한 그 시간을 이겨낼 정신력도 있었으리라. 토니 주트Tony Judt(영국의 역사학자. 루게릭

병을 앓았다), 장 도미니크 보비^{Jean-Dominique Bauby}(패션 잡지 『엘르』의 편집장. 감금증후군으로 눈썹 외에는 외부와 소통할 길이 없게 된 이후 『잠수종과 나비』라는 회고록을 썼다), 피터 앱스^{Peter Apps}(로이터 통신 칼럼니스트로 스리랑카에서 당한 버스사고로 사지마비 상태에 빠졌다), 그 밖에 그들의 몸이 그 몸에 내재한 활발한 정신을 더이상 따라갈 수 없었던 이들을 떠올려본다. 주트가 내 동료 에드 필킹턴에게 말하기를 자신은 "생각하는, 죽은 근육들의 뭉치"라고 했다. 아무것도 할 수 없을 때 결국은 생각의 총합이 우리 자신이다. 그런데 이는 정말 끔찍한 전망이 아닐 수 없다. 궁극의 악몽은 비를 맞으며 홀로 있는데 칼을 든 미친 사람이 내 이름을 부르며 다가온다든지, 아침에 눈을 떴는데 온 인류가 사라지고 홀로 밤과 핵폭풍을 맞이해야 함을 깨닫는 게 아니다. 오히려 자신의 생각이 만들어가는 자신의 모습을 알아보지 못할뿐더러, 그 변화 과정을 멈추기 위해 의식적으로 할 수 있는 일이 없으며 사실 벗어나려고 '생각'을 하면 할수록 더 단단히 고착됨을 깨닫는 것이야말로 진정한 악몽일 것이다.

오늘은 단조로운 삶에 자비로운 휴식이 있을 예정이다. 스파키^{Sparky}가 오기로 했다. 그는 일단 만나보면 누구나 맘에 들어할 인물이다. 처음에는 이런 생각이 들 수 있다. "세상에! 내 앞에 있는 식스틴 스톤^{sixteen stone}(90년대 활동한 영국 록그룹)의 '잉글리시맨' 같은 이 사람은 어째서 내게 이래라 저래라 하는 거지?" 하지만 순식간에 그는 없어서는 절대 안 될 친구가 된다. 그는 항상 곁에 있고, 우리를 찾으며, 통설에 도전하고, 대담한 일들을 해낸다. 대학에 들어와 처음 몇 주간 길을 잃고 두려워할 때, 그가 우리를 위해 스파게티 볼로네이즈를 만들어주었고 넉넉한 웃음을 안겨주었다. 1993년 10월, 모스크바에서 무서운 날들을 보내고 있을 때, 그때도 그는 요리를 해주었다. 캐슈넛을 곁들인 치킨 쿠민이었던 것 같다. 갑작스럽게 아이를 갖게 되어 비밀로 하고 두려워할 때, 스파키는 자신의 프라이팬을 들고 와서 별미를 대접해주었다. 우리보다 나이 많고 키도 큰 그는 마치 큰형 같다. 그에게는 항상 계획이 있다. 대학 때 우리는 돈을 날리기 일쑤였던 '블루스 브라더스의 밤'이나 성사 여부가 불투명했던 '알바니아 어린이를 위한 자선모금 런던 달리기 대회' 같은 일을 계속 꾸몄다. 일이 깔끔히 정돈되지 않을 때면 그가 나타났다. 월트셔 중심가에 있는 분위기 좋은 어느 펍에서 술마시기 시합을 하던 어느날, 우리는 카누의 노 젓는 동작을 하면서 「하와이 파이브 오」(하와이를 배경으로 한 경찰 드라마)의 주제가에 취해 있었다. 모두가 엉터리로 부르고 있었는데, 스파키가 "그만!" 하고 외치더니 말했다. "그렇게 부르면 안 되지. 탕, 탕, 탕이라고." 그 일로 우리는 두고두고 스파키를 놀렸다.

예상대로 스파키는 점심을 가져온다! 내 영혼은 곧바로 생기를 되찾는다. 푸짐한 식재료가 들어간 걸죽한 수프다. 감자, 부추, 그리고 내일 검은 변이 나오게 할 것 같은 짙은 색의 사냥한 고기 약간. 같이 산책을 나간다. 나는 스파키에게 내 상황을 이야기한다. 확실히 "탕, 탕, 탕"은 아니라고. 나중에 안 일이지만, 그도 일과 아빠 역할과 미래에 대한 극도의 불확실성 등이 뒤섞인 정신적 고뇌를 겪은 터였다. 그에게는 멋진 두 아이와 직장에 다니는 아내가 있는데, 그는 자기 사업과 쉴새없이 바쁘게 돌아가는 일과로 인해 큰 어려움을 겪고 있다. 익숙한 이야기다. 나는 우울증과 그 단어가 얼마나 쓰레기 같은지에 대해 말한다. 나는 우울한 게 아니라 우울증에 걸렸을 뿐이라고. 그는 이해한다.

그리고 내가 막 배우기 시작한, 내게 변화를 가져올지 모를 어떤 새로운 일에 대해서도 이야기한다. 또한 생각하기를 멈추는 방법에 대해서도 말한다.

나는 생각하기에 대해 깊이 생각해본 적이 없다. 생각은 늘 그 자리에 있는 것이니까. 하지만 생각하는 행위에 대해 생각하기 시작할 때 그것이 무척 이상하고 신뢰할 수 없는 것임을 발견한다. 보통의 경우 생각은 당신을 실망시키지 않는데, 광범위한 입력 및 인식 정보와 자료들이 불러일으키는 생각은 대부분 신뢰할 만하기 때문이다.

생각은 긍정적인 단어다. 그것은 우리들 호모 사피엔스(생각하는 인간)의 일상이다. 생각과 연관된 단어는 거의 항상 긍정적이다. 사려 깊은, 합리적인, 똑똑한, 통찰력 있는. '지식' 경제 사회에서는 방법, 수완, 사상, 우수한 사고를 가진 이들이 인기있다. 반면, '경솔'하고 '생각 없는' 사람들을 보면 우리는 인상을 찌푸린다.

하지만 생각이 항상 좋은 것인가? 나한테 생각은 항상 좋은 것은 아니었다. 첫 키스, 골대를 스쳐 들어간 골, 뜻밖에 발견한 화음 등 내가 한 최고의 일들 대부분은 무의식중에 한 일이었다. 내가 써낸 최고의 기사는 5분 만에 저절로 써졌다. 괴롭게 쓴 기사들은 괴롭게 읽히기 마련이다. 어려운 전화통화도 할 말을 미리 준비해두지 않았을 경우 오히려 더 쉽게 풀린다. 십대 시절에 나는 데이트 신청을 하고 싶은 여자애들을 끊임없이 생각하고 전화해서 무슨 말을 할지 전부 계획하곤 했다. 그러고 나서 다이얼을 돌리면 그 애는 외출했거나 아프거나 그게 아니면 앤디나 스티브처럼 벌써 면도를 시작하고 럭비 팀에 들어간 떡대 경쟁자들과 데이트를 하고 있었다. 90년대 중반 직장생활에서 길이 안 보였을 때 나는 수개월에 걸쳐 어떻게 할지를 생각하다가 결국 처음 직감을 따르기로 했다. 나는 생각이 항상 지혜롭지 못하다는 말을 하려는 게 아니다. 생각에는 그 고유의 자리가 있다. 지난 세월 동안 나는 특정 주제에 대해 깊이 생각했고 그렇게 함으로써 월급을 받고 살아왔다. 나는 복잡한 주제에 질서를 부여하기 좋아한다. 그러면 우주의 혼돈이 약간 줄어든 것처럼 보인다. 하지만 그런다고 해서 우주의 혼돈이 줄어들지 않는다는 사실을 알아야 한다.

또한 나는 내가 생각하는 내가 나의 참모습이 아니라는 사실을 발견했다. 우리의 생각은 자꾸 자신의 행동을 설명하는 쪽으로 이야기를 구성하려는 경향이 있으며 결과적으로 자기충족적 예언으로 귀결되곤 한다. 사람들은 자신이 강하고 똑똑하고 올바르다고 생각하거나 그렇지 않으면 피곤하고 패배자이고 엉망이라고 생각하는데, 그 생각대로 행동도 따라간다. 우리 중 그렇게 솔직한 사람은 사실 거의 없다. 생각이 언제나 진실을 정확히 반영하는 것도 아니다. 생각은 종종 한 가지 관점을 의지할 뿐이다. 생각은 주관적 인식, 왜곡된 자료, 가치판단에서 동력을 얻곤 한다. 생각은 가장 신뢰할 수 없는 순간에 크게 울려퍼지기도 한다. 우리는 생각에 사로잡혀, 생각 속에서 길을 잃고, 마침내 모든 객관성을 잃을 수 있다. 비관주의와 한통속인 생각의 희생물이 된 우리는 냉소와 암시, 허위 정보의 견고한 순환 속에 스스로를 가둬버릴 수 있다.

밝혀진바 이것은 우울증의 결정적 특징 중 하나다. 나쁜 생각은 고장난 뇌에 대한 적대적 인수합병을 실시하여, 쓸모없고 비판적이고 종말론적인 선전을 널리 전파한다. 그 결과, 당신은 점점 더 깊은 미로 속으로 빠져들게 된다. 몇 주, 몇 달 동안 끝없이 바닥에 앉아 자신이 얼마나 추락했는지 숙고할 때면, 나쁜 생각들이 꼬리에 꼬리를 물고 일어나서 곤두선 신경에 근심의 맥박을 보내고, 우리를 회복시켜줄 쉼이나 안정, 용납 등을 불가능하게 만든다. 이럴 때는 생각을 객관적으로 볼 줄 아는 능력이, 다시 말해 그것이 우리 생각의 은막 위에 투사된 현실의 일면임을 아는 게 관건이다. 우리의 생각이 의심의 여지 없는 진실이 아니라 한편의 영화임을, 유혹적이고 설득력 있고 상당히 타당해 보이지만 그 또한 주관적이고 배배 꼬인, 그리고 온전히 신뢰할 수는 없는 것임을 알아야 한다. 하지만 객관성을 얻기란 말처럼 쉽지 않다. 떨치기 힘든 어두운 생각에 사로잡혀 있을 때, 우리는 그 생각이 절대적 진실이 아니라 지성이 스스로 치료하기 위해 덧붙인 초현실적 화면일 뿐이라는 이야기를 하루에도 천 번씩 들을 필요가 있다.

이는 우울증과 관련된 단 하나의 가장 파괴적인 면이다. 다른 모든 질병의 경우, 적어도 생각만큼은 온전하다. 회복을 생각하고, 재활과정을 계획하고, 책이나 음악이나 영화나 몽상 속에서 고통을 잊으려 한다. 아무리 병이 깊더라도 정신만 온전하다면 아직 할 수 있는 일들이 많다. 하지만 정신이 병들면, 생각은 도움이 못 된다. 오히려 그 반대다. 생각은 유사(流沙) 같아서, 생각을 하면 할수록 더 깊숙이 빠져들 뿐이다.

마크 윌리엄스Mark Williams는 생각에 대해 많은 생각을 한다. 옥스퍼드 대학교 임상심리학 교수이자 우울증 극복 방법에 관한 연작 CD의 제작을 맡고 있는 그는, 인간을 다른 동물보다 우월하게 해주는 가장 중요한 요소로 '내면의 언어'를 개발할 줄 아는 능력이라고 주장한다. "우리는 '오프라인 방식으로' 일할 수 있습니다." 나중에 내가 회복기에 접어들었을 때 그는 내게 이렇게 말했다. "반드시 현재에만 있어야 하는 것은 아닙니다. 우리는 기억할 수 있고, 상상할 수 있으며, 예상할 수도 있습니다. 오래된 일일지라도 우리는 과거를 머리에 떠올릴 수 있고 그것을 정리하여 미래를 예상할 수 있습니다. 그렇게 우리는 더 나은 문제해결자가 됩니다. 비록 우리가 이 행성에서 가장 힘이 센 동물은 아니지만, 생각 덕분에 우리는 진화상 우위를 점하게 되었습니다. 따라서 우리는 생각에 부정적인 면이 있다고 보지 않습니다."

하지만 부정적인 면이 있다. 나는 지난 두 달 동안 내 생각의 포로였다. 록시와 마르코와 mro 사이의 내적 대화가 점점 줄어들더니 결국에는 나 자신도 인식하지 못한 단일하고 차분하고 엄숙한 음성의 지배를 받는 독백이 되고 말았다. "이 고통을 이겨낼 수 없어." "너무 힘들어." "회사에 복귀하지 못하겠지." "나는 끝났어." 일단 시작된 부정적인 생각은 모든 것을 물들였다. "샤론은 나와 애들 뒷바라지를 하다가 신경쇠약에 걸릴 거야." "아이들은 이 닭장 같은 곳에 갇혀 겨울을 지내다가 머리가 돌고 말 거야. 나는 애들을 꺼내주지 못할 테고." "수면제를 먹어도 잠 못 드는 밤이 올 텐데, 그땐 어쩌지?"

"부정적인 생각은 아주 끈덕져서 웬만해서는 떼어내기 어렵습니다." 윌리엄스의 말이다. "언어로 풀 수 없는 뭔가에 휘말리기 시작하면, 우리는 두 배의 노력을 기울여야 침울해진 기분과 비참한 감정의 문제를 해결할 수 있습니다. 그리고 악화되었다고 느낄 때 우리는 그것이 자연적으로 일어난 일이라고 생각합니다. 우리는 심사숙고가 오히려 문제를 악화시킨다는 사실을 깨닫지 못합니다."

나 같은 사람은 동료 환자들을 만날 경우, 그들을 만나 그들 머릿속에 있는 부정적인 생각들을 듣게 될 경우, 오히려 해가 될 수 있다고 윌리엄스는 말한다. 물론 부정적인 생각이 이 병을 앓는 사람들만의 증상이 아니라 모든 질병의 특징적인 증상임을 이해하는 데도 도움이 된다.

도움이 되지만 익히기 힘든 도구가 하나 더 있다. 나는 생각을 있는 그대로 바라보는 법을 익혀야 한다. 나의 생각이 절대적 진리가 아니라 강력한 선동선전의 조각임을 알아볼 줄 알아야 한다. 생각에서 한 걸음 물러나, 변(便)을 조사하는 과학자처럼 감정을 배제하되 호기심을 가지고 각각의 생각을 검토해야 한다. 부정적인 생각이 들 때면, 거기서 멈추고 자신을 향해 이렇게 말해야 한다. "또 그 생각을 하고 있는 거 다 알아. 그거잖아, 볼 장 다 본 사람이 되어서 집과 가족과 모든 것을 잃고 비참하게 죽는 생각 말야." 감정을 배제하되 호기심을 가지고 차분한 마음으로 다시 보는 순간, 생각 자체에 함몰되는 일을 면할 수 있다. 그러면 부정적인 생각이 지나가고 또다른 생각이 찾아올 텐데, 그러면 그 생각에도 똑같은 작업을 수행해야 할 것이다.

스파키에게 이야기한다. 생각과 나 자신을 떼어놓는 법을 익히려 노력하고 있다고. 말처럼 쉬운 일은 아니지만 말이다.

침대맡에 앉는다. 나는 대개 거기에 있다. 숨을 쉰다, 숨에 집중한다. 생각은 내게 많은 얘기를 하지만, 대부분 도움이 안 되는 이야기다. 그래서 나는 머리에 말한다. "고맙지만 오늘은 사양할게." 또는 "음, 또 그 생각을 하고 있었군." 이런 대응이 효과가 있을 때가 있지만, 효과가 없을 때면 이내 불안이 엄습한다. 그러면 나는 숨을 깊숙이 들이켜고 그 감정 속으로 들어가 정체를 파악하려 노력한다. 감정이지 실체가 아님을, 반작용이지 위협이 아님을. 이것은 전진하는 길이며, 나에게는 연습이 필요하다. 며칠 후, 몇 주 후에 대해 생각하기를 멈추고, 현재에 대해, 지금 이 순간, 이 호흡에 대해 생각을 집중하자.

바깥 세상은 한해의 빛을 마지막까지 모두 써버리고 있다. 어떤 날 태양은 지각하듯 모습을 드러냈다가, 오래 머물지 않고 구름 뒤에서 농땡이를 피우다 4시가 되기 전에 퇴근해버린다. 아직 자리를 지켜야 할 시간인데 말이다. 좋은 날이 다 떨어졌는지, 잿빛의 지루함이 깔린다. 도움이 안 된다. 매일 20분씩 밝은 햇살을 망막에 쬐면 우울증 증상 개선에 효과가 있다는데, 오늘 같은 날은 어디서 밝은 햇살을 얻어야 한담?

보일러 기사가 와서 달콤한 차를 마시고 쨍강대며 작업하더니, 내게 온수 시스템에 대해 따분한 얘기를 늘어놓는다. 나는 침대로 돌아와 천장을 응시하며 아무 생각을 않으려 노력한다. 연통과 온수 탱크에 대한 그의 이야기를 듣고 있자니 뭔가 해야 할 것 같은 생각이 든다. 하지만 곧 그를 보내야겠기에 수표를 쓴다. 진이 빠진다. 다시 곯아떨어지고 생각을 하지 않으려 노력한다.

다음은 스케이트장의 아이들처럼 내 머릿속을 맴도는 부정적인 생각의 일부다.

직장에 복귀하지 못할 것이다. 아이들 등하교시키는 일만으로 나 이렇게 지지고 읽기는 여전히 불가능하다. 그런데 어떻게 회복될 수 있단 말인가?

직장, 집, 모든 것을 잃게 될 것이다. 모두 내다팔고 글렌딘에 내려가 살아야 할 것이다. 아이들은 아버지의 광증의 그늘에서 영원히 벗어나지 못할 테고, 광증은 세대를 이어 전수될 것이다.

수면제. 너무 오랫동안 복용했다. 조만간 중독이 될 테고 그러면 다시는 잠들지 못할 것이다.

아이들. 나의 신경계는 아이들과 한집에 있는 것조차 견디지 못한다. 집을 떠나 회복될 때까지 어딘가 다른 데 있어야 하는 것 아닐까? 병원?

샤론은 말한다. "우리는 이겨낼 수 있어." 하지만 이겨내고 난 뒤에는 어떻게 될까?

나는 이런 생각들이 당당히 소리를 낼 때 내게 어떤 현상이 나타나는지 인지하는 법을 익히는 중이다. 번개가 친 뒤에 따라오는 천둥처럼, 대개 몇 초 후 깊은 데서부터 불안감이 일면서 맥박이 뛴다. 한 가지 부정적인 생각이 휘젓고 다니도록 방치하면 곧이어 또다른 부정적인 생각이 튀어나온다. "아 하느님, 또 시작이군요. 이건 견딜 수가 없습니다. 좀 돌아다녀야겠어요. 오, 여기가 아니라면 좋으련만." 물론, 이것은 아주 긍정적인 생각이 아니기에 우르릉대는 불안의 천둥소리를 일으키고 곧바로 가장 낮은 저기압대에서 발달한 진정한 폭풍우를 몰고온다. 이 폭풍우의 파괴력은 대개 당신이 마음의 평정을 잃지 않고 지금 품고 있는 생각과 관련된 가장 중요한 진실을 떠올릴 수 있는지 여부에 달려 있다. "이것은 내 생각이 아니라 이병이 준 이야기다"라는 진실을.

나는 완전히 깨지도 그렇다고 잠들지도 않은 채 가만히 누워 있다. 몇 시인지 모르지만 이른 시각이다. 옆집 남자가 잠에서 깼는지 샤워를 하고 면도를 한다. 그의 딸이 짜증을 부린다. 우유배달부는 진작에 다녀갔다. 샤론이 몸을 뒤척인다. 샤론도 잠이 부족한 것이다. 그녀는 잘 잔다고 말하지만 정말인지는 모르겠다. 가만히 누워서 이 모든 일이 일어나지 않은 것처럼 생각할 수 있다. 바로 여기, 바로 지금 나는 편안하고 따뜻하고 안전하다. 아이들은 조용하다. 밖에서 자동차 한 대가 시동을 건다. 문 닫는 소리. 세상은 여기서 나를 끄집어낼 수 없다.

알람이 울린다. 샤론은 알람버튼을 한 번도 꺼본 적이 없는 사람인데 일 때문에 마음이 성가신지 일어나 자리를 뜬다. 나는 '라디오 4'에서 흘러나오는 조급한 목소리에 귀를 기울인다. 하지만 움직이지는 않는다. 오늘은 조금이나마 움직일 수 있을지 모르겠다.

샤론이 토스트를 가져다준다. 속이 니글거리지만, 조금 삼킨다. "기차 안 놓치려면 이제 정말 가야 해." 샤론이 곧 이렇게 말할 것 같아 불안하다.

"기차 안 놓치려면 이제 정말 가야 해." 샤론이 말한다.

불현듯 머릿속에서 생각이 터져나온다. '가지 마! 하루종일 나는 뭘 하지? 당신을 다시 볼 수 있을까?' 내 인생의 절반은 샤론과 사랑을 나눠온 시간이다. 밀물이 밀려왔다 썰물이 빠지듯, 다른 때보다 서로 더 각별하던 때가 있었다. 이 점에서 우리는 숨김이 없다. 어리석은 남자처럼 나는 헤어짐의 순간에 그녀를 가장 사랑한다. 우리가 서로 다른 나라에서 생활할 때 공항 라운지나 기차역에서의 만남은 스릴이 있었다. 월요일 아침이면 샤론은 파리의 내 작은 아파트를 떠나 첫 유로스타를 타고 출근했고, 나는 상실과 배신과 배반의 꿈을 꾸며 다시 잠 속으로 돌아가곤 했다. 나는 그녀가 얼마나 강하고, 존경스럽고,

결코 포기할 줄 모르는 강인한 사람임을 발견하는 순간에 그녀를 가장 사랑한다. 샤론이 포기라는 단어를 알기나 하는지 모르겠다. 하지만 나는 지금 그녀가 나를 떠나는 게 싫다. 혼자 있고 싶지 않다. 나 혼자 풀어야 한다는 것을 알지만, 석방되기를 기다리는 마지막 인질이라도 된 양 너무 외롭다.

"오늘 전화해도 돼?"

"물론. 아무 때든 전화해."

"집에 언제 와?"

"글쎄, 저녁에 고객들과 한잔 하기로 했어."

"아."

"당신 괜찮겠어?"

나는 고개를 끄덕이지만 우리 둘 다 안다. 그렇지 않으리라는 것을. 오늘은 아니다. 조만간은 아니다. 샤론은 내 정신과 치료 비용을 대기 위해 돈을 벌러 떠난다. 나는 일어난다.

후에, 한참 후에 나는 샤론에게 묻는다. 그 끔찍했던 몇 주 동안 어떻게 견뎠어? "겪고 있을 때는 당신은 당신 상태가 얼마나 심각한지 몰라." 그녀가 말한다. "당신은 그저 남들보다 한발 앞장서서 해야 할 일을 하는 거야. 나중에야 되돌아보고 벅찬 가슴으로 '하느님, 제가 어떻게 저 일을 한 거죠?' 하고 생각하는 거지."

적막한 한겨울이다. 고요하다. 나무, 강, 풀 모두 갑작스런 서리
의 습격을 받아 미동도 않는다. 낮게 깔린 차가운 안개에 덮인
강기슭은 초현실적 풍경이다. 우리 아이들이 신나서 내지르는
고함소리만이 따뜻한 기운을 내뿜는다.

어디로 외출할지를 두고 약간의 말다툼이 있었다. 부모가 된
이후로 지난 8년 동안 빈 닐은 빈드시 뭔가로 채워야 했다. 부
모라면 아이들이, 특히 사내아이들이 개를 좋아한다는 사실을
알 것이다. 개들은 반드시 산책을 시켜줘야 한다. 그래서 우리
는 7인승 밴에 몸을 싣는다. 할아버지는 창가에 달라붙어 서리
를 떼어내고 샤론은 계기판을 만지작거리는데 종종 뜨거운 바
람이 나온다. 나는 머릿속으로 끔찍한 생각들을 뒤쫓고 있다.

첫번째 생각, 요즘 자주 하는 생각은 출구가 없다는 것이다.
만일 자살을 한다면 나는 이 끔찍한 질병을 모면할지 모르나
내 아이들 중 한 명 혹은 그 이상의 아이들에게 이어질 것이다.
또한 가입해둔 생명보험도 무효가 되어 남은 가족을 궁핍에 빠
뜨리고 말 것이다. 따라서 자살은 불가하다. 그리고 방법도 모
른다. 병원은? 야단법석 때문에 병이 호전될 것 같지 않은 집에
서 시공간적으로 멀리 떨어진 곳이니 언뜻 구미가 당긴다. 나
자신과 샤론에게 "멈추고 싶어. 그만두고 싶어. 내 피부와 내 머
리에서 벗어나고 싶어"라고 말할 때, 병원이야말로 내게 적합

한 선택인 것처럼 보인다. 하지만 좀더 생각해보니 비록 병원이 상황을 돌려놓는다 해도, 결국은 그곳을 떠나 다시 처음으로 돌아와야 한다. 나는 원점으로 돌아가고 싶지 않다. 그곳은 춥고 비참했다. 따라서 첫번째 상념은 끊임없이 맴돌기만 할 뿐 아무런 해결책이 없다. 영원히 매달릴 수는 있겠으나 진전이 없다. 두번째 생각이 달려드니 첫번째 얘기는 여기서 그만두자.

두번째 생각, 다시는 잠을 자지 못할 것이다. 수면제는 더이상 효과가 없다. 지역 보건의가 처방해준 다른 약들도 마찬가지다. 잠을 못 자면 불안 및 정서 문제가 악화되어 잠자기가 더욱 힘들어진다. 세번째 생각이 비집고 들어온다. 이번엔 일 생각이다. 업무 강도가 높은 직장으로 다시 돌아가 과연 제 역할을 다할 수 있을까? 지금 『가디언』지 직원 앞의 책상에는 명예퇴직 신청서가 놓여 있다. 분명 나는 이것을 받아들이고 내 나름의 속도로 회복되어야 하겠지? 결국, 일에 대한 생각은 불안을 불러일으키고 그로 인해 나는 다시 이처럼 끔찍한 추락으로 내몰린다. 하지만 그 순간 스스로에게 묻는다. 직장을 그만두면 회복되어야 할 목표를 잃는 것이며 어느 순간에는 직업을 다시 구해야 할 텐데, 회복중인 우울증 환자에게 쉽지 않을 것이다. 아, 그점을 미처 생각 못했구나. (실은 백만 번 생각했던 일이다.) 이 문제 또한 해결책이 없기는 마찬가지다. 쳇바퀴 돌듯 돌고 도는 생각일 뿐 유익은 없다. 그 다음 네번째, 다섯번째, 여섯번째 끔찍한 생각들이 앞다투어 나선다. 나는 회복될까? (모두가 그럴 거라고 하지만 나는 그 말을 믿지 않는다.) 지난주 인터넷에서 읽은 환자의 경우처럼 수 년씩 걸릴까? 그 동안 어린 세 아이, 자기 일을 하는 아내와는 어떻게 지낼까? 차가 천천히 속도를 높여 도로로 접어드는 동안 나는 이런 생각들과 씨름한다.

최악의 상황에 처했을 때는 어딘가로 가거나 무언가를 하는 게 항상 더 낫다. 그러면 꼬리에 꼬리를 물던 생각은 잠시 멈추고 다음번 일격을 노리며 잠시 숨을 고른다. 나는 창밖을 바라보며 전에 배운 바 우울한 기분을 전환하는 데 유용한 몇 가지 방법을 시도해본다. 이 순간에 집중해본다. 흔들리는 나무, 사슴, 서리 내린 정원처럼 미동도 않지만 깨지기 쉬운 아름다움에. 조깅하는 이들의 삶을 부러운 눈으로 상상해본다. 볼이 유독 발그레한 20대 아가씨는 집으로 돌아가 샤워를 하고 자신의 폭스바겐에 선물과 여행가방을 실은 뒤 부모님과 크리스마스를 보내기 위해 비버리로 향한다. 중년의 두 남자는 아직 산타를 믿고 있는 환한 얼굴의 아이들이 기다리는 각자의 집으로 돌아가기 위해 문 앞에서 헤어진다. 또 한 사람 나이든 여자만이 비교적 내게 위안을 준다. 그녀는 움직임이 늦고, 사실 잘 달리지 못한다. 그녀가 밖에 나온 이유는 외로운 나머지 날이 길게 느껴지기 때문이다. 1년 중 가장 해가 짧은 날인데도 말이다.

우리는 도착한다. 이제 생각들은 줄을 서서 잠시 대기한다. 유모차, 벙어리장갑, 아이들, 장화를 챙기는 2분간의 소란스런 막간이 있고 나서, 바지 입히기와 양말 신기기, 깜빡 잊고 안 가져온 물건 때문에 토라진 아이 달래기, 무신경한 아이가 차에 치일 뻔한 위기를 거친다. 그런데 길이 막혀 아무데도 가지 못한다. 문을 닫은 햄하우스^{Ham House}(템즈 강변에 있는 17세기 저택). 분명 위험해서 닫았을 게다. 누군가 나에 대해 너무 위험하니 문을 닫아야 한다고 판정을 내려주면 좋으련만. 저택을 포기하고 서리 내린 정원 사이로 어기적거리며 지나는데, 아니나 다를까 아이들은 언제 깨질지 모를 얼어붙은 물웅덩이가 스케이트장인 양 그 위에서 신나게 논다. 내가 에드워드의 손을 잡아주어야 하건만 실은 맞잡은 에드워드의 손이 이후 힘겨운 45분간 나를 구해준다. 에드워드는 얼음 위에서 똑바로 서려고 하지만 속절없이 넘어지곤 한다. 나는 말한다. 몸을 앞으로 숙여, 책상에서 떨어진 펜을 주울 때처럼 말이야. 펜은 필요없어요, 지금은 스케이트를 타는 중이라고요. 에드워드는 유일한 생명줄인 내 오른팔에 붙들린 채 무릎걸음으로 뒷걸음질치며 대답한다. 에드워드는 발뒤꿈치로 얼음에 균열을 내더니 이내 구멍을 낸다. 검은 물이 삐져나온다. 우리는 다음 물웅덩이로 유유히 이동한다.

여느 해 같았으면 최고의 크리스마스였으리라. 와, 눈이 내렸다! 며칠간 위대한 얼굴들이 등장한다. 빙 크로스비^{Bing Crosby}에서 그레그 레이크^{Greg Lake}까지, 이 모든 가수들의 음악이 다시 빛을 발한다. 다만 문제가 있다면, 나만 빠져들지 못한다는 것. 나에게는 내가 전부다. 나를 뺀 모두가 근사한 크리스마스를 맞이할 것이다. 아직 성탄절까지 며칠 남았지만 나는 이미 틀렸다. 요즘 사람들은 이 날을 크리스마스 전전날^{Christmas Eve Eve}이라 부른다. 내게는 1년 중 가장 어두운 날 중 하나일 뿐이다.

점심식사 후, 나는 다시 곤두박질친다. 샤론은 몇 곳에 정신 없이 전화를 넣어 윌킨스 박사와 응급진료 약속을 잡는다. 시내로 들어가는 길에 마주치는 모든 이들, 그가 누구든 나는 그 사람이 되고 싶다. 맞은편에서 책을 읽고 있는 사내. 기차에서 좋은 책을 읽는 단순한 즐거움. 나는 기차에서 책을 읽는 사내가 되고 싶다. 취객들이 탄다. 어쨌든, 크리스마스다. 자녀들을 데리고 나온 부모들, 첫 크리스마스 선물을 교환하는 연인들도 보인다. 관광객들, 쇼핑객들, 케이크와 에르메스 가방을 든 사람들, 그리고 지하철 노선도를 손가락으로 짚어보며 베이스워터를 찾는, 길 잃은 배낭여행객들.

우리가 런던 서부에 접어들 무렵 사위가 어두워진다. 나는 잠깐 동안 주소와 런던 시내 지도에 주의를 빼앗긴다. 보통은 병원에서 윌킨스 박사를 만난다. 하지만 이곳 박사가 수요일마다 근무하는 슬론 광장 근처의 근사한 조지안 테라스 호텔에는 큰 어항이 있고, 복도가 길게 뻗어 있으며, 크리스마스 음악이(당연히 슬레이드(Slade)나 위저드(Wizzard)가 아니라 킹의 캐롤이) 흘러나온다. 샤론은 자리에 앉고, 나는 서성인다. 이따금, 그러니까 지금처럼 내가 처한 경악스러운 곤경이 영화의 한 장면이나 누군가의 악몽과 비슷하게 보이는 순간 나는 믿을 수 없다. 내가 나인 것이, 이 모든 일이 내 인생에서 벌어진다는 것이, 텔레비전을 끄거나 책을 덮듯이 이 악몽을 끝낼 수 없다는 것이, 그리고 누군가의 가슴에 머리를 묻고 이 모든 것을 잊을 수 없다는 것이. 어디를 가든 우울증도 함께한다. 해독제도, 완화제도 없다. 단지 우울증과 나와 끔찍하게 많은 시간뿐. 200년 전이었다면 나는 귀신 들렸다 여겨져 사형을 당했을 것이다. 400년 전이었다면 돌에 맞아 템스 강에 던져졌을 것이다. 정말 사람들이 몰라서 그렇게 했던 걸까.

월킨스 박사가 들어오라고 부르자 나는 처음으로 희미한 안도감을 느낀다.

정신과 의사들은 환자들이 자신의 말에 매달린다는 것을 알기에 주의해서 말한다. 그렇지만 샤론이 지난주 겪은 공포에 대해, 내가 갑자기 얼마나 약해지고 잠을 못 잤는지를 이야기하고 나자 월킨스 박사는 "결국 이렇게 되어 유감입니다" 하고 말한다. 이렇게라니, 무슨 뜻인가? 내가 결국 어떻게 되었다는 말인가? 어떤 식이든, 좋은 쪽은 아닌 것 같다. 곤두박질, 돌진하는 감각, 천 년의 혹한 끝에 녹는 것처럼 양손이 떨린다. 나는 스쿠비 두(동명의 미국 어린이 애니메이션에 나오는 개)처럼 침을 꿀떡 삼킨다. 샤론은 내가 입원하면 좋겠다고 월킨스 박사에게 말한다.

"글쎄요." 그는 동의하지 않는다는 투로 입을 뗀다. "저를 만나러 온 첫날부터 이랬다면 입원시켰을 것입니다." '하지만'이라는 말이 한동안 입안에 맴돈다. 내 보험이 안 되는 것과 관련된 일임을 우리 모두 알고 있다. 정신과 병동 한주 입원에 5천 파운드 정도다. 우리에게는 그만한 돈이 없다. "물론 국민건강 보험이란 대안이 있습니다만…" 그는 하던 말을 끝맺지 못한 다. 친구가 국민건강보험공단에서 운영하는 정신건강 병동에 서 이틀 밤을 보낸 적이 있다. 별로였다.

"그 대신 제가 권해드릴 수 있는 유일한 치료 과정은…" 나는 그의 말 한마디 한마디에 매달린다. 다른 치료 과정이 있단 말 인가? 온갖 방법을 시도하느라 우린 녹초가 되었다. 온천 요법 을 말하려는 걸까? 카리브해의 어느 섬에서 몇 주 같은 것. 아마 가망없는 환자들의 돈을 쥐어짜는 것이겠지. 또는 지금 같은 최 악의 때에 몇 개월 동안 겨울잠을 자게 해줄 어떤 것이든지.

"신경안정제입니다." 윌킨스 박사는 반대나 최소한 회의적 반응을 기대한 듯 잠깐 말을 멈춘다. 우리가 둘 중 어느 쪽으로 도 반응을 보이지 않자 그는 약간 놀란 듯하다. 그는 안정제를 복용하면 내 행동과 반응이 다소 느리고 둔해질 것이라고 주의 를 준다. '좋았어. 영원토록 복용하면 안 될까?' 나는 생각한다.

한겨울 미명중 잠을 깰 때면 나나 샤론이나 우리 인생에 찾 아온 끔찍한 일에 망연자실한다. 사방이 밝다. 나는 끌로에 매 장과 고품격 남성복 디자이너, 그리고 따분한 표정으로 창가에 서 있는 젊은 판매원에 주목한다. 얼마나 그가 되고 싶은지. 그 는 한두 시간 더 자리를 지킬 테고, 실수로 매장에 들어왔지만 가격에 전혀 놀라지 않았음을 확실히 보여줄 만큼 매장 안을 살피다가 어쩌면 뭔가를 살지도 모를 활기 없는 손님들을 상대할 것이다. 그는 폐점까지 남은 시간을 세다가 퇴근해서 킹스로드에서 친구 두 명을 만날 것이다. 그 후에는 문자 그대로 무엇이든 가능하리라.

이틀 동안 세번째 방문하는 약국에서 트위드 차림의 유쾌한 판매원은 우리에게 메리 크리스마스를 기원한다. 하지만 로라제팜(신경안정제) 꾸러미를 우리에게 건네주면서 그녀는 분명 우리 내면이 평화롭지만은 않다는 것을 알아챌 것이다. "메리 크리스마스." 우리에게 축복을 빌지만 나는 앓는 소리뿐이다.

돌아오는 길에 샤론은 모두에게 전화를 건다. 장인어른한테는 우리를 픽업해달라고, 친구들한테는 휴가 계획을 다시 잡자고. 나는 아버지에게 전화를 건다. "일 년 반은 걸릴 거다." 좋은 뜻으로 하는 말이지만 방법이 별로다. 자신은 잘했으니 너만 잘하면 된다고 말하는 누구처럼. 우리는 다른 경우라고 설명하려다가 접는다. 창틀 방향으로 떨어지는 빗방울이 보인다. 잠시 후 앞선 빗방울이 잘못되었다는 듯 반대 방향으로 세차게 떨어지는 빗방울이 보인다. "이 약이 들지 않으면 입원해야 할까봐." 내가 말한다.

"병원? 그래, 하지만 새해가 되면. 크리스마스와 새해까지는 견뎌봐. 가족을 위해."

가족을 위해. 항상 다른 사람을 배려하는 것이 내 문제다. 나는 자신을 돌보는 법을 배우지 못했다. 나를 보게 된다면 내 말을 이해하게 될 것이다. 내 키나 몸무게는 변변찮을뿐더러 병걸린 개의 털 같은 머리카락은 빗자루로 쓰기에 딱이다. 얼굴에는 윤기가 없고, 노안에 싸구려 안경을 쓰고, 얇은 옷을 걸쳤다. 나는 물건을 사는 일이 없고 외출도 별로 하지 않는다. 더이상 퇴근 후 술을 마시는 일도 없다. 주말은 아이들 스케줄 중심으로 돌아간다. 내 스케줄은 더이상 없다. 또 시작이다, 생각들. 부정적인 생각들. 멈춰야 한다.

7

무기력

어머니와 함께 아이들을 학교에 데려다주고 지금은 커피를 마시고 있다. 다만 나는 커피 없는 커피를 마신다. 카페인은 더이상 내 몸에 맞지 않는다. 알코올, 설탕, 소금, 감미료도 마찬가지다. 사실, 식욕이 나를 완전히 버린 듯싶다. 음식은 목에 걸려 넘어가지 않는다. 나뭇더미만큼이나 더이상 식욕을 자극하지 않는다. 어머니는 유기된 겨울날과 나를 홀로 남겨두고 오늘 아침에 집으로 돌아간다. 폭탄이 터지기 직전의 순간처럼, 심각하게 조용하다.

"정말 괜찮겠니?" 어머니가 묻는다. 어머니도 피곤해 보인다. 어머니는 지난 두 달 동안 십여 차례나 A3 도로를 오르락내리락하셨다. 간이침대에서 주무셨고, 아무 문제 없는 것처럼 아이들과 놀아주셨다. 어머니는 차분하고 어떤 일에도 흔들리지 않는 사람이지만, 이제 아이들이 정말로 시끄럽거나 너무 따지거나 터무니없이 굴 때면 힘들어하신다. 나는 실컷 울고 나서 이제 괜찮아질 것이라고 말한다. 어머니는 믿지 못하는 눈치다.

샤워를 길게 한다. 이 시간은 오늘 내가 맞이할 시간 중 최고일 것이다. 이후로는 모르겠다. 앉아 있을 것이다 내 방에 앉아 레몬나무를 바라볼 것이다. 잡초 한두 뿌리가 났다면 뽑아줄 수 있겠다. 사내아이들 방에 앉아 녀석들의 책을 바라볼 것이다. 제이니의 방, 제이니의 침대맡에 앉아 마그네시아유(걸쭉한 흰색의 액상 소화제) 같은 아침을 바라볼 것이다. 어쩌면 기린 퍼즐을, 내 기분과 어울리는 기괴한 모양으로 맞출 수 있는지 볼 것이다. 아이들 놀이방에 앉아서 이웃들의 오가는 모습을 지켜볼 것이다. 거기서는 하루종일 앉아 관찰할 수 있다. 헐레벌떡 숨가쁜 부모와 그들의 불안한 스케줄을, 테디 베어 같은 팔을 가진 건설현장 인부들이 홍차 머그컵을 들고 가는 모습을, 『데일리 메일』 독자 투고면을 가지고 산책을 나서는 베이비 부머 세대들을, 집에 가고 싶은 걸음걸이로 전단지를 나눠주는 사내를, 점심시간 꽉 막힌 좁은 길에서 파소 도블레(라틴 아메리카 행진곡풍의 춤곡)를 추듯 움직이는 배달 차량을, 디젤 엔진 송풍기로 양치기 개처럼 낙엽을 모으는 정원사를, 들쭉날쭉하고 제멋대로이지만 생생하게 살아 있는 학생들을, 8번지에 사는 눈먼 여인과 그녀의 작고 사나운 개를. 나는 거기 앉아서 이 모든 것을 지켜볼 것이다.

물론, 내가 모든 이웃을 볼 수 있다는 것은 그들도 나를 볼 수 있다는 뜻이다. 나는 나 자신이, 갑작스런 약함이 부끄럽다. 우리가 사는 마을은 말 많은 동네고 사람들은 서로 안부를 묻는다. 나는 할 말이 많지 않다. 그들은 내가 아침나절에 할 일 없이 어기적거리며 가게에 들어서는 모습을 보았을 것이다. 그들은 속으로 물을 것이다. 저 남자에게 무슨 일이 있었던 거지? 불황의 희생자인가? 그들은 곧 나에게 묻기 시작할 것이다. 몇주 전에도 나락으로 추락하고 있을 때 한 이웃이 내게 불쑥 말을 걸어왔다. 그날은 평소보다 상태가 조금 나았기에 나는 그에게 아직은 형편없지만 회복중이라고 말했었다. 지금은 뭐라고 말해야 할지 자신이 없다. 우울증에 대해 이야기하는 순간, 사람들의 얼굴 표정은 순식간에 바뀐다. 당신이 깊고 어두운 구멍 속에 있는 줄 몰랐다고, 거기서 나오지 말라고, 나도 다시는 들여다보지 않겠다는 생각을 읽을 수 있다.

약을 복용하고 있는지 묻는 이들도 있다. 그런 질문을 하는 이유를 모르겠다. 그것을 알아서 뭘 하려고? 그 사실이 당신에게 무엇을 말해주는가? 별로 없다. 요즘 지역 보건의들은 고개 한번 떨구어도 항우울제 처방을 내린다. 산후조리중인 엄마들부터 70대의 쓸쓸한 노인들까지 항우울제를 복용한다. 우울증 증상을 보이는 이는 누구나 정도에 관계없이, 몸이 다소 불편한 1~2단계의 경미한 환자들뿐 아니라 정신건강 병동에서 생활하는 이들까지(나의 경우는 7단계 정도일 것이다) 이 약을 처방받는다. 따라서 그보다 나은 질문, 그러니까 우리가 서로에게 묻는 질문은 다음과 같은 것이다. 요즘 좀 나아졌나요? 요즘 만나는 사람 있나요? 요즘 무슨 생각을 하고 있나요? 다른 증상은 어떤가요?

이 무기력, 당밀처럼 끈덕지게 압박해오는 무기력은 내 모든 것을 포괄하는 증상이다. 꼬리를 무는 생각이나, 불면증, 기분장애^{black moods}만큼 격심하지는 않지만 자리에서 일어나 뭔가를 하려면 초인적인 노력이 필요하다. 심장은 마구 뛰지만, 기력은 없다. 나는 걷는 법도 거의 잊어버렸다. 발이 평소보다 다섯 배는 무겁게 느껴진다. 우리가 살고 있는 연립주택에는 스물여덟 개의 계단이 있고, 중간의 층계참을 기점으로 네 개의 연속 계단으로 나누어진다. 나는 2-2-2-1, 2-2-2-1, 2-2-2-1, 2-2-2-1 하는 식으로 두 개씩 묶어서 계단 수를 세곤 했다. 이제 일곱 계단을 두 계단씩 올라가면 녹초가 된다. 그래서 이제 이렇다. 1-1-1-1, 1-1.

1

1-1-1

1-1

1-1.

옆집 할머니가 더이상 계단을 오르내릴 수 없어 이사를 했다는데, 그 심정을 알겠다.

나의 레몬나무를 관찰한다. 믿지 못할 정도로 건강해 보인다. 집에서 가장 전면에 있어 빛이 더 잘 드는 제이니의 방으로 나무를 옮겨놓는다. 갓 맺히기 시작한 분홍색 작은 봉오리들은 자기 모습이 특히 만족스러운가보다. 그곳에 5월의 알싸한 향기가 있고, 아래 가지들에는 열매가 세 개 맺혔다. 고대의 짙은 녹색 열매는 레몬을 닮아 보이지 않는다. 나는 푸른색 시트러스 비료 결정체에 빗물을 섞어 배양토 속에 묻는다. 그런 다음 스프레이로 이파리에 물을 뿌리고 물방울이 모여 천천히 똑, 똑, 똑 떨어지는 모습을 지켜본다. 잠시 만사를 잊는다. 레몬나무 말고도 내가 돌볼 수 있는 게 더 있기를 바라본다. 뭔가 할 수 있는 일이 있으면 좋겠다.

우울증은 엿같다. 이 표현도 적합하지 않다. 이 같은 헤비급 고통을 표현할 정확한 방법조차 사람들은 제시하지 않는다. 그 이유는? 아무도 그것을 제대로 이해하지 못하기 때문이다. 임의로 사용할 수 있는 명석한 지적 능력을 가지고 있는 인류가 뇌의 작용방식을 아직 이해하지 못하고 있다니, 참으로 모순이 아닐 수 없다. 위대한 지성이라면 위대한 지성이 어떻게 작용하는지 가장 먼저 이해하고 싶어할 성싶지만, 실은 그렇지 않다. 우리에게는 일말의 단서조차 없다.

'우울증'^{depression}이란 말은 무의미하다. 그것은 땅의 움푹 파인 부분, 끔찍한 기상시스템, 또는 민감한 경제침체를 말할 뿐이지 인간의 조건은 아니다. 나는 우울하지 않다. 그보다 훨씬 심각하다. 다른 언어, 다른 나라 사람들은 이 고통을 어떻게 표현하고 있는지 궁금하다. 어쩌면 세상 어딘가에는 이 조건들을 포괄하는 더 나은 용어, 더 뜻깊은 표현을 생각해낸 사람들이 있으리라. 'La dépression nerveuse' 'depresión' 'die Depression'(그렇게 되기를—독일어 여성형 정관사 die를 영어 '죽다'로 해석한 저자의 농담), 'Депрессия'. 위대한 유럽 언어들은 이 주제에 대해 별로 제시해주는 바가 없다. 물론, 프랑스어에는 수심(vague à l'âme)과 '멜랑콜리'(mélancolie) 같은 특유의 낭만적 표현들이 있다. 하지만 그 표현들은 지나친 우수와 기이함 같은 의미가 담겨 있어서 내가 겪는 일의 핵심에 자리한 이 퍽퍽함을 담아내지 못한다. 독일어 'der Zusammenbruch'는 드라마틱한 어감을 주지만 그 의미는 '붕괴'일 뿐이다.

동방에서 온 구절은 좀더 전망이 밝다. 찾아보니, 중국인들은—중국에도 상당히 퍼져 있다—'센징슈아이루어'(神經衰弱)라는 단어를 쓰는데 찾아보니 '신경쇠약'과 같은 말이다. 신경쇠약이란 진단의 역사는 150년이 되었고 그 의미는 문자 그대로 신경이 약해지는 것인데, 이는 내가 잘 이해하고 있는 바다. 19세기 미국인 신경학자 조지 비어드^{George Beard}는 이 용어를 만들어내면서 그것은 현대 생활의 세분화가 낳은 조건이라고 했다. 증기력, 신문, 전신, 과학의 발전, 여성의 부상, 믿음의 퇴조 등등의 요소들이 융합하여 나타난 당황스런 결과라는 것이다. 그 증상은 익숙하다. 허약, 피로, 급격하게 찾아오는 불규칙한 심장박동, 불안, 근육통, 통증, 긴장성 두통, 수면장애, 만성 긴장, 쉬어도 회복되지 않는 피로, 우울한 기분.

간단히 말해, 지금의 내 모습이다. 나는 신경쇠약^{neurasthenia}이란 용어가 마음에 든다. 대부분의 서구 정신과 의사들은 그렇지 않지만, 아시아 일부 지역의 의사들도 이 용어를 선호한다. 중국의 정신질환에 관한 연구를 진행했던 소냐 프리츠커^{Sonya} ^{Pritzker} 교수가 내게 전해준 말에 따르면, "중국에서 신경쇠약은 질환으로든 진단으로든 모두 사회적으로 조금 더 용인할 만한 것으로 여겨진다." 일본에서 신경쇠약을 뜻하는 말은 '신케이수이자쿠'(神經衰弱)다. 이 병에 걸린 사람들이 아주 많다. 매년 일본에서 3만 명 이상의 사람들이 자살을 한다.

치료와 관련해서는 실망을 넘어 암울할 정도다. 나는 좀더 영적인 아시아의 접근 방식에 지혜가 있을까 싶었다. 하지만 프리츠커 교수에 따르면, 중국의 처방전에서도 서구의 약이 지배적이라고 한다. 심지어 프로작^{Prozac}(항우울제)을 사용할 정도다. '바이요우지에'(百憂解)로 알려진 이 약 이름의 뜻은 '백 가지 문제의 해결제'이다.

달리 할 일이 없는 나는 사전을 계속해서 파고들며 어원적 단서를 파헤친다. '고난'의 탐구는 조금 더 생산적이다. 고난은 호기심 많은 짐승이다. 우리 중 어느 누구도 스스로 고난을 초래하려는 사람은 없겠지만, 이상하리만치 종종 사람들은 자신이 엄청난 고통의 시간을 거치며 얼마나 많은 것을 배우고 얻었는지를 말하곤 한다. 프랑스어 'souffrir'(고통을 겪다)와 독일어 'leiden'(고생하다)은 거의 동의어이지만, 고통받다는 뜻의 러시아어 구어인 'perezhivat'는 문자적으로 '겪다'는 의미다. 마치 고난받는 것과 산다는 것이 어느 정도 동등한 것인 양 말이다. 물론 그렇다, 살면서 고난을 받지 않기란 불가하다 아리스토텔레스부터 니체에 이르기까지 모든 이들이 이 점에 동의한다. 다시 말해, 사는 것은 고통받는 것이고, 위대함은 고통을 어떻게 다루는가에 달려 있으며, 고통은 가장 위대한 선생이다. 아이스킬로스(525-456 B.C., 그리스 비극 시인)는 "지혜는 고통을 통해서만 온다"고 말했다. 호라티우스는 심지어 "고통은 경험의 가르침을 일컫는 또다른 이름으로, 교훈의 부모이자 인생 학교의 교장이다"라고까지 말했다. 멋진 말이다. 하지만 그 어느 것도 내가 얼마나 더 이 고통을 참아야 하는지 말해주지 않는다.

*

당신은 나처럼 되고 싶지 않을 것이다. 지금의 나처럼은 아닐 것이다. 아, 저 사람처럼 되고 싶지는 않아, 저들의 입장에 서고 싶지는 않다고 속으로 생각할 때가 종종 있을 것이다. 음, 내가 바로 그 사람이다. 보고 있으면 동정심과 두려운 마음이 들고 이런 생각을 떠올리게끔 하는 사람. '세상에, 내가 저 사람처럼 될 수 있었지. 그렇게 되지 않아서 얼~마나 다행인가. 저 사람이 떠는 모습 봤지? 잘 지내는지 물어본 것뿐인데 갑자기 눈물을 쏟는 것도? 한때는 상당한 활동가였다는데. 아내도 사는 게 끔찍할 거야.'

몇 년 전이라면 당신은 나와 어울리고 싶었을 것이다. 한동안만이라도. 즐겁고 때로 신나는 일이었다. 하지만 이젠 아니다. 이제 나는 암환자나 휠체어 탄 사내처럼, 당신이 피하고 싶은 사람이다. 당신은 시선을 어디에 둬야 할지, 무슨 말을 해야 할지 모른다. 생각나는 말이라곤 왜 어떤 사람들은 못된 일을 당하고 어떤 사람은 아무 벌도 받지 않는가 하는 정도다. 자, 이제 내가 못된 일을 당할 차례다. 이건 정말 끔찍하다. 당신이 나처럼 되고 싶지 않은 게 맞다. 그러니 나를 만나면, 대충 고개인사만 하고 가던 길을 계속 가기 바란다. 나에 대해 그 이상 생각하지 말라. 당신이나 나에게 아무런 유익이 안 될 테니.

골치아픈 정서 과잉의 문제가 우리의 여가생활을 지배하고 있다. 옛날에는 운동이라 하면 주말 산책이나 공원에서 조깅하는 정도를 말했다. 상쾌한 바닷가에서 수영을 하거나 모종삽을 들고 반 시간 남짓 보낸다든지 하는 것이었다. 남자들은 강인했고 여자들은 흙투성이였으며, 버스를 잡아타기 위해 모두 숨가쁘게 달렸다. 그러다가 체육관이 생기고 개인 트레이너, 아마추어 경기, 깡마른 모델이 나타났다. 온 국민이 선수가 되었다. 사람들의 체형이 바뀌었다. 이제 사람들은 과할 정도로 열성적이고 들떠 있고 조각상 같은 몸매를 하고 최선을 달성하기 위해서라면 110퍼센트를 발휘할 준비가 되어 있다. 그런데 이 모든 게 무엇을 위한 것인가?

여가생활은 이제 긴장완화가 아니라 성취가 되어버렸다. 사람들은 더이상 에너지를 발산하는 것으로 만족하지 않는다. 대신에 그들은 더 많은 에너지를 만들어내어 더 많은 것을 이루는 새로운 기록 경신을 바란다. 더 높이, 더 빨리, 더 멀리, 더 세게. 달리기 하는 사람은 한주에 세 번 조깅하는 것으로는 성이 안 차고 한주에 일곱 번 마라톤을 뛰어주어야 한다. 아마추어 골퍼는 자기 점수를 착실하게 유지할 뿐 아니라 핸디캡(골프에서 약한 선수에게 주어지는 이점)을 받는 걸 내키지 않아하며, 자신의 신기록을 경신할 수도 있을 3피트 버디 퍼팅을 놓쳤을 때는 골프채를 크게 휘두르기도 한다. 모험가들은 사이클로 시베리아를 횡단하거나 윈드서핑으로 태평양을 건넌다. 이렇게 많은 사람들이 노를 저어 바다를 건너기 위해 자신의 여가시간을 사용하는데, 그렇다면 정작 자기 자신을 위한 시간은 충분한지 궁금하다. 운동은 더이상 어떤 목적을 위한 수단이 아니라 목적 자체가 되어버렸다. 여가생활이 전문 영역으로 바뀐 것이다.

고백하건대, 나 또한 잘못이 있다. 어린 시절에 나는 수많은 운동을 했고, 좀 허약하게 타고나긴 했지만 대체로 운동이 적성에 맞았다. 1999년에 영국으로 돌아와서는 축구를 다시 시작했다. 우선, 축구시합이 즐거웠다. 여름이 되면 월요일마다 원즈워스의 공터에서 석양이 내려 더이상 공이 보이지 않을 때까지 몇 시간이고 시합을 했다. 그러고 나면 자만심이 부풀어 오르기 시작했다. 요 몇 주간 나는 잘하는데 다른 이들은 왜 이러지? 어떻게 나는 천하무적처럼 상대편의 태클을 가볍게 따돌리는 거지? 나는 더 탁월한 축구선수가 되고 싶었다.

다른 운동도 마찬가지였다. 수영을 제대로 배우자마자 곧바로 철인3종 경기에 출전했고, 그러고 나니 기록을 앞당기고 싶었다. 체육관에 가서 역기 반에 등록했다. 그러고 나니 좀더 무거운 역기를 들고 싶었고, 그러고 나니 몸이 저항할 때까지 더 무거운 역기를 들고 싶었다. 나는 사이클을 타고 출근했고, 그러자 더 빨리 달리고 싶어졌다. 내 기록은 38분이었다. 나는 40분이 넘으면 자신을 질책했다. 나중에 나는 게임을 하나 고안했는데, 사이클을 타고 출근하면서 내가 앞지른 사람의 수와 나를 앞지른 사람의 수를 가지고 점수를 매기는 것이었다. 하루는 20대 14로 우쭐했으나, 14대 20으로 질 경우 나는 씩씩댔고 낡은 자전거들이 나를 스쳐 지나갈 때마다 화가 났다. 여름휴가 때면 얕은 물에서 물장구치고 어슬렁거리며 아이스크림을 사먹는 것으로는 성이 차지 않았다. 부표까지 헤엄쳐 다녀와야 했고, 멀리 호수 건너편까지 가봐야 했으며, 수영장 몇 바퀴를 돌아야 했다.

일도 마찬가지다. 일에도 개인적 최선이 나타났다. 당연히 최고여야 한다. 주가는 상승해야 한다. 경제는 성장해야 한다. 전문가는 밤새워 공부를 해야 한다. 최소한으로 최대 효과를 내야 한다. 막히는 길에서 차 엔진을 켜놓고 한 시간 동안 앉아 있으면 상승하지만 잠시 멈춰 서서 아픈 이웃과 담소를 나누는 것으로는 상승하지 않는 GDP에 집착한 우리는, 가능한 한 좁은 눈으로 인생을 평가한다. '대처의 아이들'Thatcher's children에게 이 모든 것은 제2의 천성이다. 우리는 숫자를 높여야 한다. 자신을 몰아붙여야 한다. 열심히 일하는 게 선이다. 죽지 않는 한 열심은 나를 강하게 만들어준다. 우리는 화면의 숫자에 중독된 사람들이다. 17분 18초! 4.59파운드! 2미터 33! 79! 다만 숫자에 불과하지만, 이 숫자는 우리 자신과 우리의 경험에 대해 다른 이야기를 말해주는 힘을 가지고 있다. "무척 힘들고 언짢은 경험이었지만 그로 인해 더 나은 사람이 되었습니다" 하는 이야기. "나는 당신보다 나은 사람이고, 지난주보다 더 나은 사람이며, 일 년 전보다 빠르고, 강하고, 거친 사람이 되었다"는 이야기. 만족스러운 사연은 계속된다. "그래, 나는 더 나아졌고 전진하고 있어. 올바른 방향으로, 내 분야에서 남보다 앞서고 있고, 그래서 비범하다고 느끼지" 하는 이야기. 이야기라는 것 빼고는, 모두가 한 가지 지나친 추정적 자료에 따른 왜곡되고 편협하고 똑같은 이야기다. 다른 길도 있다. 끊임없이 자신을 최선으로 몰아붙이지 않고도 행복할 수 있다. 방향의 경우도, 안타깝게도 개인이 아무리 최선을 다한다 해도 우리의 궁극적 방향을 되돌릴 수 없다.

내게 찾아온 우울증의 공격을 운동이 늦췄는지도 모른다. 운동은 뇌의 화학물질에 영향을 주는 효과가 있다고 알려져 있으며 우울증에도 매우 좋은 해독제이다. 하지만 2009년 늦여름 내게 찾아온 이 질병의 특징은 운동조차 거의 불가능하게 만드는 압도적인 무기력이었다.

침울한 시기를 보내며 내가 해야 하는 많은 어려운 일들 가운데 하나는 균형잡기다. 무엇이든 지나치면 나는 후퇴할 것이다. 무엇이든 부족하지 않는 한 전진하지 않을 것이다. 오늘 5마일을 달린다면 나는 죽는다. 3개월 후에는 회복 프로그램의 일부요 미덕이 되겠지만 말이다. 하지만 꾸준히 시도하지 않는다면 나중에 그렇게 될 것을 어떻게 알겠는가? 버니 박사의 조언은 매일 자신이 할 수 있을 것 같은 목표를 설정하고 그 절반만 실천하라는 것이다. 적어도 설거지를 절반만 한 것에 대한 변명은 되겠다.

직장 건강 간호사가 전화를 걸어와 그 이야기를 나눈다. 한때 나도 건강한 사내였는데 이제 내가 할 수 있는 일이 거의 없다는 사실이 너무 충격스럽다고 그녀에게 말한다. "무력감에 굴복해서는 안 돼요. 무리해서는 안 되지만 계속해서 노력해야 합니다. 그러면 점점 더 할 수 있는 일이 많다는 것을 알게 될 거예요." 간호사가 말한다.

"운동은 항우울제 역할을 하지만 초기 단계에서 속도를 유지해야 합니다." 팀 캔토퍼$^{Tim\ Cantopher}$가 내게 해준 말이다. "우선, 일을 완수하지 못했더라도 내버려둬야 합니다. 완벽하게 하려고 하지 말아요. 자기 자신에게 너그러워야 합니다. 일단 나아지면, 조금 더 활동을 할 수 있습니다. 하지만 그때에도 명심할 것은 18암페어짜리 퓨즈를 13암페어에 끼우면 터진다는 사실입니다."

요가 매트에 눕는다. 방은 고요하다. 에어컨 돌아가는 부드러운 소리와 어디선가 후진하는 트럭의 경보음만 들릴 뿐. 나는 이 수업에서 유일한 남자다. 강사 토니는 우리 사이를 오가며 자세를 교정해주고 있다. 그는 내 옆에 무릎 꿇더니 남아프리카공화국 억양으로 묻는다. "전에 요가를 해보셨어요?"

"음, 네."

"어떤 요가였죠?"

"음, 하타 요가?"

"저는 하타는 하지 않아요. 아이옌가 요가를 하죠. 얼마나 하셨죠?" 이 친구는 보통 요가 선생 같지 않다. 대개 요가 강사들은 꿈꾸는 듯한 미소 머금은 얼굴로 가볍게 돌아다니며 당신의 몸이 하는 말에 귀를 기울이고 생각을 비우라고 말한다.

"음, 몇 년 되었죠. 뜨문뜨문."

"내 수업은 뜨문뜨문 하면 안 돼요." 꾸지람이다. "아주 잘하지 못하면 이 수업이 힘드실 거예요. 괜찮겠어요?"

이런, 어디서 시작한단 말인가? 요가는 몸과 마음의 상태와 관계없이, 모든 이에게 열려 있는 영적 정화의식 같은 것이라 생각했다. 그래서 요가를 골랐던 건데, 그래서 몸 곳곳에서 "안 돼!" 하는 비명을 질러댔지만 마침내 뭔가를 하기 위해 오늘 아침 요가 매트를 꺼내드는 초인적인 노력을 기울인 건데. 요가를 하려고 한 이유는 내가 지금 당장 간신히 할 수 있는 게 딱 그만큼인 것 같아서다.

"음, 신경쇠약을 앓은 적이 있어요."

"아, 그렇다면 아주 조심하세요." 그러고는 내가 나병 환자라도 되는 양 뒷걸음질한다.

물론, 그의 말이 맞다. 다른 이들의 말은 항상 지랄맞을 정도로 맞다. 수업은 힘들다. 개 자세를 하니 피가 귀로 몰리는 게, 이러다가 몸의 안팎이 뒤집어지는 것 아닐까 하는 생각이 잠시 들 정도다. 그렇지만 포기할 수 없다. 여자들도 많은데. 그리고 요가의 핵심 규칙을 지키는 이는 아무도 없는 것 같다. '당신의 매트에서 벌어지는 일만 걱정하라'는.

이제 짝을 지을 차례다. 토니는 뚜쟁이 역할을 한다.

"마크, 여기 아름다운 여인들 가운데 누구를 고르겠어요?" 어색해진 나는 가장 가까이 있는 사람을 택한다. 우리는 벨트를 이용해 서로를 끌어당긴다. 아프지만 기분은 좋다. 토니가 잠깐 연습실 밖으로 나가자 여자들이 나를 향해 말한다.

"강사한테 신경쓰지 말아요. 새로 온 사람들한테는 늘 저런 식이에요."

"특히 남자들한테요."

똑똑한 친구군, 나는 생각한다.

"그의 말에 흔들리지 말아요. 잘하고 있어요."

나는 무슨 말을 해야 할지 모르겠다. 요가 벨트를 만지작거리다가 웃음과 찡그림이 반반인 얼굴로 이렇게 말한다. "끝이 좋으면 다 좋은 거죠." 이 무슨 「몬티 파이튼」 같은 상황이란 말인가. 곧 토니가 로건베리 한 다발을 가지고 돌아와 '타이타닉'의 침몰 장면을 재연해보라고 우리에게 요구할 것이다.

수업 후 나는 녹초가 된다. 남은 하루를 침대에 누워서 보낸다. 마당을 바라보며 생각한다. 나무가 되면 지루할까, 우울증 환자가 되는 것보다 지루할까. 활동을 했더니 후유증이 따른다. 3일은 끔찍할 것이다. 내 증상은 무기력만이 아니다. 모든 못된 증상이 재발했다. 불안, 불면, 참담한 기분. 무리했다. 여자들이 가득한 방에서 드러눕다니. 지나쳤다. 그래도 작지만 긍정적인 면이 있다. 수업시간 중 강사에 시달리고 여성들의 격려를 받는 동안, 자세를 취하면서 내 팔다리와 그 움직임에 주목하는 동안, 내가 얼마나 비참한지를 거의 잊었다.

"알겠어!" 록시가 소리친다. "일을 포기하는 거야! 부모의 돌봄을 받는 자존감 넘치는 아이들로 키우는 고상한 삶에 헌신하자. 아이들은 자신들이 사랑받고 보살핌받고 있음을 알게 될 테고, 그 결과 친절하고 따뜻하고 인기있는 사람이 될 거야."

"그렇지 않을걸." mro가 말한다.

"오! 왜?"

"왜냐하면 첫째, 너는 돈이 필요해. 둘째, 너는 일을 아주 잘해. 셋째, 너는 전업 아빠에 맞지 않아. 이것 말고도 넷째와 다섯째 이유도 있지. 이것 봐, 네 생각이 안 좋은 생각임을 알려 주는 다섯 가지 이유가 있잖아." mro는 이해해줄 기세가 아니다.

"하지만 나는 애들 돌보는 일도 잘해. 겨울을 즐겁게 보낼 백가지 방법도 만들어낼 테고, 그에 관한 책도 쓸 거라고."

"그럴 여유가 없을걸. 벌써 수입이 필요하잖아. 그리고 오늘은 좋은 생각처럼 보일지 모르지. 하지만 내일 해가 뜨고 모든 사람이 행복할 때, 너는 행복하지 못할 거야."

"빵을 구울 거야! 학교에서 가르치지 않는 것을 가르치고. 이를테면 불에 대해, 봄에 대해, 그리고 화음과 집 안의 방들이 어떻게 비슷한지 등을 가르칠 수 있어."

"도시락 싸고, 바닥에 널린 빨래 치우느라 바쁠 거야."

"애들이 놀 때 옆에 앉아서 몇 시간이고 책을 읽어줄 수 있다고."

"그만 해. 이건 전에도 했던 얘기야. 일은 해결책의 일부이지 문제의 일부가 아니라고. 그리고 내가 말할 때는 가만히 있어!"

"만약 다시 일을 할 수 없게 되면 어쩔 건데?"

하, 걸려 들었다, mro. 그는 이 질문에 답하지 못한다.

오늘은 안 좋은 날이다. 재수없는 날. 실은 한주 내내 운이 없었다. 이번 달에 접어들 무렵 며칠간 휴지기가 있었다. 잠을 깨어 밖으로 나가서 이제 끝난 건지 세상을 향해 물었다. 그리고 지금은 이렇다. 월요일은 나빴다. 화요일 시작은 안 좋았으나 오후가 되면서 좀 나아졌다. 수요일은 단조로웠으나 좀 무리했다. 저녁 무렵 찾아온 급작스러운 침체에 놀랐기 때문이다. 우리는 애들과 전에 내가 무척 좋아했으나 이제는 관심없는 카드놀이를 하던 중이었다. 그러다가 아이들이 얼른 잠이 들었으면 좋겠다 싶었다. 그러면 조용히 나 자신을 진정시킬 수 있을 테니까. 그러다가 오늘이 되었다… 아침에 기분이 우울했지만 아이들을 학교에 데려다줄 만큼은 되었다. 요가 수업에 갔으나 중간에 나와야 했다. 그래서 지금 다시 욕조에 몸을 담그고 있다. 레몬나무를 바라보면서 시간이 지나기만을 기다리는 것 외에 할 수 있는 일이 아무것도 없다.

그것은 언제나 피로감과 함께 시작된다. 피로감이야말로 이 모든 일이 시작되기 전에 뭔가가 분명 잘못되었음을 예고해주는 전조와 같다. 이제 그 피로감이 내가 과로했음을 일러준다. 그렇지만 애들을 학교에 데려다주고 하루종일 앉아서 하루를 보내는 게 어떻게 과로일 수 있을까? 스트레스의 근원으로부터 나 자신을 분리시켜 회복을 도모하는 격리치료가 필요한 것은 아닐까? 영원히 이런 상태면 어떡하나, 하는 걱정이 또다시 찾아든다.

젊은날의 활기는 내가 가진 강한 패이자 숨겨둔 비장의 무기였다. 하지만 이제 모두 과거의 일이다. 세상을 관류하는 에너지, 나의 동료 레몬나무의 찬란한 건강함, 자연의 무한한 재생능력을 보고 있자니 눈물이 흐른다.

그것은 산꼭대기 수도원에서 울려오는 종소리처럼 작고 희미한 무언가를 촉발한다. 자연의 한없는 재생력. 만물은 망가졌다가 회복되고, 질병은 왔다가 떠나간다. 모든 것에는 역동적 흐름이 있다. 인간 존재는 부단히 재생해왔다. 테세우스의 배 역설(새로운 목재로 계속 수리된 배가 원래 배와 같은 배인가 아니면 다른 배인가 하는 역설)처럼, 일 년 전의 나와 몸의 모든 원자가 바뀌어버린 지금의 나는 동일한 인격이다. 그리고 이 변화 안에 내 모든 희망이 있다. 나는 시간을 나의 적으로 보았으나, 실은 나의 가장 든든한 우군이다. 자연은 재생한다. 똑같은 일이 분명 내게도 일어나리라.

8
무너진 기분

우울증은 검은 개일 수 없다. 검은 개(처칠이 자신의 우울증을 '검은 개'로 일컬은 이래로 우울증을 뜻하는 비유가 되었다)는 외면만 본 것이다. 검은 개라면 호랑이 먹이로 주거나 자루에 넣어 연못에 던져버릴 수 있을 것이다. 검은 개라면 목줄을 매 버스정류장에 묶어둔 채 마권 판매소에 몰래 다녀올 수도 있을 것이다. 검은 개라면 얕은 무덤에 묻은 뒤 두 손을 털면서 '임무 완성' 포즈를 취할 수 있을 것이다. 물론, 녀석이 붙임성 있고 애정표현을 잘하며 아무데나 똥을 싸지 않는다면 기를 수도 있을 테고 울타리너머 어둠속을 홀로 걸을 때 길동무로 삼을 수도 있으리라. 낮아지는 하늘 아래 가망없는 공원 사이를 날쌔게 뛰어다니며 당신이 지팡이로 쓰려고 찾는 나뭇가지를 쿵쿵대며 찾아올 수도 있으리라. 당신이 겨울 백사장에 이는 낮은 파도를 가르며 느긋하게 걸어가면서 바다에 감탄할 때 녀석은 갈매기들을 향해 짖을 수도 있으리라. 당신이 속마음을 털어놓을 때 귀기울이는 척하고, 자신에 대해 조금 지나치게 서글퍼할 때 당신의 얼굴을 핥아줄 수 있으리라. 그러나 우울증은 결코 검은 개가 아니다. 그것은 외면만 본 것이다.

우울증은 내면적이다. 체내로 쳐들어와 급격히 고갈시켜버리는 일종의 바이러스이자 영이다. 검지도 않다. 검은색조차 띠지 못하는, 횡경막까지 밀치고 들어와 숨을 빼앗고 내적 붕괴의 조건을 만들어내는 빈 공간이다. 우울증은 규정하기 어렵고 체계가 없어 주기율표에서 찾을 수 없는 방사성 원소와 같다. 우울증은 반물질이자 무(無)이다. 그리고 그것은 나까지 무로 만들어버리려 한다.

누가 이길까? 단언하기 어렵다. 나는 처음에 졌고, 무엇에 맞고 있는지도 몰랐다. 그것은 일방적인 권투시합처럼 보기 좋은 광경이 아니었다. 그렇다. 만일 우울증이 외적인 것이라면, 그것은 엄청 가볍고 발동작이 빠른 플라이급 선수가 믿을 수 없을 만큼 강력한 펀치를 날리는 것과 같다. 우울증은 내 몸 곳곳에 펀치를 날렸고, 나는 쓰러지기를 반복하다가 마침내 그 현실을 사랑하기에 이르렀다. 녀석을 꽉 끌어안고 그에게서 나는 1977년도의 퀴퀴한 라커룸 냄새를 들이켰다. 고백하건대, 당신도 이미 알고 있겠지만, 한두 번은 거의 KO패를 당할 뻔했다. 이제 나는 상대의 힘을 빼는 전략(rope-a-dope)으로 경기하고 있다. 아프지만 희망이 있다. 결국 적수는 자신의 만행에 지쳐 나가떨어질 테고 기진맥진하여 방귀 뀔 힘마저 잃게 될 것이다. 그가 뒷걸음질칠 때, 우리 둘을 감싸고 있는 퀴퀴하고 메마른 공간에서 새로운 전략을 찾고자 기를 쓰며 얼굴을 찌푸릴 때, 나는 발끝으로 그에게 다가갈 것이다. 발끝으로 그의 턱밑까지 다가가 덧없이 사라질 그 형상에 기대어 속삭일 것이다. "친구, 이게 전부인가? 이게 전부인가 말일세?" 결국 그는 이게 전부라고, 소매에 감춰둔 비장의 카드 따위는 없다고 인정할 것이다. 사실 그는 소매조차 없다. 그는 상체를 기울이더니 『오즈의 마법사』에 나오는 서쪽의 악한 마녀처럼 녹아 사라져버릴 것이다. 나는 글러브를 벗고 마우스피스를 뱉은 뒤 상처 부위에 붕대를 감고 친구들에게 전화해 이렇게 말할 것이다. "이제 춤이나 추러 갈까! 진창 마시고 신나게 놀아보자고!"

그렇다, 나는 쉽게 나가떨어질 사람이 아니다. 내 얼굴을 보면—이제 얼굴 윤곽은 죄다 날카롭고 검은 얼룩 투성이인 게 마치 쿠르트 바일Kurt Weil의 곡을 노래하는 카렌 카펜터 같다—내가 인생과 싸우고 있음을 당신도 알 수 있으리라. 하지만 이제 나는 우울증의 본질을 이해하고 그 구성요소로 분해해볼 수 있게 되었다. 우선, 곱씹어 생각하기. 이는 원만한 의사진행을 방해하는 과잉사고 활동으로, 웬만해서는 멈추지 않는다. 그 다음으로, 불안. 당신은 아직 서툰데 불안은 수술실의 전선과 회로망처럼 살아 있다는 신호를 규칙적으로 보내온다. 당신은 집게 사용에 서툰데 수술실에 있는 의사처럼 느껴진다. 그 다음으로 불면증. 그는 벨벳 망토를 두른 빅토리아 풍의 악한이다.

그리고 기분^{Mood}. 가장 변덕스러운 요소로, 파악하기도 예측하기도 어렵다. 기분은 케이크에 올려진 블랙 체리처럼 우울증의 중심 요소다. 대부분의 사람들이 살면서 어느 순간 우울한 기분을 느끼기 때문에 그 기분을 안다고 생각하는데 침체된 기분은 그것과 다르다. 그 기분은 중독자의 비참함, 과부의 공허감, 노숙자의 외로움, 난민의 속수무책 같은 것이며, 블랙잭 판에서 당신이 가진 것보다 훨씬 더 많은 것을 잃고 그 손실을 혼자 책임져야 하는 것, 당신의 마지막 남은 희망인 담배 한 개비를 태우는 것이다. 또한 잠을 깨서 지금 무엇을 하는 것인지 알지 못할 때 가슴 철렁한 그 무거운 느낌이며 다시 만날 기약 없이 작별하는 기분 같은 것이다.

기분은 이상한 단어다. 원래 영어 단어가 아니었던 것 같다. 골키퍼나 베이스 기타 연주자처럼, 일이 잘못되었을 때에야 눈에 띈다. 우울증에 걸리는 순간, 잘못되는 정도가 아니라 해체된다. 아홉 골을 먹고, E번 줄을 끊어먹는다. 피루엣(발레에서 한쪽 발로 빠르게 도는 동작) 한 번 돌았는데 기분은 파멸로 돌변한다. 기분은 마지막까지 자신을 드러내지 않는 최후의 불경하고 가장 비루한 사중주다. 기분이 곤두박질칠 때면 자신에게 무슨 일을 저지르게 될지 알 수 없다. 기분은 곱씹어 하는 생각을 키우고, 이런 생각은 불안을 증폭시키고, 불안은 다시 불면을 일으키고, 불면은 다시 기분을 한층 더 침울하게 몰고 간다. 그렇게 돌고 돈다.

오늘도 나는 이 작은 악한(곱씹기, 불안, 불면증, 기분)들을 이끌고 심리치료사인 사샤 칸^Sacha Khan을 만난다. 거기서 나도 치료를 받는다. 실은 이제 나도 "그러니까 제 치료사의 말에 따르면…" 같은 말로 이야기를 시작할 수 있다 사샤는 내가 우울증에 걸린 이유를 이해하고 회복할 수 있는 방법을 찾도록 도와줄 것이다. 참으로 내 문제가 무엇인지 발견하도록 도움을 줄 것이다. 비록 럭비 왁스^Rugby Wax는 『분실』^Losing It에서 "당신의 문제는 바로 당신"이라고 분명하게 일갈한 바 있지만 말이다. 두말 하면 잔소리지만, 나는 사샤를 만나서 매우 기쁘다. 나는 가죽의자에 앉아 창밖으로 황혼이 지고 있는 퍼트니 힐을 바라본다.

사샤는 내게 도표를 보여준다. 이런 모양이다.

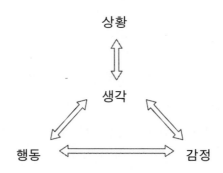

내가 절대 알아듣지 못할 치료경제학 같은 것으로 보이지만, 도표가 말하려는 기본적 메시지는 상황이 쓸데없는 생각을 유발할 수 있고 그 생각이 다시 기분과 행동에 영향을 끼친다는 것이다. 그리고 다시 그 행동이 생각과 기분에 영향을 준다. 그렇게 돌고 돈다.

우리는 나에게서 예를 찾아본다. 그는 부정적인 생각이 들 때가 언제인지 묻는다.

"글쎄요, 요즘은 항상 그렇습니다."

"우울증이 생기기 전에는 어땠나요?"

"음, 그렇게 자주는 아니었죠…"

그래, 알겠다, 그렇지. 여러 번 있었다. 생각이 내부로 몰입해서 그 결과 기분이 곤두박질하던 경우가. 기억하고 싶지 않은 그들이…

…옛적 학창시절 친구가 잘나가고 있다. 텔레비전 프로그램 음악을 만들고 화이트홀 극장에서 연극을 상연하고 있다. 막간에 그와 만나건만 나는 작아진다. 나는 언제쯤에야 인생에서 뭔가를 이룰 수 있을까.

…새해 첫날 숙취가 아직 남아 있다. 우리가 있는 곳은 헤리퍼드셔(잉글랜드 서부) 혹은 우스터셔(잉글랜드 남서부)인 것 같다. 확실치 않다. 1월 1일에는 모든 게 똑같아 보인다. 여기처럼 새해 첫날에는 사람 하나 보이지 않는다. 우리는 신문을 산다. 1면에 오래된 기자 친구의 기사가 실렸다. 전쟁중인 그로즈니에

서 써보낸 글이다. 끝내주는 기사다. 치사량의 수은을 삼킨 것 같은 깨달음이 다시 한번 밀려온다. '그녀는 해냈지만, 너는 실패했다. 너는 다 팔았고, 연약하고, 안전하고, 겁쟁이다. 네가 하고 싶어하는 일을 그녀가 하고 있다.' 그녀의 안전에 대한 걱정이나 친구가 이룬 성취에 뿌듯한 마음 같은 것은 눈꼽만큼도 없고, 오직 몇 개월 동안 불타도 꺼지지 않을 비열한 지옥불만 끓어오른다.

…『타임스』지를 산다. 이전 직장 동료가 특파원으로 승진했다. 잘됐다. 잘했어. 아주 괜찮은 친구지. 그런데 왜 이리 속이 쓰린 걸까. 마음이 무겁다.

다른 사람의 성공을 기뻐하기 어려운 까닭은 무엇일까? 다른 이의 성공은 곧 우리의 실패라는 독성 논리는 어디서 오는 걸까? 인생은 제로섬 게임이 아니다. 당신과 관련있는 누군가의 성공은 분명 그 관계를 부요하게 하여 당신의 세계마저 유익하게 하지 않는가? 이유를 모르겠으나, 나보다 뛰어난 누군가가 저쪽에 있다는 생각이 편했던 적은 한 번도 없었다.

사샤는 내가 조금 물러나 바라볼 수 있도록 도와준다. 이것을 있는 그대로 보게 말이다. 이 가차없는 자기고문을. 잠시 후 우리는 내가 그러는 이유를 파악해볼 것이다. 하지만 우선 그는 조금 더 간단한 과제를 제시한다. 일종의 생각의 일기 같은 것이다. 부정적인 생각이 떠오를 때마다 적고, 그 생각에 뒤따라오는 반응과 그때마다 나타나는 행동을 기록하고, 다시 거기

뒤따르는 감정을 적으라. 나는 집으로 간다. 그리고 오랫동안 기록한다.

나는 걷고 있다. 이번 주에만 여덟번째 산책이다. 나는 감사해야 한다. 얼마 전만 해도 이조차 할 수 없었다. 이제는 할 수 있다. 터벅터벅 걸어 언덕에 올라 해질 무렵 숲의 실루엣을 관찰할 수 있다. 고요하고 완벽한 그 모습이 마치 하늘에 이는 물결 같다. 언덕마루에서 발길을 돌려 숲 사이에 난 공터에 이른다. 방금 전 말이 달려간 듯 옅은 안개가 풀 사이로 피어오르고 있다. 오늘은 많이 걸을 생각이 아니었다. 실은 레몬나무에 물을 주고 설거지를 하고 난 뒤로는 아무 일도 하고 싶지 않았다. 하지만 아무것도 하지 않는 것이 곧 내가 할 수 있는 최악의 일임을 나는 안다. 그래서 산책용 신발을 신고, 늙고 불쌍한 뇌가 아무 일도 하지 말라고 수시로 재촉해오지만, 현관문을 뒤로 닫고 공기를 들이마신다. 곧바로 기분이 10퍼센트는 나아진 듯하다.

우리의 뇌가 비상하게도 잘하는 게 있다. 우리에게 유익하다고 우리 자신도 잘 알고 있는 바 장기적으로 만족을 주는 것들이 있다. 독서, 아이들과 레고 만들기, 운동, 이웃에게 친절히 대하기, 구두 닦기, 고장난 물건 고치기 등이 그렇다. 반면 우리가 잘 아는 바 단기적으로 만족을 주는 반면 장기적으로는 우리에게 큰 유익을 주지 않는—실제로는 해를 줄 수도 있는—

것들이 있다. 과자, 텔레비전 보기, 술 취함, 뒷담화, 스포츠팀 응원 등이 그렇다. 그리고 우리는 매번 후자를 선택한다.

왜죠? 나는 브리스톨 대학의 실험심리학자인 피터 로저스 Peter Rogers에게 묻는다. 그는 내 질문에 조금 당황한다. 결국 답은 명백하다. 그게 인간의 본성이다. 우리의 행동이 그렇다. 그는 말한다. "부분적으로는 단기적 관점과 장기적 관점의 문제입니다. 초콜릿 케이크를 먹는 데 따르는 단기적 유익과 보상이 장기적 관점에서 봤을 때 우려되는 것보다 더 크게 보이는 경우가 있습니다. 흡연자들이 종종 이 딜레마에 빠집니다. 단기적인 금연의 고통을 택할 것인지, 아니면 지속적인 흡연에 따르는 장기적 위험을 감수할 것인지 말이죠."

나는 똑같은 질문을 윌럼 카이컨Willem Kuyken에게 던진다. 나의 모교 엑스터 대학의 기분조절장애센터 공동설립자인 그는 이 질문에 답하기에 적격인 듯하다. 우리는 잉글랜드 남서부 지역과 도시가 그간 어떻게 변했는지에 대해, 그러니까 내가 그곳에 살 때는 방 한 칸 빌리는 데 한주에 20파운드였던 것, '기분전환'하러 몰래 바닷가로 빠져나간 일, 서클 K에서 새벽 아르바이트 한 번 뛰면 12파운드를 벌 수 있었는데 그후로 어떻게 변했는지 등에 관해 잠깐 잡담을 나눈다. 그는 내 말에 약간 놀란 듯싶다. 캠퍼스에 어떤 변화가 있었고 내가 머물던 기숙사가 사라진 경위를 이야기하더니 갑자기 사람들이 왜 그리 어리석으며 자신에게 가장 중요한 것을 무시하고 뒤집고 그것도 아니면 간과해버리는지 그 이유를 묻고 있으니 말이다. "현실을 구성하고 충동을 조절한다는 면에서 지성은 강력합니다. 당신이 두려움을 느낄 때 지성은 이 잠자는 본능을 이불 속에 넣어버립니다. 아침에 일어나 산책을 나가면 기분이 좋아진다는 것을 당신은 알고 있지만 그러한 생각을 결심으로까지 이어가기에는 힘이 부족하죠."

우울증에 걸리면 자기훈련은 더욱 힘들다. 자신에게 유익이 될 일들—적절한 운동, 약간의 사회생활, 가벼운 집안일, 울타리에 페인트 칠을 한다든가 감자 심을 고랑을 파는 일처럼 작은 계획—대부분이 불쾌해 보인다. 자신에게 유익이 되지 않을 일들—채팅, 생각, 구글, 초콜릿바—은 거의 저항 불가다. 지성은 해결책을 갖고 있으나 수많은 시행착오를 거친 후에야 때로 본성을 신뢰하지 않는 것이 낫다는 것을 배우게 된다.

그래서 나는 걷는다. 하고 싶지 않고, 산책을 별로 좋아하는 사람도 아니었지만, 이따금 하루에 두 번씩도 걷는다. 리치먼드 파크에는 몇 가지 다른 산책로가 있다. 정문을 지나 계속 직진하다가 햄 게이트에서 오른쪽으로 꺾어 이사벨 플랜테이션을 지나 오르막길을 따라 정상을 거쳐 돌아오는 길. 또는 정문을 지나 오른쪽으로 꺾어 오르막길을 따라 래더스틸 게이트를 지나 내리막길로 플랜테이션을 통과하는 길. 또는 햄 게이트에서 계속 직진해서 피터샵 게이트에 도착한 다음 디서트에서 멈춰서 지갑에 여유가 있으면 거기서 점심을 해결하고 여유가 없으면 버스를 타고 집으로 돌아오는 방법. 또는 숲을 가로질러 곧바로 가다가, 다른 시대의 사람들에 관한 사회학적 실험처럼 내가 보기에는 기이해 보이는 옛 사람들의 집을 지나서 펜 호수까지 정말로 긴 산책을 하고 쉰 게이트까지 두 마일을 더 가야 하는 코스. 이 길을 택하려면 튼튼한 신발이 있어야 한다. 나는 괜찮은 신발이 있다. 때로 나는 펜 호수나 펨브로크 로지까지 차를 몰고 가서 주차한다. 공원 가장자리에 있는 언덕마루에 서서 서편으로 눈을 돌려 런던 서부에 펼쳐진 붉은 벼돌 건물들 사이 어드메 있을 5번 터미널을 찾아본다. 망원경으로 헨리 8세 언덕을 엿보면서는 제임스 왕이 연습용 화살 가늠자 사이로 세인트 폴 성당을 조준하며 "와, 모기까지 보여요"라고 해서 자기 할아버지를 놀라게 했다던 고사가 떠올라 빙그레 미소를 짓는다.

리치먼드 파크에서 하마터면 죽을 뻔한 적이 있다. 롤러 블레이드가 갑자기 인기를 끌 즈음이었는데 짧은 출장에서 영국으로 돌아온 직후 내게도 롤러 블레이드가 생겼다. 어느 휴일, 나는 정말 뭘 해야 할지 몰라 롤러 블레이드를 타고 리치먼드 공원을 한바퀴 돌기 위해 나섰다. 공원은 산책에는 좋지만 롤러 블레이드를 타기에는 다소 험했다. 길은 돌밭 같아서, 요동치는 길 위로 조금만 타고 지나도 턱이 얼얼할 정도였다. 그래서 생각했다. '도로에서 타는 게 낫겠어.' 리치먼드 파크에 대해 거의 아는 바가 없던 나였지만 오르막길을 올라가 파도타듯 신나게 내려오며 나름대로 롤러 블레이드를 즐겼다. 잠시 후 오르막길을 꽤 많이 올랐는지 무척 피곤했다. 다행히도, 잘 빠진 내리막길이 나타났다. 그러다가 완만한 길이 갑자기 사라지고 25도 정도의 내리막길이 500야드 정도 이어지고 급기야는 급커브길이 나왔다. 나는 가장자리에서 몸을 던져 어디 한 군데 부러지든지, 그게 아니면 계속 달려가 20마일로 달리는 자동차들이나 어쩌면 사슴을 들이받고 끔찍한 상처를 입든지 해야 했다. 나는 영광을 향해 달렸다. 내게 있는 것과 있을지도 모르는 것까지 모두 걸고서. 나는 스키점프 금메달리스트 선수처럼 탄성을 지르며 바닥에 착지하고 나서야 내가 얼마나 터무니없이 위험한 일을 했는지 깨달았다. 나 자신을 위한 기록: 건강해지면 할 일 추가. 그 낡은 롤러 블레이드를 꺼내 공원으로 돌아가 한바퀴 돌 것. 그때는 산책로를 벗어나지 않으리.

나는 먹는다. 갑자기 식욕과 허기가 찾아왔다. 월킨스 박사는 미르타자핀(우울증에 동반되는 식욕부진 치료제) 때문일 수 있다고 한다. 이유는 중요하지 않다. 내 외형이 변하고 있다. 갑자기 몸무게가 부쩍 늘었다. 하루에 세 끼를 먹는다. 아침에는 항상 오트밀 죽을 세 마리 곰이 먹는 양보다 더 많이 먹는다. 저녁은 가정식이다. 그리고 지금은 점심시간인데 배가 고프다. 냉장고에서 무엇이든 찾아 먹는다. 캔에 든 수프, 생선 튀김, 베이컨, 파스타.

점심식사 후 배가 부르자 거실의 레몬나무 아래 앉아 온기 없는 태양빛을 쬔다. 한두 시간 동안 안정을 취한다. 식단이 중요한지 궁금하다. 어떤 환자들은 EPA 중어유(重魚油), 무카페인 우롱차, 단백질, 슈퍼 푸드를 신주단지 모시듯 한다. 이 분야의 전문가인 피터 로저스의 생각은 다르다. "제 생각을 말하자면, 식단 자체가 큰 영향을 끼치는 것 같지는 않습니다." 음식과 기분의 상관관계에 대해 다년간 연구해왔지만 아직 세상을 놀라게 할 만한 연관성을 발견하지 못한 그가 다소 애석하다는 투로 내게 들려준 말이다. 이상하지만 직관과는 달리, 정신건강에 관한 한 사람들은 실제로 다양한 식단을 취하고 있다고 그는 말한다. "몸은 외부에서 주입된 생리학적 사건들로 인한 변화에, 음식섭취가 그런 것일 텐데, 저항하도록 되어 있습니다. 몸에는 우리가 먹는 음식에서 충분한 양의 영양소만 확보하는 탁월한 생리과정이 있습니다. 식단이 뇌에 결정적인 영향을 줄여지는 상당히 적다고 할 수 있습니다." 내가 아는 것이 있다면, 점심으로 파스타 한 접시를 먹고 나면 오후 시간을 편안히 보낼 수 있다는 것이다. 오후가 오전보다 거의 항상 낫다고 할 수 있을 정도이니, 점심식사가 마치 분수령 같다. 이것은 자기충족적 예언이 되기 시작한다.

나는 사람들을 만난다. 대개 그들이 찾아오겠다 해서 만나지 내가 약속을 잡지는 않는다. 지난주에는 브롬리에서 갑자기 여동생이 찾아와 함께 우중충한 1월의 해빙기를 뚫고 피터샴 게이트까지 산책을 나갔다. 그리고 요 몇 개월간 처음으로 밖에서 점심을 먹었다. 우리는 버스를 타고 돌아왔는데, 동생이 도착한 이래로 세 시간째 대화를 나누고 있었다. 그래서 나는 녹초가 되었다. 그 전에 팀밥^Tim-Bob이 찾아와서 함께 속보로 걸었다. 한 시간 동안 4마일 정도. 그래서 녹초가 되기도 했던 것이다. 오늘 나는 알렉스를 만나러 펨브로크 로지까지 걸어가는 중이다. 그는 3년째 우울증을 앓고 있는 친구다. 두렵다. 나는 이런 상태로 3년을 버틸 자신이 없다. 알렉스도 나도 둘 다 마흔이고, 맞벌이를 하며, 애들은 발랄하고, 일은 바쁘다. 하지만 그는 이런 말로 내 마음을 가볍게 해준다.

"각자의 짐이 있는 걸세. 나는 내 몫의 짐이 있고, 자네는 자네 몫의 짐이 있는 거야. 내 짐을 자네가 질 수는 없지. 그 점이 부럽네."

알렉스도 모든 것을 가진 아빠였다. 헤드헌터라는 좋은 직장, 점점 번창하는 사업체를 가진 사랑스런 아내, 우리집 애들과 공 차며 놀기 좋아하는 멋진 두 아들. 그때 누이가 중병으로 쓰러졌고 그는 망가지기 시작했다.

그의 신경쇠약은 꾀병을 멈추고 업무로 복귀하라는 고용주의 채근으로 인해 한없이 악화되었다. 결국 의사들은 외상성 스트레스증후군이라는 진단을 내렸다. 그의 누이는 죽었다. 지루하게 이어진 법정 소송에서 그는 고용주 때문에 건강 문제가 악화되었다고 주장했다.

"나는 아무 이상이 없는 것처럼 보이는 건강한 때에 여러 국면을 길게 겪었다네. 그 후에 쓰러진 거지." 오랜 법정 싸움으로 문제가 복잡해졌다. "소송이 다가올 때마다 건강은 다시 악화되었다네."

우리 두 사람이 서로에게서 정말로 알아내고 싶은 것은, 발병이 임박했다는 어떤 전조나 징후 같은 게 있었는가 하는 것이다. 우리는 이 모든 일이 난데없이 벌어졌고, 우리가 네 사람 중 한 명 꼴의 불운한 확률에 걸렸을 뿐이지 건강하고 정상적인 사람이라고 모두에게 말한다. 하지만 숨길 수 없는 조짐 같은 게 있지 않았을까? 알렉스는 그렇지 않다고 본다. 나는 잘 모르겠다.

나는 컴퓨터 앞에서 시간을 때우다가 혹시 이 병이 얼마나 계속될지 알려줄 만한 자료가 있는지 채팅방을 샅샅이 살펴본다. 정해진 기한이 없음을 발견하고 기분이 끔찍해진다. 여섯 달, 아홉 달, 혹은 1년이 걸린다고 하면, 나는 기꺼이 포기하고 얌전히 앉아서 이 모든 것이 끝나기를 기다릴 것이다. 그 정도는 인내할 수 있다. 하지만 하염없이 기다리기는 자신 없다. 이메일함을 확인한다. 수신 메일함에 새로온 메일이 없다니 정말 부끄럽다. 한겨울의 음식물 쓰레기통처럼 냉랭하다. 광고성 메일과 소식지만 찔끔 와 있을 뿐. 이따금 개인적인 메시지를 받으면 너무 좋아서 읽고 또 읽다가 결국에는 이명이 울리고 눈앞이 어질해져서 잠시 누워 쉬곤 한다.

일이 그렇다. 21세기에 들어 인간의 노동세계에 대한 정의가 바뀌고 있지만, 사무실과 조직, 회사와 보도국은 항상 존재할 것이며 거기에는 이유가 있다. 우리는 함께 있을 때 온전하기 때문이다. 우리는 동료들과의 인간적인 관계에서 힘을 얻는다. 타인의 얼굴을 바라보고 주시하고 해석하는 일은 자극제와 항우울제 기능을 할 수 있다. 고립은 견디기 힘들다. 닻을 잃은 배는 표류하다가 과장된 표현, 과잉반응, 나태, 극단주의 같은 위험한 격류에 휘말리기 쉽다. 분별있는 동료와 몇 마디 나누는 것만으로도 우리의 유별나고 언짢은 생각은 곧 잠잠해지기 마련이다.

가끔 우울증에 깊이 빠질 때면 나는 몇 시간씩 아무 말도 하지 않는다. 그렇게 한참을 쉬다가 다시 말을 하면, 내 목소리에 내가 놀라곤 한다. 아픈 사람에게 11월은 최악의 달이다. 주위에 아무도 없다. 직장 동료들은 좋은 사람들이다. 내게 DVD와 책을 보내줄 뿐 아니라 격려의 메시지까지 보내준다. 또한 새로운 소식과 소문을 들려준다. 예컨대, 10퍼센트 감원이 있을 것이라느니, 여차저차해서 『타임스』로 이직하게 되었다느니, 『미국판 가디언』지가 곧 폐간될 것이라느니 등. 내 업무는 안전하다. 무엇보다, 게으름뱅이로 낙인 찍힐까 걱정하지 않아도 된다. 나는 희망 없이 단절된 듯하다. 헛소리, 하는 대답이 들려온다. 뉴스는 대중음악과 같은 거야. 순서만 조금씩 다를 뿐 내용은 다 똑같다고. 일단 복귀하면 금세 따라잡을 수 있을 거야.

점심시간에 직장 상사를 만나러 간다. 우울증이 시작된 뒤로 혼자서 런던에 들어가기는 처음이다. 정신병동을 탈출한 환자처럼 기차에서부터 안절부절못한다. 신문을 사지만 읽지 못한다. 킹스크로스 역에 가까워지자 경련이 온다. 참지 못할 정도로 턱이 덜덜 떨리기 시작한다. 우리는 에티오피아풍 식당에서 만난다. 그녀가 직장에 있었던 새로운 소식을 말해주는 동안 나는 말처럼 먹는다. 나는 관심있는 척하지만, 지난 몇 달 동안의 내 집착을 고려할 때 모두 무시할 만한 것이다. 그녀가 말하는 동안 나는 주의해 듣지만 별다른 비판의 말은 없다. 내게 있었던 일을 설명해보려고 하지만 제대로 전달하지 못한다. 단조로운 이야기만 겨우 전할 뿐. "몇 번은 무척 힘들었습니다." 마치 다 끝난 일인 양 말해버린다. "몇 주 후에 복귀할 수 있을 것 같습니다." 그렇게 나는 지키지 못할 약속을 해버린다.

말하지 못한 질문은 '누구 잘못인가?'이다. 우리는 언제나 자신의 불운과 패배에 대한 희생양을 찾는, 비난받아 마땅한 종(種)이다. 최고책임자와 정부 관료들은 임기중에 문제가 생기면 책임을 져야 한다. 전적으로 예측 불가능한 무작위 사건이기에 어느 누가 예방하거나 예측할 수 없는 어쩔 수 없는 경우라 해도 책임을 져야 한다는 사실은 바뀌지 않는다. 축구 감독은 다른 누군가의(그가 맡은 팀의) 성적이 좋지 않으면 목이 날아간다. 우리는 아무도 통제할 가능성이 전혀 없는 일에 대해서조차 누군가 책임지기를 기대한다. 우리는 인생에서 잘못된 일들에 대해 비난할 만한 다른 이들―학교 선생님, 헤어진 애인, 야비한 직장 상사, 난폭 운전자―을 찾아내려고 하며, 비난할 사람이 없을 때는 (그런 경우가 종종 있는데) 자신을 비난한다.

　이것이 바로 내게 일어난 일이 원칙적으로 내 책임이라는 입장에서 내가 시작하는 이유다. 나 자신의 태도, 관점, 본능, 반사신경 속에 있는 무언가가 나를 단단히 둘러싸 어느 순간 나를 무너뜨리고 만 것이다. 제대로 회복되려면 나를 이렇게 만든 내 가치와 태도, 본능의 문제가 무엇인지 찾아내야 한다. 본질적으로 내가 이 모양인 이유를 알아내야 한다. 당분간은 사람들을 실망시키고 싶지 않다는 생각만 할 뿐이다. 필요한 사람이고 싶다. 내 고용주, 내 아이들, 내 아내 모두 언제든지 나를 필요로 했었다. 나는 그들의 필요에 부응하기 위해 내가 얼마나 애쓰고 있는지 알게 하고자 노력했다. 결국 내가 필요하지 않다고 결정내리는 일이 벌어지지 않도록 말이다.

　내가 이렇게 된 이유를 모르지만 나는 그 이유를 찾아야 할 것이다.

9

잠

새벽 3시 20분이다. 시계를 보지 않았지만 안다. 시계를 봐서는
안 된다. 시간 확인은 도움이 안 되기 때문이다. 시계를 보면 항
상 3시 38분 또는 4시 29분이지 22시 17분인 경우는 절대 없다.
새벽 3시 20분쯤인 걸 아는 이유는, 그 시간대를 추가해두었기
때문이다. 10시 30분에 침대에 누워, 잠시 책을 읽다가, 불을 끄
고, 몇 십 번 뒤척이다가(이때가 자정이다), 샤론을 깨우지 않
으려고 손님방으로 가서, 반 시간쯤 앉아 있다가(대략 12시 45
분), 다시 잠을 청하고, 계속 뒤척이다가(1시 45분), 잠든 아이
들을 보러 갔다가, 베개를 뒤집어 시원한 부분을 베고(2시 15
분), 잡생각을 않으려 하다가, 거의 잠들 뻔하다가 두 번이나 경

련하듯 잠을 깨고, 파자마를 입고(2시 45분?), 거실로 나가 억지로 잠을 청하고…

따라서 3시는 충분히 지났으리라. 평소 잠드는 자세를 생각해본다. 왼쪽으로 누운 자세인 것 같아 왼쪽으로 모로 누워보지만 심장 뛰는 소리가 공포영화의 배경음처럼 크게 들린다. 침착하려고 한다, 이성적으로 생각하려고. 나는 안다. 조만간, 아마 며칠 후, 어쩌면 한두 주 불쾌한 시간이 지나고 나면 그동안 무슨 소란을 그토록 떨었나 싶을 정도로 다른 세상에 있을 것이다. 그때는 어깨를 으쓱하며 침대로 다가가 곧바로 곯아떨어질 것이다. 침대로 간다, 잠이 든다. 간단하지 않은가?

이전에 나는 잠자는 데 아무 문제가 없었다. 그러다 한 번 이상한 주가 있었다. 1982년이었던 것으로 기억하는데, 왜냐하면 포클랜드 전쟁이 계속되고 있었고 그로 인해 나는 상당히 괴로워하고 있었다. 나는 싸우고 싶지 않았다. 당시 내 머릿속에 맴도는 노래가 하나 있었는데, 이전에 들어본 그 어떤 노래와 다른 곡조의 노래였다. 「유령들」^{Ghosts}이라는 그 곡은 특이한 얼굴의 매력에 끌렸다가 약간의 애정마저 느끼는 경우처럼 무척 기괴하지만 매력적인 노래였다. 내 생각에 그 노래는 악보대로 연주되는 음뿐 아니라 악보대로 연주되지 않는 음까지 들리던 첫 노래였다. 아무튼 '유령들'은 내 머릿속에서 무한 반복되면서 세상이 반드시 아름답고 멋진 곳이 아닐 수도 있다는 생각이 들게 했다. 포클랜드 전쟁은 계속해서 포성을 울리고 있었고, 열두살이었던 나는 처음으로 세상에 대해 일말의 불확실함을 느끼기 시작했다. 나는 밤마다 침대에 누워 잠을 이룰 수 없었다. 새벽 한두시까지. 나는 소리쳐 부모님을 불렀고, 그러면 아버지가 다가와 괜찮다고 말해주었다. 아버지는 많은 사람들이 밤을 새워 일을 한다고 했다. 해군 복무를 했던 아버지는 갑판에서 야간 경계를 서는 당직 장교의 예를 들었다. 나는 남대서양에서 침몰하는 배를 생각했고 그래서 더욱 잠을 이룰 수 없었다.

하지만 그때를 빼면 잠은 내 인생에서 중립적이었다. 헤아려보니, 글렌딘을 떠난 뒤로 나는 서로 다른 스무 군데의 집에서 살았다. 덕분에 수많은 종류의 침대에서 자보았다. 삐걱거리는 마룻바닥의 학생 기숙사 침대, 소비에트의 얇은 담요와 소파 겸용 침대, 끈으로 묶어 만든 공구상자처럼 인색한 집주인이 내놓은 조악한 침대까지. 그 모든 침대에서 나는 죽은 듯이 푹 잤다. 하지만 이제 더이상은 아니다. 그것은 나의 긴 추락 과정에서 맨 처음 겪어야 했던 일 중 하나였다. 그리고 이제 이것과 싸워 이길 수 있을지도 모르겠다는 생각이 처음으로 들기 시작하는 지금, 잠은 마지막 저항의 보루이자 굴복하기를 거부하는 고집센 저항군이다.

불면증 환자들에게 밤은 매시간 다른 질감으로 다가온다. 10시부터 11시 반까지는 붙들고 영원히 간직하고 싶은 황금 시간대다. 다음은 3시 20분경으로, 이 시간은 향수의 시간이다. 이

때까지는 갑자기 적막 속으로 사라질 가능성이 아직 남아 있다. 그 뒤로는 새 지저귀는 소리와 우유 배달원 소리, 그리고 창 너머로 밝아오는 새벽이 있다. 아직 희망이 있으므로 가능성도 있다.

두번째 단계는 거리가 조용해지고 집이 차가워질 때까지 이어지는 불안한 단계다. 이때 간신히 살짝이라도 잠이 든다면 전부를 잃은 것은 아니다. 다음날 큰 문제는 없을 테니, 다소 낙관적으로 아침을 맞이할 수 있으리라. 그리고 불면증을 오래 앓을수록 이것이 당신에게 주어진 진짜 기회임을 더욱 인식하게 될 것이다. 아무리 황폐해졌다 해도 몸과 정신은 여전히 잠을 필요로 하며 당신이 허락하기만 한다면 잠이 들 것이다. 이런 잠에 한결 익숙해진 나는 절반 정도는 이 두번째 단계에서 잠이 든다고 말할 수 있다. 하지만 어려움이 있다. 외로움과 불안감이 끼어든다. 이제 나는 텔로니어스 몽크Thelonious Monk(미국의 재즈 피아노 작곡가)가 쓴 "자정 무렵, 그것은 말하기 시작한다네"라는 가사의 의미를 알 것 같다.

2시가 지나면 상황은 처참해진다. 밤마다 이 시간을 넘기고 나면, 다음과 같은 대답 없는 질문이 터져나온다. '왜 내게 이런 일이? 내가 무슨 잘못을 저질렀기에? 도대체 나한테 무슨 일이 벌어지는 거지?' 질문과 상념은 실제 벌어지는 일과 괴리를 이룬다. 다만 약간의 잠이 필요한 것뿐인데, 그거면 충분한데. 아직 한밤중이건만, 세상의 마지막 날처럼 느껴지곤 한다. 이제 유럽 대륙의 대부분이 잠든 시각이다. 나와 같은 처지에 있는 사람에게 침대는 고문대일 뿐이다. 원칙적으로는 자리에서 일어나 독서를 해야 한다. 현실적으로는 한 문장을 끝내기도 전에 걱정이 비집고 들어와 생각을 장악하기 때문에 집중을 할 수가 없다.

무엇보다 그 낭만적인 시간이 혐오스러운 시간이 된 것이 가장 슬프다. 예전에 새벽 2시, 3시, 4시의 의미는 아주 달랐다. 두터운 베이스음, 끈끈한 우정, 플라스틱 맥주잔, 후줄근한 파티 복장, 잠을 잊은 채 파리, 상트페테르부르크, 포츠머스의 거리를 맨발로 신나게 활보하던 일. 또는 카드 한 벌과 보드카 한 병만 가지고 인생의 친구 세 명과 함께 '철의 장막' 안쪽을 쏘다니던 아늑한 기차 여행. 구 소련의 네바 강에서 황홀한 새벽을 맞이하던 때, 부다페스트와 자그레브의 동화 속 같은 거리를 달리던 한밤중은 짧았고 붙들어두고 싶은 것이었다. 그 시절에는 잠 안 자는 게 명예훈장이었고, 따분한 햇살 비치는 월요일 아침에 아련한 그리움으로 추억하며 기대하게 되는 일종의 행사였다. 체리 고스트^Cherry Ghost가 부른 「새벽 4시」^4 AM라는 귀엽고 사랑스러운 노래가 있다. "오 새벽 4시에 당신은 나의 것이 되었네." 이 노래에 영감을 준 '당신'이 누구인지 알지 못하지만, 내 식으로 표현하면 '당신'은 시간 자체로서 새벽 4시는 한때 내 꿈이었다. 잠을 깨어 맞이한다면 최고의 시간이었겠지만 이제 더이상은 그렇지 않다.

재미있게도, 지금 이 순간 나의 부모님과 장인·장모님 모두 잠을 설치고 있다. 어머니는 자리에서 일어나 컴퓨터로 브리지 게임을 한다. 장인어른은 장모님을 깨우지 않으려고 자리에 가만히 누워 있다. 장인어른이 자리에서 일어난다면 장모님은 성을 내며 "더 자요" 하고 말할 것이다. 장모님은 모두에게 "더 자라"고 말한다. 아이들에게는 통하는 말이지만 나에게는 하나마나 한 말이다.

한 가지 덧붙이자면, 이 불면증은 마감일과 업무일정에 쫓겨 일하는 회사 중역의 잠 못 드는 밤이나 내일의 돈을 오늘로 가져오기 위해 고군분투하는 자영업자의 정신없는 불안감과는 다른 것이다. 이 고통의 핵심은 전적으로 수동적인 기분에 있다. 불면의 고통은 아직 정의되지 않은 불규칙 재귀동사처럼 일어난다. 러시아 사람들은 "나는 잠을 잘 수 없다"고 말하지 않는다. 그 대신 "잠이 내게 오지 않는다"고 말한다. 나는 이 표현이 맘에 든다. 꽤 오랜 시간 동안 잠이 내게 오지 않았다. 아무튼 제대로 된 잠은 없었다. 2시부터 4시까지 나는 마치 잠이 나와 한 방에 있는 실제 존재인 양 그것과 맞붙어 싸울 것이다. 진이 빠지는 일이다. 4시 이후로 상황은 정말로 끔찍해질 수 있지만, 그 즈음이면 완전히 희망을 잃어 어느 순간 설핏 잠이 들면서 텅 빈 도시와 가망없는 대의에 관한 꿈을 꾸게 된다. 하지만 그것도 잠시뿐이다. 이제 속히 아침이 되어 생활을 시작하기를, 밤에 작별을 고하고 다음번에는 좀더 운이 좋기를 간절히 바란다. 이런 밤이 며칠 이어지고 나면 어리둥절해진다. 뼈마디가 얼마나 쑤시고 아픈지 몸속 뼈의 모양을 느낄 수 있을 정도다. 그런 다음 칼을 삼킨 것처럼 소스라치는 깨달음의 순간이 찾아온다. '이게 바로 나야, 내 상태가 심각하구나, 이건 사악한 엑셀의 셀 작업처럼 절대 해결할 수 없는 악순환일 뿐이다'라는.

불면이 우울증의 명백한 특징인 이유가 두 가지 있다. 첫째, 수면 전문가인 케빈 모건^{Kevin Morgan}이 내게 말해준바 '하드웨어'적인 면, 즉 정서 안정성과 수면 양쪽을 뒷받침하는 일반 신경 생리학적 메커니즘이 있다. 특별한 문제가 없는 한 수면 열차는 우울증의 생리학으로 엉망이 된 정신의 노선을 그대로 따라 돌아와야 한다. 덧붙여 모건은 '소프트웨어'적인 면도 있다고 지적한다. 우울증에 의해 작동되는 반추적 사고(침잠/곱씹어 생각하기)는 수면의 시작을 방해하는 사고작용과 정확히 일치한다.

"사람들은 밤에 깨면 무엇을 할까요? 생각을 합니다. 왜요? 그게 바로 뇌의 역할이기 때문입니다." 점점 더 열의를 띠며 그가 말을 잇는다. "새벽 4시에 깨어 자신의 감정과 인생의 처지를 해석하려 애쓰는 당신은 아마 조금 피곤하고 기운도 다 떨어졌을 겁니다. 이상적으로 생각하면 자리에서 일어나 뭔가를 해야 합니다. 하지만 사람들은 그러지 않습니다. 그냥 침대에 누워서 다시 잠이 들겠거니 생각하거나 그러기를 바라지만 실은 생각을 하기 시작합니다. 정상적인 사람의 경우 내일 있을 일을 생각하거나 성탄절 요리로 뭘 만들까 하는 생각을 합니다. 잠시 후 그들은 걱정-생각에 빠져들고 잠은 요원한 일이 됩니다."

"그런데 우울증에 걸린 사람은 깨자마자 곧바로 걱정-생각 단계로 접어듭니다."

불면증이 생기고 처음 몇 주는 아주 불안했다. 몸이 너무 아파서 잠을 잘 수가 없었다. 손이 부들부들 떨리고, 두려움이 차오고, 불안한 정령이 다리 사이에 있는 듯했다. 새로운 친구 조피클론(불면증 치료제)이 제 역할을 톡톡히 했다. 하지만 증상이 바닥을 칠 때, 정신을 중립 상태에 두는 것은 고사하고 몸을 주체할 수조차 없을 때면, 약을 먹어도 지는 싸움만 할 뿐이다. 최악의 단계에서 나는 약에 취해 침대로 가서 정신없이 몇 시간을 있다가 움찔하며 갑자기 잠에서 깨어나곤 했다. 그러면 정상적인 사람이 몸을 뒤척이며 다시 수면주기로 접어드는 것처럼 본능적으로 머리를 베개에 묻고 다시 잠들기를 바라지만, 헛된 바람일 뿐이다. 그럴 가능성은 없다. 그러면 나는 여섯 시간, 다섯 시간, 아니 네 시간만이라도 잤기를 바라며 새벽이 되었나 살펴보곤 한다. 반면 잠을 자고자 애쓸 때면 언제나 실제보다 이른 시각이기를 바라고, 한밤중에 갑자기 잠을 깰 때면 언제나 실제보다 늦은 시각이기를 바란다. 1년 중 가장 어두운 밤에 나는 고개를 들어 디지털 시계를 보았다. 00:08. 길고도 불안한 밤이 시작될 터였다.

겉으로 볼 때 불면증에 적극적으로 대처할 수 있는 방법은 없는 것 같다. 잠자기는 글쓰기나 사랑처럼 의식적으로 노력할수록 더 힘들고 그르치게 되는 일 중 하나다. 대체로 우리는 노력을 기울일수록 위기에서 빠져나갈 확률도 높아진다고 생각하는 경향이 있다. 이는 잠과는 전혀 무관한 이야기다. 잠을 자려는 노력은 소용이 없다. 잠은 일종의 반사작용으로 아무런 노력 없이 일어나는 일이다. 잠이 오지 않아 노력하기 시작한다면, 문제가 시작된 것이다.

"수면장애가 없는 사람들에게 잠들기 전에 무엇을 하는지 물어본다면 '아무것도 안 한다'고 대답할 것입니다." 모건 교수의 말이다. "잠은 자동으로 작동하는 것이지 노력한다고 되는 게 아닙니다. 이 자동성을 무시하려는 어떠한 시도도 그 작동을 훼손할 뿐입니다. 잘 자려면, 자겠다는 생각을 해서는 안 됩니다."

"반면, 수면장애를 가진 사람들에게 그 문제를 해결하기 위해 무엇을 하고 있는지 묻는다면, 그들은 '할 수 있는 것은 다 해봤다'고 답할 것입니다. 하지만 그게 바로 문제입니다. 문제가 없는 사람들은 아무것도 하지 않습니다."

나 역시 할 수 있는 것은 다 해보았다.

몇 가지는 도움이 되었다.

1. 예비 침대. 누구에게나 가능한 일은 아닐 수 있지만, 집 전체가 우울증에 사로잡히지 않도록 방지하기 위해 우리가 취한 유일한 최고의 실용적 조치는 손님방 혹은 아이들 놀이방에 침

대 겸용 소파를 두고 사용한 것이다. 이는 전에도 사용했던 방법인데, 아이들이 아주 어렸을 적에 둘 중 적어도 한 명은 잠을 자기 위해 그렇게 한 적이 있다. 샤론과 나는 둘 다 손님방과 혼자 눕기에 불편하지 않을 만큼 큼직한 침대에 다정한 유대감을 느꼈다. 그 방은 신성한 방, 불가침의 보루, 혼자 평온하게 있을 수 있는 장소였다. 우리는 그 방을 다시 살렸다. 가끔씩 내가 침대에서 이리저리 뒤척이다가 잠을 못 이뤄 집안을 왔다갔다 할 때 샤론이 거기서 잠을 청했다. 나는 주로 그곳을 안전망으로 사용했다. 내 침대에서 잠이 오지 않을 때면 그 방에서 잠을 청했다. 거기서는 왜 잠이 오는지 이유를 알 수 없으나, 많은 경우 공간에 변화를 주는 것만으로도 충분했다. 물론 거기서도 잠이 오지 않는 날은 많았지만 예비 침대가 있어 밤 시간이 아주 끔찍하지는 않았다.

2. 수면제. 우리는 왜 약을 그토록 싫어하는 걸까? 이 간단하고 효과적인 약을 현대 생활의 모든 악을 내장한 작은 캡슐로 바꾸어버린 것은 도대체 무엇일까? 남용해서는 안 되겠지만 현명하게 사용할 경우, 수면제는 힘든 고투와 전적인 투항의 차이를 만들어낼 수 있다. 약 상자에는 약을 남용하거나 지나치게 의존하지 말라는 긴 경고문이 딸려 있다. 내 경험을 말하자면, 정말로 필요할 때 2~3주 동안 복용하면 약은 효과가 있고 정말로 힘든 시기를 이겨내도록 시간과 공간을 벌어준다. 수면제 중독 따위는 사실 끼어들 여지가 없다. 다시 건강해지

면 은행을 털었으면 털었지 수면제를 복용할 마음은 들지 않는다. 나는 내가 언제 취약한지 안다. 최악의 시기를 넘겼다고 느낄 때까지 3일에서 5일 정도 수면제를 복용하는 게 나한테는 엄청난 도움이 되었다. 여기에는 심리학적 게임이 있는데, 약이 필요하지 않을 때면 복용하고 싶은 마음도 들지 않는다. 잠이 오지 않는 힘든 밤이라면, 굴복하기 전에 잠깐만 기다리라. 그런 다음 체념해도 좋다. 당신은 앞으로 며칠 동안… 그러니까 다시 좋아질 때까지 수면제를 복용할 것이며 며칠 후 세상은 다르게 느껴질 것이다. 그래도 잠이 오지 않아 괴로운 경우라면 며칠 더 약을 복용해야 한다. 반대로 자신이 전보다 강해졌다는 느낌이 오는 경우라면, 자기 자신에게 이렇게 말하라. "그래, 오늘밤에는 수면제 없이 자보는 거야. 아주 잘 자지는 못하겠지만 1보 전진한 것을 자축할 수는 있겠지." 그 작은 자극, 약물의 도움 없이 해내고 있다는 느낌은 불운을 떨쳐내는 힘이 될 수 있다.

3. 약은 증상을 다룰 뿐 원인을 치료해주지 않는다. 마음을 안정시키기 위해 약 말고 다른 방법들이 필요한 이유다. 명상은 두 가지 면에서 도움이 된다. 우선, 저녁 시간—TV 시청 후 자리에 누워 독서하기 전까지—반시간의 명상은 심박수를 낮춰줄 수 있고, 마음을 평온하게 해주며, 기분을 차분하게 가라앉혀준다. 내가 들은 바에 따르면, 몇 개월간 명상을 실천하면 실제로 신경계의 변화까지 따라온다고 한다. 따라서 명상은 히

피들이나 하는 터무니없는 요법이 아니다. 두번째 유익은, 가만히 누워서 어떻게 잘까 궁리하고 있을 때, 숨을 들이마셨다 내뱉었다 하는 호흡 훈련에 생각을 집중하는 것은 도움이 된다.

4. 운동. 엄밀히 말해, 전통적인 지혜는 이렇게 말한다. '격한 운동은 몸을 노곤하게 만들어주지만, 너무 늦은 시각의 운동은 금물이다.' 내가 지속적으로 발견한 사실이 있는데, 초저녁의 축구시합은 수면의 질과 시간에 지대한 영향을 준다는 것이다.

5. 용납. 가장 힘들지만 가장 유익하며, 지속적인 회복에 핵심적이다. 요점만 정리해서 이렇게 말할 수 있다. '우리에게 일어나는 나쁜 일들은 우리가 자신에게 행하는 나쁜 일에 비하면 별것 아니다.' 우리는 끝없이 판단함으로써("지금쯤이면 잠들어 있어야 하는데"), 끊임없이 우리와 남을 비교함으로써("아내와 애들은 자고 있는데, 왜 나는 못 자는 거지?"), 자신에게 가차없는 기준을 들이댐으로써("여덟 시간은 자야 내일 정상적으로 생활할 수 있을 텐데") 상황을 악화시킨다. 용납/인정은 그러한 발언들을 있는 그대로, 다시 말해 이미 꼬여버린 상황에 대한 불필요한 개입으로 본다는 뜻이다. 우리는 우리이며 아무리 조바심친다고, 특히 새벽 1시 반에 그런다고 해서 문제가 해결되는 것도 아니다. 오히려 이렇게 말할 수 있다면 어떨까? "당장은 잠을 푹 못 자지만, 그렇다고 죽는 건 아니잖아. 때가 되면 몸이 알아서 자겠지. 언제든 보충할 수 있어." 자리에 누웠으나 잠은 오지 않고 잠을 못 잔다는 게 생각만큼 내가 건강하지 못

하다는 신호라 생각하며 괴로워할 때마다 나는 잠을 자지 못할 것이다. 반면 매일 밤 내 모습을 있는 그대로 받아들이고 내가 할 수 있는 게 아무것도 없음을 인정할 때면 오히려 쉽게 잠이 든다. 생각을 멈추라. 실천하기 정말 어려운 일이지만, 만일 온갖 선전, 인상, 기억, 투사, 우려, 선동이 뒤섞인 독특한 생각의 중계방송을 꺼버리고 그 자리에 무(無)를 초대할 수 있다면, 실은 잠의 가까운 사촌을 받아들인 것이나 다름없는 셈이다.

네기 콜린 에스피Colin Espie한테서 배운 자지만 유익한 기술이 하나 더 있다. 심리학자이자 글래스고 대학 수면센터 이사인 그는 수면과 불면에 대해 영국의 어느 누구보다 많이 알고 있는 인물이며 불면증 환자가 안심하고 이야기 나눌 수 있는 사람이다. 에스피는 제1차 세계대전 때 근무중 졸다가 처형당한 병사들의 예를 즐겨 든다. 적군의 포탄이 퍼붓는 가운데 사선을 오가는 참호 근무에 겁먹고 곧 참호를 넘어 돌격해야 한다는 두려움에 떨면서도 수십 명의 젊은이들이 근무중 쏟아지는 잠을 이기지 못하고 잠이 들었다. "불면증 환자에게 궁극적 위안이 되는 사실이 있다면 잠은 불가항력이라는 점입니다." 에스피는 이렇게 말을 잇는다. "사방에 폭탄이 떨어지고 있지만 이 병사들은 깨어 있을 수 없었습니다. 잠은 저항 불가능합니다. 음식은 절제할 수 있고, 술은 끊을 수 있지만, 호흡과 수면은 선택 사항이 아닙니다."

따라서 잠 못 이루고 깨어 있는 아무리 비참한 밤이라도 몇 번은 일시적 수면 상태에 빠질 것이다. 사실 자신이 생각하는 것보다 더 긴 시간을 자는지도 모른다. 야행성 인간이란 말은 터무니없이 과장된 표현이다. 어떤 기자가 그들은 "한숨도 못 잤다"고 보도한다면, 믿지 마라. 그는 믿지 못할 해설자이다. 그리고 그게 당신 입에서 나온 말이라면, 절대 믿어선 안 된다. 일인칭 해설자는 가장 신빙성 없는 사람이니 말이다.

그의 말이 신빙성 없는 것은 소홀함 때문이다. 사실 우리에게 얼마만큼의 잠이 필요한지 아는 사람은 거의 없다. 우리는 몇 날, 때로 몇 주 동안 최소한의 잠만 자면서도 멀쩡한 자신을 보고 당황하지만 그 사실을 자랑하기도 한다. 또한 아홉 시간, 열 시간 자고 나서도 자기 전보다 더 피곤할 수 있다는 사실에 당혹하기도 한다. 과학자들의 보고에 따르면, 우리는 평균적으로 빅토리아 시대의 선조들보다 한 시간 이상 적게 잔다고 하지만, 그 의미를 정말로 아는 사람은 아무도 없다. 잠과 관련해서 평균은 아무 의미가 없다. 그것은 마치 신발가게에 들어가서 평균 사이즈 신발을 달라고 하는 것과 같다. 모두에게 적용되는 평균 같은 것은 없다.

"흥미로운 사실은, 사람들이 실제로 자신에게 얼마만큼의 잠이 필요한지 알지 못한다는 것입니다." 에스피의 말이다. "대부분의 사람들이 자신의 티셔츠 치수나 신발 사이즈를 알 겁니다. 그렇듯 사람들은 자기 신체와 관련된 치수에 대해서는 많이 알고 있습니다. 일상생활에서 우리는 집단의 평균대로 살지 않지만, 자고 깨는 시간은 타인과 공유하는 삶이기에 타협이 필요합니다."

그리고 여기 에스피의 묘책이 있다. 만일 우리가 얼마나 잘 자고 있고 얼마만큼의 잠이 필요한 건지 모르겠다면, 작은 실험을 해볼 수 있다. 에스피의 표현을 따르면 '수면 구간 죄기'부터 해볼 수 있다. 간단히 말해, 늦게 자고 일찍 일어나는 방식이다. 정말로 정말로 피곤이 몰려올 때까지 똑바로 앉아서 책을 읽거나 간단한 퍼즐을 풀거나 조용한 다큐멘터리를 보라. 이 방법은 직관과 반대되는 것처럼 보일지 모른다. 불면에 시달리는 사람들은 가급적 제때에 잠이 들도록 지체없이 침대에 눕는 경향이 있다. 에스피는 이게 잘못된 조치라고 말한다. 그렇게 해서는 스트레스만 커질 뿐이다. 베개에 주먹질을 하며 뒤척일 필요가 없는 시간에 침대에 눕는다면 조만간 당신의 침대와 잠을 다시 신뢰하게 될 것이다. 몇 시에 잠이 들건, 6시에 일어나라. 다음날 밤에도, 그 다음날 밤에도, 그래서 마침내 새벽 1시까지 깨어 있는 게 힘들게 느껴질 때까지 계속해서 이렇게 해보라. 그리고 볼지어다, 당신의 수면 본능을. 이처럼 불면증은 수면 부족이 아니다. 수면이 부족한 사람은 가만 두면 선 채로 존다. 그들은 본능은 있지만 기회가 없는 것이다. 그러나 불면증 환자들은 자신의 수면 능력을 믿지 않는다. 그들은 기회는 있지만 본능이 없다. 나는 어린아이를 둔 아버지로서 그리고 신경쇠약 이후 우울증 환자로서 두 가지를 다 겪어보았다. 그래서 어느 쪽이 더 쉬운지 안다. "자신의 수면 본능을 믿어야 합니다." 에스피의 말이다.

시도해본다. 첫날 밤, 기분이 아주 비참하다. 나는 아직 깨어 있고 시간은 1시가 넘었다. 이미 십자말풀이를 2/3가량 마쳤고 수학 관련 도서와 제비에 관한 책을 훑어봤다. 이제는 아이들 자는 모습을 바라보고 있다. 동그랗게 말린 입술 사이로 숨을 들이쉬는 모습을 보고 있자니 마음이 평온해진다. 천사들이 잠시 담배를 피우러 가면서 그곳에 데려다놓은 듯한 딸아이는 반듯이 누워 베개와 이불 사이로 요정 같은 얼굴을 드러낸 채 자고 있다. 가운데 아이는 도살된 어린 사슴처럼 팔다리를 뻗은 채 부주의한 자세로 자고 있다. 큰아들은 이불을 뒤집어쓰고 있어서 볼 수가 없다. 세 아이 모두 테디 베어와 인형들에 파묻혀 자고 있다. 내가 아무리 쿵쿵대며 다녀도 아이들은 깨지 않을 것이다. 아이들은 자면서 꿈을 꾸는 듯 몸을 움찔하기도 하고, 딸아이는 "긁지 마" "이건 괜찮아"라고 소리를 지르고는 이불 속으로 몸을 숨기며 순수한 잠의 세계로 다시 돌아갈 것이다. 나는 딸아이의 방바닥에 누워 뭔가 변화가 있기를 기다린다. 몇 분이 지나고 마음이 차분해진다. 조금 더 돌아다닌다. 마치 소련의 노숙자 여인처럼 천천히. 그리고 다시 자리에 누워 어둠을 응시하며, 밤의 본질을 바라보며, 기다린다…

잠에서 깬다. 아침이 아니지만 분명 더이상 밤도 아니다. 한참 전에 찾아온 고요함으로 알 수 있다. 어둠은 더 깊어졌다(어둠 속에 오래 있을수록 방은 더 어두워지는가? 아니면 그저 커튼을 쳤을 때와 똑같은 어둠일까?). 어딘가 먼 데서 사이렌 소리가 울린다. 하지만 나는 사이렌 소리를 듣고자 여기 있는 게 아니다. 몸을 돌려 조금 더 잠을 청한다.

6시에 일어난다. 네 시간의 수면. 네 시간의 수면 때문에 절망에 빠지던 때가 있다. 하지만 지금은 승리한 느낌이다. 다음 날 밤, 11시에 엄청난 피로를 느낀다. 아직 나의 수면 구간에 접어들지 않았다. 하지만 잠시 침대에 누워 기분이 어떤지 본다. 그리고 8시간을 잔다.

레몬나무 아래, 햇빛을 받아 색이 바래고 가장자리가 말라버린 잎새 하나가 떨어져 있다. 나는 잎새를 집어들어 자세히 살핀다. 한동안 느껴본 적 없던 큰 호기심이 인다. 다른 모든 잎새들은 아침 햇살을 받아 초록색을 반짝이며 자기 자리를 지키고 있다. 이 녀석은 왜 떨어졌을까? 모양이나 색조를 보건데, 약할 이유가 없다. 원래 매달려 있던 줄기는 더없이 적당해 보인다. 주맥에서 뻗어나온 얇은 생명의 잎맥들이 완벽하게 퍼져 있다. 훌륭한 잎새다. 하지만 떨어졌다. 그것 빼고는 모든 것이 전과 다름없다. 흙이 건조해 보인다. 내가 무심했던 게 틀림없다. 천천히 물을 주고, 나뭇잎에 스프레이로 물을 뿌리고, 화분 받침을 깨끗이 닦는다. 그런 다음 누워서 기다린다. 나는 이곳에 가만히 누워 있다. 겨울 햇살을 받으며 레몬나무 아래에.

회
복

Recovery

10

마음챙김

"호흡 명상을 통한 마음챙김Mindfulness을 시작하기 위해서는 먼저 들숨과 날숨에 흐르는 호흡에 주의를 집중하고 호흡을 흐트러뜨리지 말며 압박을 주거나 힘을 주지도 말며…"

나는 바닥에 앉아 헤드폰을 통해 들리는 명상 CD의 꿈결 같은 소리를 듣는다. CD 속 여성의 목소리는 친절하고 부드러운 억양이다. 마치 햄스터의 죽음에 대해 아이에게 조곤조곤 설명하는 어머니의 목소리 같다. 하지만 무슨 말인지는 정말 모르겠다. 종종 요가 선생님이 수업 마지막에 5분간의 명상을 하는데 그럴 때면 빨리 빠져나가 옷을 갈아입고 싶어 안달이 날 지경이다. 내가 볼 때 명상은 무의미할 뿐 아니라 마치 비틀즈에게 시타르(인도 지역에서 사용된 기타 비슷한 현악기)를 안겨주는 것만큼 이나 나와는 최악의 궁합이다.

그럼에도 내가 설득된 데는 적어도 세 가지 정도의 이유가 있다. 삶이 회복되기까지의 길고 어두운 기간에 뭔가를 해야만 했고, 실제로 내가 원래 해오던 일을 완전히 뒤집어엎거나 구 덩이에 드러눕는 황당한 일 빼고는 할 수 있는 일이 거의 없었 기 때문이다. 바닥에 앉아 멍때리는 것은 시간을 때우는 하나 의 방법이다. 한 몇 달 후에는 명상이 정말 즐거운 체험이 될 거 라고 누군가는 말한다. 하지만 다른 많은 것들과 마찬가지로, 명상 역시 연습을 요한다. 마음챙김과 명상은 숙고에 도움이 된다. 이미 나는 생각을 유보하고, 생각에 전적으로 매달리지 않으며, 생각을 있는 그대로 관조한다는 개념에 깊이 젖어들어 있다. 마음챙김이란 생각과 감정에 내적으로 주목하는 동시에 흥분에 빠지지 않도록 신중하고 냉정하게 사고와 감정을 다스 리는 것이다. 이윽고 나는 이 일을 실제적으로 독려할 도우미 들을 얻는다. 명상 모임을 운영하는 한 친구는 몇 가지 팁을 이 메일로 보내주었고 직장 동료 하나는 CD를 건넸다. 내 심리치 료사인 사샤 칸은 마음챙김에 기반한 인지치료를 열렬히 권했 는데 이 프로그램은 의료보험에서도 점점 신뢰를 얻어가는 중 이다.

"마음챙김은 특별한 방식으로, 의도적이고 단계적으로, 비판에서 벗어나 집중하다보면 얻게 되는 독특한 깨달음"이라고 그는 말한다.

내가 그 효능을 신뢰하기까지는 시간이 좀 걸렸다. 깨달음 awareness이란 서구인에게는 생소한 개념이다. 그건 분명히 서구의 철학보다는 훨씬 큰 개념이다. 그 마음 상태는 생각을 통해 늘 숨가쁘게 분노하는 우리 존재에서 벗어나 스스로를 바라보는 '제3의 눈' 같은 것이다. 우선 나는 눈을 감고 내 눈 속에서 떠다니는 어두운 부유물 가운데 내 의식을 찾아나선다. 그건 마치 육체적인 공간을 찾아나서는 것과 같다. 나는 그 장소를 바로 왼쪽 눈 위 어딘가에서 찾았다고 생각하지만 그걸 발견하고 찾아내는 데 너무 많은 시간을 허비한 나머지 내가 해야만 하는 일이 바라보거나 찾아내거나 시도하거나 생각하는 것이 아니라 그저 존재하는 것임을 잊어버리고 만다.

CD가 도움이 된다. CD는 호흡의 움직임에 집중하고 마음에 임무를 부여하라고 주문한다. 콧구멍 속이 시원해지고 가슴이 횡경막 아래까지 팽창되는 기분을 느낄 수 있다. 차라리 기분이 좋아진다고 해야 한다. 나는 한동안 숨이 들고나는 것을 목격하면서 그것이 우리를 살아 있게 하는 아슬아슬한 반사운동이라고 생각한다. 전 생애를 걸쳐 우리는 몇 번이나 호흡을 할까? 운동을 하거나 절도범과 마주치는 순간이 아니라면 1분에 열 번 정도 한다 치자. 그러면 1시간에 600번이고 하루에는 14,400번이다. 수차례 숨이 멎는 듯한 순간을 감안하더라도 1

년이면 5백만 번이고 80세 이상까지 살 수만 있다면 5억 번이 넘는다. 정말 무지 많은 횟수다. 우리가 평생 5억 번 이상 하는 일이 뭐가 있을까? 눈 깜빡임? 아마도 그 정도는 아닐 거 같다. 심장 박동? 그럴지도 모르겠다. 움직임, 느낌, 생각? 이제야 내가 하려던 것이 이게 아니었음을 깨닫는다. 그건 내 호흡을 바라보는 일, 바로 명상이다. 도대체 왜 이러는 걸까?

최면을 거는 듯한 CD 속 목소리는 날숨이 끝날 때마다 숫자를 세라고 한다. 내 분주한 작은 뇌에 뭔가 할 일을 주기 위해서란다. 그러다가 생각이 헷갈려 숫자를 놓쳐버리면 처음부터 다시 세라고 한다. 나는 셋을 넘기려고 애쓴다. 처음의 하나에서는 아무 문제도 없다. 둘을 세며 호흡을 빨아들이는 중간에 마음에서 미세한 움직임이 일더니 미늘이 있는 선을 타고 뭔가 꿈틀거렸고 이내 먼 곳으로 춤을 추며 사라져버렸다. 경찰차의 사이렌 소리가 들렸고 추격 장면이 연상되었으며 악당의 모습이 떠올랐다. 아니면 그것은 앰뷸런스나 소방차가 도심의 화재 현장 또는 거대한 싱크홀로 교통이 마비된 지역으로 서둘러 출동하는 장면 같았다. 말굽이 빠르게 따가닥거리는 소리가 들렸고 갑자기 말은 도대체 언제 원시시대의 늪지에서 지금의 말로 진화된 것인지가 궁금해졌다. 아이들의 비명소리가 들렸고 마치 우리 아이가 나를 찾고 있는 것만 같았다. 한번은 제임스가 기분이 어떠냐고 물었다. "조금 나아진 거 같아"라고 나는 대답했다. "다행이네." 아이는 대답했다. "그 작고 푸른 알약이 마술을 부리는군.”

제임스는 생각보다 똑똑하다. 그 작고 푸른 알약이라⋯ 나는 황금색 껍데기에 싸인 화학물질로 나를 꽉 붙들어 질병의 날카로운 칼끝에서 보호해주는 로라제팜^{Lorazepam}(벤조디아제핀계 항우울제)이라는 약이 궁금하다. 그건 높지도 들뜨지도 황홀하지도 않았고 그저 깊은 고요이자 평온의 전율이며 반가운 평정이어서 마치 나는 내 삶의 뒤뜰에 대충 걸쳐진 것 같다. 나는 로라제팜과 결혼해서 영원히 같이 지내고 싶다. 윌킨스 박사는 4주가 최대라고 했다. 나는 그 약을 끊으면 어떻게 될지, 크리스마스의 악몽이 다시 찾아오게 될지 궁금하다. 엄청난 전류의 불안이 로라제팜 방패를 퉁겨내고 내 몸을 쉬익 흘러간다. 재활치료사에게 내가 벤조디아제핀(로라제팜 같은 신경안정제의 통칭)을 복용하고 있다고 했더니 전화기 너머로 너무 놀란 나머지 이어지는 침묵을 느낄 수 있다. “얼마나요, 마크?”

“1밀리그램이요. 하루에 세 번.” 침묵이 길어졌다.

“빨리 약을 끊어야만 할 거예요. 금단증상이 올 수도 있으니까요.” 물론 나는 이미 인터넷을 뒤져서 벤조 중독자와 장기사용자로 가득한 채팅방이나 토론장에 참여했다. 나는 내성, 의존, 금단증상, 불길한 ‘인지장애’ 등에 대해 읽어나간다. 금단증상 중에는 불안과 불면증, 우울증이 포함되었다. 그건 치료되어야 할 바로 그 항목들이었다. 제길, 이게 뭐지? 나는 생각한다. 병 고치러 왔다가 얻어가는 식이었다.

'당신은 지금 어디에 있습니까?' 마치 내가 헤매는 걸 알기라도 하는 듯 CD 속 목소리는 책망한다. 내가 어디 있느냐고? 아, 맞아, 나는 명상을 해야 하고 호흡을 세야 해. 기분이 나빠지는 일을 생각해서는 안 되고 일어나지도 않을 일을 마구 상상해서도 안 되지. 변화를 생각하려 해서는 안 되고 생각, 생각, 생각만 해야 해. 내가 지금 어디 있느냐고? 나는 바로 '내게 무슨 일이 일어날 것인가'라는 바로 그 논쟁의 한가운데 있다고. 해결책에는 조금도 가까워지지 못했지. 네가 지금 어디 있느냐고? 마룻바닥에 앉아 벽을 멍하게 바라보고 있어. 내가 늘 있는 곳이 어디라고 생각해?

내가 지금 어디 있느냐고? 나도 알고 싶어.

나는 다시 숫자를 센다. 숫자를 그려보려고 한다. 큰 것, 뚱뚱한 것, 네모난 것, 3차원 숫자, 검고 흰 것, 펌프로 공기를 넣어 빵빵해진 것, 밭에 새겨진 것, 절벽 꼭대기에 앉은 것, 달력 위에 적힌 것. 하지만 아무 소용이 없다. 둘에 이르러 나는 다시 달력 위의 날짜들에 홀려들었고 그 날짜들은 내가 석 달 넘게, 정확히는 14주 하고도 4일이나 아팠다고 말해준다. 100일이 넘는 날이었고, 내 인생의 0.6퍼센트 정도를 차지하는 날이다. 순간 나는 내가 쓸데없는 데 몰두하는 것을 알아차리고 다시 숫자로 되돌아간다. 하나… 둘… 셋… 눈꺼풀을 닫고 있어도 눈은 그 안에서 여전히 뜨여 있는 게 아닐까? 왜 우리 동네 세인즈버리Sainsbury(영국의 슈퍼마켓 체인점)는 거리 이름의 철자를 거꾸로 한 것일까? 태양의 표면은 화창할까? 왜 재채기는 꼭 연달아 두 번 나올까? 세계에서 가장 유명한 이언^{Ian}(남자 이름)은 누구일까?

"종종 그렇듯이 마음이 길을 헤맬 때마다 판단하거나 자책하지 말고 무엇이 관심을 끌건 그저 호흡을 유지하고, 정신을 차리고, 숨을 쉬십시오."

CD 속 음성은 계속 나를 안정시키면서 명상은 숫자를 잘 세거나 경쟁하는 것이 아님을 다시금 강조한다. 그것은 매트 위에서 일어나는 모든 일이다. 숫자를 잃어버리거나 마음이 표류하는 그 순간을 깨닫는 것 자체가 명상이며 순수한 깨달음인 것이다. 더 못할수록 더 잘한다는 것. 명상은 일종의 모순이다.

마음챙김은 21세기의 모든 잡음을 줄여주는 보편적인 향유이자 새로운 치료법으로 종종 알려져 있다. 사실상 마음챙김은 고릿적 시절의 발명품이다. 간단히 말해서 그것은 사물에 주의를 기울이는 것이다. 그건 A에서 B로 자동차 여행을 하면서도 주의를 기울이지 않아 아무것도 기억할 수 없는 것과는 정반대의 일이다. 또한 무언가에 정신이 팔려 시간을 날려버리는 일과도 정반대의 것이다. 마음챙김은 분노, 히스테리, 꼬리를 무는 생각, 격변, 열정, 감정, 어리둥절함 같은 것과 정반대의 것이다. 그것은 한곳에 머물며 나는 나고, 현재는 현재임을 보고, 느끼고, 인식하는 것이다. 또한 무심함, 거리를 둠, 객관적인 것이다. 마음챙김은 이미 수천 번을 바라봐 세상에 싫증이 난 눈을 위한 것이다. 그것은 세상을 처음 보는 것처럼 만들어준다.

건포도를 집어먹는다 치자. 이제는 건포도를 집어서 그것을 명상하듯 먹는다. 건포도의 모든 주름과 선, 파인 곳을 관찰한다. 내려놓았다가 집어들면서 그 무게가 얼마나 가벼운지를 느껴본다. 불빛에 가져다가 색깔과 불투명한 곳, 반투명한 곳을 비춰본다. 코에 가져다가 깊이 냄새를 들이마셔본다. 귓불에 대고 무슨 소리가 나는지 들어본다. 입술에 대서 감촉을 느껴본다. 적당한 높이에서 떨어뜨려서 부딪힐 때 나는 소리를 들어본다. 재빨리 입에 털어넣는다. 혀 위에서 굴려보고 이빨로 장난을 쳐본다. 물고 씹고 맛을 본다. 약간 움직여본다. 침샘을 어떻게 자극하는지 느껴본다. 그것이 어떻게 분해되는지, 식도를 지나 위까지 가는 동안 어떤 느낌을 주는지 집중해본다.

바로 이런 과정이 뭔가를 마음으로 하는 좋은 연습 사례다. 설거지, 샤워, 칫솔질 등등 이렇게 관찰력을 동원해서 신중하게 할 수 있는 일들은 엄청 많다. 맞다. 바로 레몬나무에 물주기도 그런 일 중 하나다. 물뿌리개를 집어서 그 색깔을 음미하고 아무렇게나 심겨진 장미를 바라본 후에 아마도 계단 위 창문에서 던진 것 같은 제이니의 돋보기, 플라스틱 배트맨과 함께 진흙 속에 남겨진 장미 아래쪽에 동물의 똥이 나뒹구는 것을 본다. 나는 천천히 빗물 받는 통으로 가서 수개월 동안 썩으며 고인 빗물─차갑고 고요하며 어두워서 마치 나 자신을 보는 것 같았다—이 얼마나 되는지 슬쩍 들여다본다. 마개를 물뿌리개 위에 얹는다. 마개를 열고는 마치 날카로운 겨울 태양에 빛나는 다이아몬드처럼 물이 빨려 들어가는 놀라운 광경을 지켜본다. 눈을 감는다. 물줄기에 손을 내맡기고는 뻣뻣한 손끝에서 전해지는 생의 흐릿한 아픔을 맛본다. 물이 넘치도록 내버려둔 채 물이 만들어내는 문양과 움직임을 바라본다. 한발 한발 계단을 올라 제이니의 방에 있는 레몬나무에게 말을 건다. 뿌리까지 흠뻑 젖도록 물을 주고 화분 받침대까지 물이 떨어지는 것을 지켜본다. 잎과 열매에 스프레이로 물을 뿌려준다. 그러고는 한 번뿐인 생의 위대한 기회를 잘못 선택해 하필이면 12월 북반구의 장식용 화분에 싹을 틔운 멍청한 잡초들을 뽑아준다. 성장이 골고루 이뤄지도록 화분을 돌려준다. 꽃향기를 들이마시자 향기 덕분에 나는 30년 전의 5월, 아지랑이와 휴일로 되돌아간다.

처음에는 이처럼 '현재에 존재하는 것'이 과연 우울증을 치료해주는 것인지 명확하지 않았다. 사샤 칸은 순간 순간에 주목하는 것이 우리의 내적 체험과 맺은 관계를 변화시켜준다고 설명한다. 우리는 내면에 완전히 사로잡히는 대신—그래서 그것이 부정적으로 변할 때마다 맥이 빠지는 대신—그 가장자리에 앉아 내면을 바라보게 된다.

"종종 우리는 타인이 잘못된 길을 가는 것을 목격합니다." 그는 말했다. "이 기술은 마치 타인이 우리를 보듯 스스로를 어떤 선입견 없이 바라보게 해줍니다. 우울증에 빠진 사람은 엄청나게 생각을 많이 하고 그 생각은 과장된 경우가 대부분이에요. 이런 연습을 통해 우리는 숨쉴 공간을 마련하죠. 또한 문제를 아주 객관적으로 바라보는 능력을 키우게 됩니다."

보통 나는 명상이 마치 핸드폰이나 음료 자판기처럼 즉각적으로 작용하길 원한다. 우리 시대에는 드물게도, 명상은 만족을 얻는 데 시간이 많이 걸리는 편이다. 명상에는 시간이 필요하다, 결코 빠르게 얻어지는 게 아니다.

처음에는 쉽지 않았다. 어떤 때는 마음이 요동쳤고 심지어 욕이 치밀기도 했다. 생각은 차분히 가라앉지 않았다. 때때로 명상하는 내내 길을 잃었다. 10분을 넘기지 못하고 "마르코, 오늘은 안 되겠어"라고 말하기도 했다. 어떤 때는 눈꺼풀 뒤에서 이 세상에는 없을 것 같은 검붉은 형상—마치 「로즈메리의 아기」Rosemary's Baby(로만 폴란스키 감독의 1968년작 공포영화)의 한 장면이 살아나듯—이 보이기도 했다. 나는 참아내야만 했다. 스케이트를 타거나 튜바 부는 법을 배우는 것처럼 마음챙김과 명상이 된다 싶을 때까지는 수개월의 연습이 필요하다. 또한 모두에게 효과가 있는 것은 아니다. 정말 심각한 우울증, 정신병, 중독에 빠진 사람들에게는 효과가 없을 수도 있다. 의심하는 마음을 버리고 규칙적으로 수행할 마음의 준비가 안 된 환자들에게도 효과가 없기는 마찬가지다. 하지만 사샤는 "수행에 전념하는 사람들에게는 효과가 있다"고 덧붙인다. 그 정도라면 나도 할 수 있다.

내가 처음 깨달은 것은 내 기분이 나쁘면 나쁠수록 마음챙김과 명상을 할 때의 상태는 더 좋다는 것이다. 기분이 엉망인 날일수록 나는 한 시간의 훈련을 고대했다. 어떤 날에는 하루에 두세 번을 한 날도 있었다. 여전히 나는 열까지 세지 못하지만 달이 갈수록 진전과 변화가 있음을 깨닫는다. 상태가 좋은 때 명상은 거의 불가능하다. 이런 때는 내가 다시 찾기 원하는 모든 것들로 돌아가고 싶은 나머지 마음은 도망가버리고 마는 것이다. 이런 날에는 잘해야 20분 정도를 앉아 있을 수 있다. 어떤 날에는 모든 걸 건너뛰기도 한다. 아마 훗날에는 후회하고 말거다.

현재 나는 수련을 계속 하고 있다. 하나의 수련은 모든 감각이 살아 있음을 인지하면서 몸의 각 부분에 주의를 집중하는 것이다. 종종 우리가 자리에 앉을 때, 사실상 몸의 어떤 특정 부위를 느끼지 못할 때가 많다. 우리는 그런 부위들이 있다고 추정할 뿐인데, 가령 발가락이나 팔뚝 같은 부위의 어떤 감각을 파헤치려고 하면 막상 느끼지 못하는 것이다. 특히 정강이 같은 곳은 더 그렇다. 사실 정강이의 감각을 느낄 수 있는 것인지조차 잘 모르겠다. 누군가에게 걸어차일 때 빼고는 말이다. 오직 부상을 당했을 때만 감각이 전해지는 신체부위는 어디일까? 내 정강이가 거기 있는지 나는 슬쩍 들여다본다. 그러고는 다른 길로 샌 것을 눈치채고는 다시 수련으로 돌아온다.

다른 수련은 호흡에 집중하는 것이다. 호흡을 할 때 어떤 부분에 집중할지, 가령 코나 목, 가슴이나 배 중 어디를 사용할지는 선택할 수 있다. 나는 특히 코로 호흡하기를 즐긴다. 종종 한쪽 코가 막혔다가 다른 쪽 코가 막히는 현상은 참 신기하다. 또한 나는 마치 바다의 밀물과 썰물처럼 들락날락거리는 횡격막 깊숙한 곳에서 느껴지는 호흡을 좋아한다. 또다른 수련은 주변의 소리를 듣되 좋은지 나쁜지, 거슬리는지 편안한지를 판단하지 않고 듣는 것이다. 그것은 그저 소리일 뿐이다. 어차피 소리를 바꿀 수는 없으니 그것에 대해 조바심칠 필요도 없다. 때로는 개울 안의 물고기처럼 이리저리 헤엄치는 생각을 바라볼 수도 있다. 이 또한 우리가 그 생각들에 대해 할 수 있는 일은 별로 없다. 그 생각들을 쫓아낼 수는 있지만 그 생각이라는 게 정말 우리를 간섭할 목적이라면 한동안은 벗어날 수 없는 게 마음의 속성이다. 그 생각들은 슬그머니 다시 밀려올 것이다. 그러니 그저 바라볼 뿐이다. 어떤 생각도 영원히 지속되지는 못한다. 한번 온 생각은 반드시 어디론가 가기 마련이다. 때로 나는 깜박 졸기도 하고 이래서는 안 된다는 것을 잘 안다. 하지만 나는 용기를 얻는다. 대낮에 졸릴 수 있다면 밤에 잠을 자는 데도 별 문제가 없기 때문이다.

몇 달 동안 나는 정말 훈련에 집중했다. 사샤는 기뻐했다. 처음 만났을 때 사샤는 마음챙김에 기반한 인지치료가 나에게 도움이 되기는 좀 힘들 거라고 짐작했다. "당신은 기자인 데다 우리가 사는 사회는 안 그래도 언어에 집중된 좌뇌형 사회니까요." 그는 회상하며 말했다. "우리는 종종 언어를 과대평가하죠. 우리가 문제를 해결하는 유일한 방법은 오로지 말을 하고 언어를 사용하는 거라는 식이죠. 하지만 당신이 그런 마음에서 벗어나 뇌를 다른 방법으로 사용하고 색다른 경험을 하는 것이 좋을 거라는 생각이 들었어요."

공적인 영역에서 마음챙김에 대한 시도들은 더욱 늘어나고 있다. 이 시대가 비로소 마음챙김의 전성기가 아닐까 하는 생각이 들었다. "사실 마음챙김은 수천년의 역사를 가지고 있죠." 사샤는 부드럽게 내 의견에 반박했다. "마음챙김은 1960년대에 인기가 있었어요. 최근 다시 부흥하게 된 계기는 마음챙김이 뇌를 변화시킬 수 있다는 주장이 과학계에서 입증되기 시작했기 때문이에요."

이와 같은 과학적 승인의 결과 마음챙김에 기반한 인지치료는 영국 국립보건임상연구소[NICE] 가이드라인에 따라 3개 이상의 우울증 사례에 추천되고 있다. 사실상 치료는 매우 제한적이다. "남서부나 뱅거, 옥스퍼드 같은 곳에서는 훨씬 더 실질적인 치료가 이뤄진다"고 엑스터 대학의 윌럼 카이컨 교수는 말한다. "하지만 다른 곳에서는 그리 많지 않아요."

카이컨은 마음챙김의 시대가 왔다고 믿는다. "세상은 성과중심적인 사회가 되었잖아요. 그러다보니 사람들은 존재의 기반을 잃어버렸고 그래서 마음챙김이 호소할 만한 공간이 생긴 거예요."

카이컨은 몇 가지 예를 들었다. 마음챙김 인지치료 과정을 이수한 16명의 부모들을 연구한 사례였다. 결과는 참고할 만하다. 부모 대부분은 치료 결과 더욱 관대해졌으며 화를 덜 냈고 젊은 가정이 겪게 마련인 혼란에서 자유로워졌다고 한다. 그 과정을 통해 부모들은 사소한 행동에 과도하게 집착하는 것이 쓸모없는 일임을 깨달았다. 어린아이들은 활동력이 왕성하며 무분별하고 가끔은 완전히 통제 불능이다. 그런 아이들의 행위에 동요해봤자 별 소용이 없다. 마음챙김은 부모들이 한발 물러나 그들이 그저 아이들일 뿐임을 이해하게끔 도와준다. 아이들은 어지르고 싸우며 소리지른다. 그건 당연한 일이다. 그런 아이들에게 소리를 질러봤자 먹히지 않는다. 과정에 참여한 많은 부모들은 자신들의 차분한 대응이 상황을 진정시키는 데 도움을 주었다고 말했다.

수업 덕분에 부모들은 수선스런 아이들에게 어른들의 잣대를 들이대는 것이 아니라, 아이들의 눈높이로 내려가서 여유를 가지고 아이들의 관심사나 삶의 속도에 맞춰줄 수 있게 되었다. 한 아빠는 연구자들에게 말했다. "딸아이가 유치원에 가면 (…) 전혀 신경을 쓰지 않았어요. 그림을 그릴 때조차도 전혀 간섭을 하지 않았어요. 하지만 이제는 아이와 함께 뭔가를 해요. 우리가 외출할 때마다 아이는 플라스틱 주머니를 가져가서 나무를 넣어가지고 돌아와요. 우리는 그걸 가지고 함께 뭔가를 만들죠."

마음챙김은 꼭 나쁜 시기에만 유용한 것은 아니다. 좋은 때도 도움이 된다. 완벽한 날을 한번 떠올려보자. 가령 아시아의 해변을 상상해본다. 부드러운 모래, 넘실대는 파도, 따듯한 공기. 푸짐한 아침식사가 마련될 것이고, 파도타기, 커피, 아이들과의 놀이, 여럿이서 함께 먹는 점심, 낮잠, 카드놀이 또는 정감 어린 농담이 이어질 것이다. 하지만 기대가 너무 큰 나머지 나는 빨리 다음으로 넘어갔으면 하곤 한다. 가령 아침을 먹을 때는 벌써 파도를 떠올린다. 또한 바다에 가서는 카푸치노를 꿈꾸고 막상 커피를 마실 때는 깊이 음미하지 못하며 이걸 끝내면 뭘 할지 고심한다.

한해 한해가 이렇게 흘러가고 시절은 너무나 빨리 지나가버린다. 내 유년의 전성기였던 1976년 이후로 35년이나 지나갔는데 사실상 인류의 반 정도가 그 시절을 기억조차 하지 못한다는 사실에 나는 상처를 받는다. 그 사이의 수많은 시절들은 어떻게 된 것일까? 나는 서두르다가 세월을 잃었다. 마음챙김—다음 순간으로 서둘러 넘어가는 것이 아니라 순간의 행복에 머무르는—은 강력한 해결책이다. 그것은 시간의 가속도에 브레이크를 걸어준다.

나는 잠깐의 만남에서 시작된 관계가 더욱 심각한 일로 번지기 전에 로라제팜과의 꿈결처럼 감미로운 관계를 끝내기로 했다.

로라즈, 그녀는 내 반짝이는 푸른 알약이자 끔찍한 순간마다 부드럽게 다가와서 내 인생의 소용돌이와 암초 사이로 안전한 길을 열어주던 내 애인이다. 그녀는 친절하고 달콤했으며 믿을 만한 데다 변함이 없었음에도 그리 칭송받지 못했다. 버림받은 모든 연인처럼, 나는 그녀가 나에게 항변하기를 바랐다. 나는 그녀가 아주 많이 불평하기를 바랐지만, 도대체 무슨 대답을 해야 할지는 몰랐다.

사실 나는 로라즈에 과디히게 취히기나 몽롱해지지는 않았다. 그저 고요한 느낌을 받았을 뿐이다. 죽은 사람처럼 잠이 들거나 글로스터셔 주를 통과하는 운하용 보트처럼 대낮을 어슬렁거리는 기분이었다. 아이들이 지르는 괴성이 한순간에 나에게서 튕겨나가 아무 해도 끼치지 않고 외부 공간으로 퍼져나갔다. 대화가 마치 열 번이나 읽은 대본처럼 술술 풀렸다. 내가 약에 푹 빠져들어 있는지를 누군가 알아보는 것 같지는 않았다. 우리는 골목 어귀에 사는 가족과 함께 스케이트를 타러 가곤 했다. 느긋하고 더없이 행복한 상태에서 나는 빌려탄 스케이트 날로 얼음을 부드럽게 지치며 사람들 사이를 뚫고 나갈 수 있었다. 러시아에 있을 때 나는 국영상점 올림프^{Olimp}에서 산 싸구려 하키 스케이트를 신고 자주 스케이트를 타러 다녔다. 그걸 타고 나서는 절룩거리기 일쑤였다. 형편없는 스케이트였던 탓이다. 여전히 우리는 페이트리아크 연못에서 밤 스케이트를 탄다. 라라^{Lara}(파스테르나크의 소설『닥터 지바고』의 여주인공)와 거대한 고양이, 그리고 미하일 불가코프^{Mikhail Bulgakov}(우크라이나 태생의 작가)의 유령을 쫓다가 한밤중의 눈을 맞으며 행복하게 집으로 종종걸음쳐 되돌아온다.

오 로라즈! 너는 그간 도대체 어디 있었니? 내 여생을 위해 넌 무엇을 해줄래? 우리가 함께했다면 얼마나 행복했을까? 다음 세상에서는 너와 나 단둘이만 있자. 그래서 인간의 곤경에 방해받지 않고, 너는 하루종일 나를 나로부터 지키는 존재가 되는 거야. 내 청소년 시절 아무 일도 일어나지 않는 토마스 하디 마을을 지나 자전거를 타고 책을 읽으면서 늘 뭔가 큰 모험을 꿈꾸며 지낼 때 너를 만났더라면 분명히 너에게 잘해주었을 거야. 내 유년 시절, 글렌딘 시절, 한무리의 친구들, 러시아… 내 하찮은 삶에서 떠나보낸 모든 것들을 그리워했듯이, 너도 그리워질 거야. 로라즈, 나는 너에게 닉 드레이크^{Nick Drake}나 루 리드^{Lou Reed}의 사랑노래들을 불러줄 수도 있어. 하지만 어떤 것도 영원할 수 없는 게 세상의 순리겠지. 모든 건 지나가버린단다. 우리는 습관의 지배를 받는 피조물이고, 특히 우리에게 즐거움을 주는 습관들은 큰 도움이 되지 못해. 나보코프^{Nabokov}는 인생을 즐기되 너무 지나치게 즐기면 안 된다고 말했지. 하지만 그래놓고는 "롤리타, 내 생의 빛이자, 내 음부의 불길이여"라고 썼지(『롤리타』는 나보코프의 대표작으로 중년 남성이 소녀와 사랑에 빠지는 내용을 담고 있다). 그러니 그가 쓴 것을 절대적으로 믿어서는 안 될 거야.

로라제팜이 바륨(신경안정제의 일종)보다 훨씬 독하다는 것을 고려할 때 하루에 세 번, 1mg씩 복용하는 나는 과다하게 약을 먹는 편이다. 다른 사람과는 달리 윌킨스 박사는 괜찮다고 했으나 과다 복용은 사실이다. 버니 박사에게 로라제팜에 대해 말할 때마다 그녀는 마치 자기 고양이가 차에 치이기라도 한 듯 움찔하며 놀랐다. 지역 보건의들은 로라제팜 처방 때문에 문제를 일으키기도 했다. 의사들이 마치 세기말에 색종이를 뿌리듯 그 약을 듬뿍 딤아주는 바람에 결국 많은 사람들이 중독되고 말았던 것이다.

윌킨스 박사는 곤란을 겪지 않으려면 약을 천천히 줄이라고 제안한다. 물론 나라고 모르겠는가. 하지만 여섯 달에 걸쳐 최고의 한주를 보냈으니 그 옛 여인을 수일 만에 차버리고 절대 돌아봐서는 안 된다. 나는 매일 1.5mg을 줄이고 그주의 중간까지 알약 3개 반 정도로 버텨내며 토요일 아침에 눈을 떠서는 그 창백하고 푸른 약상자를 경멸에 찬 눈초리로 바라본다. 내가 '로라제팜 빨리 끊기 대회'에서 1등을 하려는 듯 타고난 경쟁심을 다시 부추기자 샤론과 나는 부딪힌다. 아마 내가 지나쳤을 것이다. 내가 아는 거라고는 로라즈 의존성에 대해 고민하는 것 자체가 문제라는 사실뿐이다.

그 효과는 섬뜩하다. 나는 지난 몇 주간 사라졌던 불안과 손떨림, 더부룩함에 계속 시달린다. 몸을 소파로 짓누르는 듯한 무거운 피곤함은 여전하다. 눈꺼풀과 삼두박근에 아주 심한 근육경련이 일었으며 숨기려 해봤지만 여전히 손이 떨린다. 나는 하루종일 하품을 해댄다. 공공장소에 하품을 하고 누가 그걸 따라하는 걸 보는 게 그나마 낙이라면 낙이다. 이명이 다시 찾아오고 왼쪽 귀보다 오른쪽 귀에서 더 크게 들린다. 때로는 마치 공기를 가지고 무슨 비밀 실험이 이뤄져서 공기의 음색이 급작스럽게 변하는 것 같기도 하며 고음의 전화벨 소리가 한쪽 귀로 들어갔다가 다른 쪽 귀로 빠져나오는 것 같기도 하다. 그게 뭔지 궁금하다. 그러고는 오른쪽 눈두덩을 중심으로 두통이 웅웅거리며 다시 찾아온다. 하지만 지금은 그때의 불안, 불면증, 우울감이 모두 잠잠해졌다. 마흔한살의 완전히 새로운 2월이 임박하고 있었다. 한달 전 나는 하루를 나기 위해 다섯 알의 약을 먹었다. 지금은 단 두 알을 아침에 하나 저녁에 하나씩 먹는다. 의약품 대신에 나는 내 상태를 관통하는 뭔가 다른 것, 지난 수년간 느껴보지 못한 어떤 것을 느낀다. 그것은 낙관주의라는 것이다.

11

책

다시 책을 읽을 수 있다. 얼마나 좋은지 말로 표현할 수 없다.
그래 내가 해낸 것이다. 다시 한번 말해보자. 다시 읽을 수 있으
니 얼마나 좋은가. 그저 내 삶의 안팎에서 깜빡이는 인터넷의
맥박이 아니다. 이메일도 아니다. 간단한 뉴스를 따라 읽는 정
도가 아니다. 나는 정보를 수합해서 그것을 기억 속에 잘 간수
했다가 필요할 때 꺼내 쓸 수 있게 된 것이다. 나는 플롯과 논거
와 캐릭터를 파악할 수 있다. 나는 책을 읽고 이해하는 데 일가
견이 있다. 마침내 내가 다시 독서를 하게 되었다. 어제 나는 윌
킨스 박사를 만나러 갔다. 대기실에 기다리면서 로버트 해리스
Robert Harris 의 『임페리움』Imperium 을 읽어치웠다. 그 선량한 노인 윌

코(윌킨스 박사의 애칭)는 "이제 책을 읽는군요"라고 말했다. "정말 반가운 일이이요. 당신이 여기 처음 왔을 땐 전혀 책을 읽지 못하는 상태였잖아요."

그건 그저 의자에 편히 앉아 즐겁게 30분을 때우는 오락거리 이상이다. 또한 지하철에 꽤 두꺼운 교양서적에 코를 박고 앉아 있는 것 이상이다. 책은 신경쇠약과 우울증, 회복에 관해 많은 정보를 담고 있다. 정신질환을 앓는 사람들로 가득 찬 책을 읽는 사람이 나뿐일까? 아마도 나는 무의식적으로 그런 사람들을 찾고 있을 것이다. 정신질환을 앓는 사람들은 그저 자신의 상태를 파악하는 데 시간을 쏟는 것을 좋아하기 때문이다. 마치 실비아 플라스^{Sylvia Plath}의 소설 『벨 자』^{The Bell Jar}의 여주인공 에스터 그린우드가 그랬듯이 말이다. "내가 이 희곡을 기억하는 유일한 이유는 그 안에 미친 사람이 있었기 때문이에요. 미친 사람들에 대한 이야기는 마음속에 남는 반면, 다른 것들은 사라져버리죠."

광기에 대한 이야기를 기를 쓰고 찾아내는 것은 나만이 아니다. 미친 주인공들도 나를 찾기는 마찬가지다. 나는 스티그 라르손^{Stieg Larsson}으로 돌아갔고 그의 책에서 틀림없이 어떤 외상후스트레스장애와 약간의 강박장애를 앓고 있는 인물 리스벳 살란데르를 만났다. 『그린 돌핀 거리에서』^{On Green Dolphin Street}의 찰리 반 데어 린덴은 유난히 우울증이 심해서 300페이지에 이르도록 수도 없이 신경쇠약 증세를 보인다. 『책 읽어주는 남자』

The Reader 의 한나, 『네덜란드』*Netherland* 의 한스 반 덴 브룩, 『그리고 파티는 끝났다』*The Slap* 의 핵토, 『룸』*Room* 의 마, 『케빈에 대하여』*We need to talk about Kevin* 의 에바 카차도리언은 모두 확실히 우울증 환자들이다. 나는 세라 워터스*Sarah Waters* 의 눈을 뗄 수 없는 소설 『끌림』*Affinity* 을 집어들었는데 그 속에는 내 증상들이 고스란히 담긴 19세기 캐릭터가 있었다. 불쌍한 사랑. 그 시절 사람들은 아편을 주고는 그냥 잃어버렸다. 그때와 얼마나 변한 것이 없는지 나는 충격을 받는다.

독일 작가들은 우울증의 대가들이다. 대학에서 읽은 수많은 독일 책의 주인공들은 신경쇠약에 시달리고, 좌절에 빠지거나 우울증에 시달렸다. 「이게 전부인가?」라는 페기 리의 노래는 토마스 만*Thomas Mann* 의 단편 소설 「환멸」*Enttäuschung* 을 바탕으로 작곡된 노래다. 이 소설에서 작가는 자신의 기대에 부합하는 단 하나의 체험을 갈망하며 아름다운 삶으로 뛰어들어간 인물에 초점을 맞췄다. 그러나 하느님 맙소사, 그런 사람은 하나도 없다. 그 독일 거장 역시 중년의 실존적 절망을 체험했던 것이다. 한스 슈니어, 토니오 크뢰거, 구스타프 폰 아셴바흐, 그레고르 잠자, 보이체크, 베르테르와 파우스트에 이르는 모든 주인공들은 아웃사이더가 된다는 것, 그리고 이렇듯 무신론적인 세상에서 길을 잃고 낯설어진 채 핵심을 보지 못하게 된 것에 대해 뭔가 중요한 말을 전하고 있었다. 파우스트는 그중에서도 할아버지 격으로 중년의 삶에서 아무것도 건진 게 없이 근원적인 우울증에 빠진 인물이며 삶을 기억할 만한 것으로 남기기 위해 기꺼이 악마와 계약을 체결한 인물이다. 요즘 존재론적 절망에 관해 말하는 사람은 아무도 없다. 하지만 나는 곳곳에서 그런 사람을 목격한다. 평범한 사람들은 유명해지고 싶고, 유명한 사람은 더 유명해지고 싶다. 누구나 더 큰 집, 더 멋진 집, 더 말쑥한 차, 더 공부 잘하는 자녀를 원한다. 나이를 먹어갈수록 사람들은 이게 전부인가 싶다. 젊은 사람들은 뭐 더 괜찮은 것 없나 하고 두리번거린다. 이게 전부란 말인가? 우리는 스스로에게 묻는다.

그건 확실히 보리스 옐친^{Boris Yeltsin}에게도 마찬가지였다. 그의 책 『한밤의 일기』^{Midnight Diaries}를 다시 읽으면서 나는 그가 집권 초기 집무실에서 우울증을 앓았다는 확신을 얻었는데 그때는 내가 『모스크바 타임스』와 AFP에 근무하면서 그를 열렬히 추종하던 때였다. 나는 옐친을 비난할 의도가 전혀 없다. 1990년대에 러시아를 통치하는 일은 누구에게나 망가질 만한 일이기 때문이다.

나는 앨런 베넷^{Alan Bennet}의 『말로 못한 이야기』^{Untold Stories}를 파고들다가 그의 어머니가 당한 고통에 소름이 끼쳤다. (베넷은 심리적 분노를 표현하는 데 탁월하다. "몇주간 그녀는 모든 즐거움과 활력을 잃어버렸고 조마조마해하며 불안해하면서 이성과 안정을 되찾지 못했다.") 나는 마르쿠스 트레스카틱^{marcus trescothick}의 『나에게로 돌아오기』^{Coming Back to Me}를 읽었고 그의 상황과 내가 처한 처지가 놀랍도록 유사함을 발견했다. "나는 조마조마했고 불안했으며 매우 무료했다. (…) 그후에 3일 동안이나 뒤척이며 걱정에 휩싸여 잠을 이루지 못했다. (…) 마침내 수면제조차도 효과가 없는 밤이 이어졌다. 그야말로 방을 왔다갔다하기 시작했다. 앉아 있을 수도, 쉴 수도 없었다. 땀을 엄청 흘리기 시작했다. 몸이 떨렸다. 통제를 상실하고 있음을 느꼈다. 나는 겁에 질렸다." 가능하면 나는 포커에 대한 빅토리아 코런Victoria Coren의 유쾌한 책을 마지막에 집어든다. 책을 읽다보면 그녀 역시 항우울제를 복용한다는 점에 눈이 휘둥그래진다. 그렇다, 책은 많은 도움이 된다. 당신이 결코 혼자가 아니라는 사실을 깨닫게 해주기 때문이다.

나는 기분 좋은 몇 주간 우울에 초점을 맞춘 전후 미국 소설과 함께 시간을 보냈다. 홀든 콜필드Holden Caulfield는 젊은 시절 전쟁 때문에 축 처져 있었고 에이프릴 휠러April Wheeler는 아메리칸드림의 깊은 공허함에 빠졌다. 네디 메릴Neddy Merrill은 잔인한 웨스트체스터 교외지역을 통과해 집으로 돌아오는 오후 한때 신경쇠약을 일으켰으며 에스터 그린우드는 남성이 지배하는 세계에서 자신의 위치를 예감하고 유리병의 시큼한 냄새에 숨이 턱 막혀서 꼼짝하지 못했다. 젊고 순진한 잡지사 인턴으로서의 체험은 그녀를 무릎 꿇게 만들었다. 거기에는 꿈을 실현할 어떤 방법도 없었기 때문이다. 그저 남성들에게 복종해야 할 뿐이었다. 어떤 열망도 허락되지 않았다. 미쳐버리는 건 당연한 일이었다.

때때로 책에 씌어진 것과 나한테 일어난 일이 묘하게 겹쳐지기도 한다. 세라 워터스의 여주인공은 나처럼 잠을 잘 이루지 못하고 많은 시간을 창밖이나 내다보며 지낸다. 플라스는 책을 읽지 못하는 기분을 완벽하게 그려낸다. "단어들은 흐릿하게 친숙하긴 하지만 엉망으로 꼬여 있어서 마치 유령의 집 거울 속의 얼굴 같았다. 그것들은 내 머릿속의 반들반들한 표면엔 아무것도 남겨놓지 않은 채 재빠르게 달아나버린다."『인 콜드 블러드』*In Cold Blood*를 쓴 트루먼 커포티^{Truman Capote}는 클러터 부인의 정신적 괴로움을 "그녀는 슬픔에 사로잡혀 손이 부들부들 떨리는 혼란 가운데 방마다 배회한다"고 묘사한다. 커포티는 우울증의 기복에 대해서도 이야기한다. "그녀는 '좋은 날'을 알았다. 이 날들은 몇 주, 몇 개월 속에 응축되었다." 하지만 병은 결코 완전히 사라지지 않는다. 상태가 최악일 때, 그녀는 가장 친한 친구에게 털어놓는다. "나는 모든 걸 놓치고 있어. 좋은 시절들, 아이들, 모든 것들을 말이야. 얼마 지나면 케넌조차도 어른이 되겠지. 그 아이는 나를 어떻게 기억할까? 무슨 유령처럼 기억하지 않을까?" 나 역시도 우리 아이들에 대해 비슷한 생각을 했다. 아이들은 어떻게 아빠를 기억하게 될까? 나는 나의 나머지 인생을 놓치는 게 아닐까?

하지만 정말 나를 멈칫하게 만든 것은 보리스 어쿠닌^{Boris Akunin}의 『펠라기아와 붉은 로켓』*Pelagia and Red Booster*이었다. 이 책 171면에는 다음과 같은 구절이 있다.

그는 변했다고 검사의 아내는 불평했다. 그는 짜증을 내며 아무
것도 먹지 않으며 잠을 잘 때 이를 간다고…

"안토샤가 마흔이 되자 그 역시 이상해졌지요." 남편에 대한 이
야기를 이어받아 루드밀라 플라토노브나가 말했다. "하지만 1년
후엔 안정을 되찾았고 인생의 2막에 들어섰어요."

나는 궁금하다. 마흔하나가 되면 나도 안정을 되찾고 새로 시
작할 수 있을까? 나는 작가와 친분이 있어서 묘하게 나와 들어
맞는 문장에 대해 직접 물어보았다. "주변 친구들과 지인들이
갑자기 이상한 짓을 하는 게 눈에 띄었어요. 그들은 완벽한 결
혼생활을 파탄냈고, 갑자기 삶의 패턴을 바꿨으며, 성적 정체성
을 바꿨고, 자살을 시도했죠." 어쿠닌은 말했다. "내 경험을 이
야기하자면, 저는 마흔이 되었을 때 작가의 자살에 대한 두꺼
운 책을 쓰기 시작했어요. 마흔하나에 모험소설을 쓰면서 다시
어린 시절로 돌아왔습니다. 마흔넷에 직장을 그만두고 그 후에
는 일을 하지 않았어요. 지금은 마흔이었을 때보다 훨씬 젊고
강하며 건강해졌다고 생각해요."

이것이 바로 전형적인 중년의 위기다. 많은 남자들은 할리데
이비드슨 오토바이를 타거나 베이싱스토크(햄프셔 주의 도시)에서
온 스물세살짜리 헬스 선생과 바람이 난다.

중년의 위기, 또는 실제적인 우울증에 대해 가장 먼저 언급한 책은 무엇일까? 『햄릿』*Hamlet*을 잘 알진 못하지만, 그 주인공이 그런 과정을 거쳤으리라 충분히 짐작할 만하다. "나는 최근에—어디서인지 모르게—모든 즐거움을 잃어버렸고, 모든 활동을 포기했다. 또한 그런 것들이 마치 황폐한 절벽처럼 보였다." 그게 얼마나 황폐한 절벽 같은지 상상하기 어렵다면, 나를 믿어보시라. 그건 정말 아름답지 못한 광경이다.

위의 문장은 400년 전에 씌어진 것이다. 더 멀리 거슬러 올라가서 나는 단테의 『신곡』을 꺼내들었다. 그 책은 마치 읽은 척 뽐내려고 책장에 둔 프루스트나 밀턴의 책과 함께 꽂혀 있었다. 나는 끔찍하게 잘난 척을 하는 편이다. 아무튼 내가 『신곡』을 펼쳤을 때 그 서곡에 깜짝 놀랐다.

우리 삶의 여행 중간쯤
나는 어두운 숲에 들어온 것 같았다.
창창하게 나 있던 길은 사라져버렸다.
이 숲이 얼마나 잔인하고 거칠며 황폐한지를
표현하기란 얼마나 힘든 일인지!
그걸 생각하는 것만으로도 공포에 휩싸인다.
얼마나 혹독한지 차라리 죽는 게 나을 것이다.

그렇듯 신경쇠약은 지옥이며 우울증은 연옥이고 회복은, 만약 회복만 된다면 천국 같은 것이다.

아마 나는 책 속의 우울증에 대해 놀라선 안 될지도 모른다. 결국 우리 중 4분의 1이 인생에서 정신적 질병에 시달린다면 소설의 주인공 중 4분의 1도 그렇다고 봐야 하기 때문이다. "건강한 사람들은 쓰지도, 연극을 하지도, 작곡을 하지도 않을 것"이라는 토니오 크뢰거의 침통한 관찰을 기억한다면 아마도 저자들의 비율은 더 높을 것이다.

『네덜란드』에서 조지프 오닐은 부모로서 겪는 피로감을 아주 잘 그려낸다.

우리 삶에서 이런 증상이 지속된다면 그것은 권태다. 일터에서 우리는 지칠 줄 모른다. 그런데 집에서는 아주 작은 원기마저도 찾아보기 힘들다. 아침에 일어나자마자 해로운 권태감에 빠져든다. 밤에 제이크가 침대로 가자마자 우리는 조용히 물냉이와 반투명 국수를 먹는데 아무도 그걸 치울 기운이 없다. 교대로 욕실에 들어가 씻고서는 TV 쇼가 끝나기도 전에 잠에 빠지고 만다.

한스 반 덴 브룩만이 부모로서의 책임감과 사투를 벌이는 것은 아니다. 에바 카차도리언은 그야말로 정곡을 찌른다. "아이를 갖기 전에는 당신과 당신의 미래, 약속, 시간이 특별하다는 느낌을 받을 수 있다. 아이를 갖고 나서 그런 특별함은 증발된다. 당신은 부품이자, 하찮은 것이며, 숙주이자 따분하고 지친 사람이며 오직 타인의 관심에 복무하는 사람일 뿐이다." 에바는 말한다. "1983년 4월 11일까지는 내가 특별한 사람이라고 자신할수 있었다. 그러나 케빈이 태어나고 우리는 모두 털끝까지 평범하다고 생각해야만 했다." 우울증과 부모됨 사이에 많은 공통점이 있다는 생각이 든 것은 처음이 아니다. 둘 다 인생에서의 급격한 사건이며 아주 긴 고투이기에 편해지기까지는 어려운 시절을 겪어야 한다. 또한 곤경에 빠졌다는 것을 사실로 받아들이기가 매우 힘들다.

우울증 자체에 대한 책들도 있다. 마치 신경증 환자가 채팅룸에 빠져들듯이 나도 그런 책들에 빠져든다. 도서관에 가면나는 보통 소설이나 스포츠, 역사 관련 코너를 기웃거렸지만지금은 정신건강 코너로 직행한다. 도서관에서 책을 빌려서는몇 시간 내로 다 읽어치운다. 샐리 브램튼^{Sally Brampton}의 『그 빌어먹을 개를 쏴버려』^{Shoot the Damn Dog}는 좋은 책이다. 아주 아름답게씌어졌으며 요가나 산책, 명상, 정원가꾸기, 친절, 감사, 침술,무엇보다도 순응의 이점들에 대한 건강한 충고와 지혜로 가득차 있다. "우울증으로부터 배운 교훈이 있다면," 책의 마지막장이자 최고의 장은 이렇게 시작된다. "우리는 자기연민, 분노,비난을 내버려야 한다는 것이다. 우리는 우리일 뿐이며 삶은삶일 뿐이다. 우리가 자신을 잘 대하기 위해 얼마나 애를 쓰건말건, 삶은 그저 거기에 있을 뿐이다."

이 책은 회복의 초기 단계에 있는 우울증 환자들에게는 끔찍할 수 있다. 브램튼은 수년간 투병생활을 했으며 두 번이나 자살 시도를 했다. 그녀가 마침내 시련을 이겨냈을 때 나는 안도했다. 책을 읽는 동안 내 마음은 흔들렸다. 나 역시도 그 같은 고통의 시간을 겪게 될까? 귀네스 르위스^{Gwyneth Lewis}의 『빗속에서의 일광욕』^{Sunbathing in the Rain}은 좀더 쉬운 제안을 담고 있다. 르위스는 우울증을 적이나 악마가 아니라 협력자로 본다. 그녀는 우울증이 교훈을 준다고 말한다. 그 교훈이란 당신의 삶이 뭔가 매우 잘못됐고 따라서 행복한 삶을 유지하려면 그 잘못을 제거해야 한다는 것이다. 우울증은 "당신이 다시금 우울에 빠지지 않기 위한 방법을 일러주는 것이다. 그 점에서 우울증은 매우 친절한 질병이며 그런 교훈을 받아들이지 않을 때만 다시 찾아올 것이다."

이런 식으로 우울증은 친구가 된다. 그것은 당신의 삶에서 모든 것을 제거한 뒤 스스로가 회복될 때까지 다시금 하나하나 새로운 것들로 채우도록 한다. 반드시 없애야 할 독소 같은 것들이 있는데 나는 내 독소가 무엇인지 아직 잘 모른다.

더 좋아지기 위해 이렇듯 고통당한 영혼은 무엇을 해야 하는가? 나는 그들이 던진 단어와 행동에서 힌트와 충고를 샅샅이 뒤진다. 나도 좋아져야 하기 때문이다. 이제 나는 6개월 넘게 이 상태에 있다. 불면증, 강박, 절망적인 기분, 침울 같은 것들은 회복중이다. 하지만 대신에 불만, 권태, 초조, 외로움이 생겼다. 회복에는 여러 층위가 있는 것 같다. 집을 나서는 일이

나, 집중, 독서, 잡다한 일을 하는 것은 좋다. 하지만 직장 일이나 사회적인 관계, 뭔가 의미있는 기여는 어떨까? 나는 아직 기진맥진한 상태고 더 나아지려고 노력하는 상태다. 다른 시도를 하지 않는다면 나는 언제나 여기에서 기진맥진한 상태로 나아지려는 노력을 하고 있을 것이다.

무엇을 할 것인가? 에스터 그린우드는 지역 병원에 자원봉사자로 등록했다. 『끌림』에서 마거릿 프라이어는 으스스한 밀뱅크 교도소 방문을 신청했다. 죄수인 셀리나 도즈는 그녀의 속셈을 단숨에 알아낸다. "당신은 당신보다 더 비참한 여자들을 보고 더 좋아질 셈으로 이곳에 온 것이로군요."

지금 상황에서 감옥 방문이나 병원 자원봉사가 가능할지, 또는 추천할 만한지는 잘 모른다. 하지만 나 자신을 위해서, 그리고 샤론을 위해서 뭔가 세상에 작은 기여라도 할 만한 긴요한 일은 있다. 나는 다시 아이를 키우는 일에 뛰어든다.

잠자리에 들기 전 분홍색 방울을 달고 고양이처럼 작은 의자에 앉아서 딸에게 책을 읽어준다. 그녀는 매우 활발하게 내 취향에 반응하지만 나는 하품이 나온다. 병이 진행되는 동안 나는 하품을 지나치게 많이 한다. 그 이유는 모르겠다. 하지만 잠자리 직전 책을 읽을 때는 가장 극심하게 하품을 해댄다. 때때로 책을 크게 읽는다는 이유로 그렇게 되기도 한다. 대부분은 내가 여전히 지쳐 있기 때문이다. 이따금 나는 이 의식이 거꾸로 된 것이 아닌가 의심한다. 내가 아니라 딸이 나를 재우는 게 더 맞을 것이다.

"아빠 방울을 벗어," 그녀가 나무라며 말한다. "여자처럼 보이잖아."

"네가 단 방울이잖아." 나는 저항한다.

"아니야." 그녀는 거짓말을 한다.

이럴 시간이 없다. 나는 우주인이 된 돼지에 관한 책을 읽기 시작한다. 단어 한두 개를 건너뛸 때마다 그녀는 날카롭게 시적한다.

"외부 우주로 발사해버려," 그녀는 말했다.

"그렇게 읽었잖아."

"아냐 그러지 않았어."

"그랬다니까."

"아니라니까. 아빠는 그냥 '우주로 발사해버려'라고 했어. '외부 우주로 발사해버려'가 맞아."

"알았어. 외부 우주로 발사해."

"발사해버려—."

"이걸 가지고 싸우긴 싫은데."

"지금 싸우고 있잖아."

"아냐."

이 시간쯤이면 나는 책을 다 읽고 사내 아이들과 『내 친구 월터』를 읽고 있어야 한다.

"이제 그만 읽을까?"

"안 돼."

"왜?"

"아빠가 단어를 다 읽지 않았으니까?"

"뭐라고?"

"단어를 다 읽지 않으면 책을 끝낸 게 아니야."

그녀가 옳다. 나는 단어를 다 읽는다.

이따금 내가 기분이 좋을 때, 그러니까 하늘에 빛이 남아 있고 누군가 나에게 친절한 말을 건넸을 때라든지 축구 경기가 있었거나 친구와 만났다거나 그저 샤론과 집에서 평범한 저녁을 보냈을 때, 장담하건대 나는 잠자리 전의 책읽기를 좀더 잘해낼 수 있다. 그럴 때면 나는 '궁둥이'나 '뱀장어'처럼 우스꽝스런 말을 집어넣기도 한다. 이게 때로는 정말 웃겨서 마치 우리가 웃을 때 얼굴이 어땠는지를 기억하려는 듯 크게 웃으며 한동안 보지 못했던 서로의 웃는 얼굴을 바라보곤 한다. 정말 행복한 한때다.

새로운 한해가 시작된다. 2010년. 한번 발음해보는 것만으로도 기분이 좋아진다. 아직은 어둡고 춥지만 시간은 우리 편이다. 아직 1월인데도 주의를 기울이면 해가 길어진다는 사실을 알 수 있다. 1월 말엔 5시까지도 해가 뜨며 아이를 키워본 사람이라면 이게 얼마나 큰 변화인지를 알 수 있을 것이다.

우울증이 오싹함, 몸서리, 발끈함, 갈라짐 같은 것에서 시작된다면 회복의 시작은 지금 막 고기압이 형성되면서 며칠간 좋은 날씨가 이어지는 순간과 같은 기분일 것이다. 마치 한 무리의 세로토닌이 지친 야간근무자를 일으켜 세우듯이 뭔가가 마음의 능선을 타고 내려오는 기분이 든다.

지금까지 나에겐 딱 두 번이 그랬다. 첫번째는 핼러윈이었는데 몇 주 동안 최악의 상태를 거친 후였다. 우리는 아이들 놀이방 소파에 누워 있었다. 버터처럼 기름지고 부드러우며 아주 기분 좋게 구워진 가을 햇살은 오래된 손톱과 펜 뚜껑이 도사린 구석으로 야금야금 밀려오고 있었다. 마치 스위치가 극성을 바꿔 모든 것을 다시 옳은 방향으로 순환케 하는 것처럼 나는 뭔가 불가해한 변화가 일어난다는 느낌을 받았다. 어느 이웃집 모임에 다녀온 아이들의 얼굴은 마법사처럼 분장해 물감으로 뒤범벅이다. 조잘대며 이어지는 대화, 방안 가득 서로의 얼굴을 재미있게 흉내내는 동작, 위층 창문에서 비춰오는 불빛, 황혼 무렵의 청회색 하늘 덕분에 한동안 세상이 그리 나쁘지는 않다는 느낌을 받았다.

두번째 순간은 몇 주 전에 찾아왔다. 나는 수영을 나간 가족을 만나기 위해 수영장으로 가고 있었다. 그곳은 콧물과 다른 집 아이들이 범벅이 된 아주 매력 없는 곳이다. 우리는 그곳을 매우 좋아했다. 그중 넓고 얕은 곳은 제이니가 구불구불 걸으면서 요정들과 이야기도 하고 수영을 하는 척이라도 할 수 있는 곳이었다. 좀더 깊은 곳은 소년들이 수영하고 떠밀고 방귀를 뀌고 소리를 지르는 곳이다. 최저임금을 받고 일하는 여드름 투성이 청소년들의 기분에 따라서 파도를 올려주기도 하는데 그러면 우리는 파도가 우리를 때리고 물이 코에까지 찼다가 귀로 흘러들어갈 때까지 숨을 턱 참으면서 가르릉댄다. 제이니가 한가하게 놀고 밖에 어둠이 깔릴 때까지 나는 그 인공 수영장에 누워 있다. 그리고 내 마음을 따라 산등성이 길이 생기고 갑자기 좀더 강해지고 안정을 찾으며 바로 지금, 여기, 이 순간이 좋아진다. 그것이 내게 필요한 모든 것이다. 오늘밤 잠이 올 것이다. 내일은 할 일을 할 것이다. 그리고 나중에, 아주 나중에는 다시금 나로 돌아갈 것이다.

내가 다시 할 수 있는 일이 독서와 육아만은 아니다. 나는 강아지처럼 콩콩 뛰는 심장으로 상쾌한 맞바람을 맞으면서 리치먼드 파크 근처의 내리막길을 내달릴 수도 있다. 그럴 때 나는 세븐 마일스의 랩을 부르는데, 그러면 숨이 차오르고 집에 도달했을 때는 만족스럽게 몸이 지쳐 있다. 다음날 오랫동안 경험해보지 못한 가벼운 마음을 느낀다. 다시금 운동이 좋은 해결책임을 깨닫는다.

TV 역시 다시 본다. 그러나 여전히 부담스럽기 때문에 많이 보지는 않는다. 그것만 해도 좋다. 그건 우리가 「와이어」^{The Wire}나 「매드 맨」^{Mad Men} 같은 프로그램을 흥청망청 즐기는 게 아니라 한 달에 몇 번 맛만 본다는 것을 의미한다. 음식도 다시 어느 때보다 많이 즐긴다. 이제는 몇 년 동안 가져보지 못한 식욕과 즐거움으로 풍성한 음식을 대한다.

여전히 시간이 남기 때문에 우울증에 빠진 다른 아빠들을 많이 만난다. 우울증에 걸린 사람들은 같은 처지의 사람들과의 만남을 좋아한다. 그들은 증상을 비교할 수도 있고 자기가 혼자가 아니라는 사실에서 위로를 얻기도 한다. 누군가 비슷한 증상을 이겨내고 있다는 사실은 자신과 질병을 새롭게 이해하는 데 도움을 준다. 이 병이 아주 괴물 같은 병이라는 혼자만의 생각에서 벗어나게 해주는 것이다. 대신 병은 그저 인간의 한 조건으로 이해된다.

빌Bill은 이 지역 출신으로 나보다 1년 먼저 똑같은 상태를 겪어온 친구다. 그래도 우리는 늘상 각자의 상황은 다르다고 이야기한다. 아내들은 지난 몇 달 동안 서로를 위로해왔다. 요즘 그는 차 한잔을 마시러 마을로 건너온다. 우리는 올해의 첫번째 따뜻한 햇살을 받으며 의견을 나눈다. 그는 한 18개월 전에 발병했으며 한 달 동안 의자에 앉아 있기만 했고 3개월 동안 휴직했다가 복직했으며 재발하여 지금은 다시 휴직중이다.

도대체 무슨 일이 있었는지를 그에게 물었다. "뭐 하나를 딱 꼬집기 어려워"라고 그 친구는 대답했다. "여러 스트레스 요인들이 복합적으로 작용했는데 잘 대처할 수가 없더라고. 내가 우울증에 당했을 땐(2008년 7월) 직장에서 아주 부담이 큰 업무로 거의 쓰러지기 직전이었어."

나처럼, 빌도 잠을 잃어버리기 시작했다. 나처럼, 그도 업무에 치이기 시작했고 이전 같으면 즐기며 하던 어려운 일들이 남몰래 두려워지기 시작했다. 그는 수면제를 찾았지만 사태를 더 나쁘게 만들 뿐이었다.

"삶이 통제가 안 될 정도로 빙빙 도는데도 아무것도 할 수 없더라고. 몇 시간씩이나 물끄러미 소파에 앉아서 내 머릿속의 시간을 되돌리고 예전으로 돌아가 상황을 개선시켜보려고 했지."

"나는 우울증을 '보이지 않는 모욕'이라고 불러. 아무도 그 병을 볼 수 없지. 그건 다리가 부러졌다거나 머리에 붕대를 감은 게 아니니까. 실제의 병처럼 느껴지지 않아. 마치 휴가를 얻은 사기꾼 같은 느낌이랄까. 그걸 멀쩡한 사람에게 설명하자면 애처로운 느낌이 들 거야."

대화가 도움이 된다는 것에 우리는 동의한다. 물론 회복될 거라는 확신도 도움이 된다. "우리 둘 다 회복이 될 거라고 믿어," 우리가 많이 좋아졌을 때 빌은 말했다. "마음챙김에 전념해봐. 너 스스로에게 너그러워지라고. 자신에게 가혹할 필요는 없어. 한번에 한 걸음씩만 나가봐. 아무리 작은 거라도 꼭 하루에 한 가지씩 즐거운 일을 해보라고. 수영도 좋고 쇼핑도 괜찮지. 과거에 사로잡히지 말고 현재를 살아봐. 냄새며 풍경, 소리, 맛, 감촉에 집중하라고." 이 병 덕분에 얼마나 말이 유창해지는지 나는 스스로 감동을 받고 만다.

나이절^{Nigel}의 경우는 꽤 다른데 그건 부성(父性)이 가져온 변화와 밀접하게 엮여 있다. 나이절은 아빠 우울증의 전형적인 사례다. 그가 사실을 밝혔을 때 나는 놀랐다. 한동안 우리는 정 감어린 농담을 주고받으며 즐겁게 지내왔다. 나이절이 지역 모임에 나타나면 나는 마음속으로 미소를 지었다. 그는 대화를 재미있게 이끌어나갔다. 그는 템즈 강에서 무면허로 카약을 하다가 쫓겨난 일 따위로 분위기를 띄웠다.

처음 우리가 나눈 심각한 대화는 다음과 같은 것이다. 나이절은 첫 아이가 태어났을 때 스스로 무시당하고 사랑받지 못하는 느낌이었으며, 그 사실에 화가 났다고 한다. "그건 내가 사랑받아야 한다는 명백한 요청, 그리고 첫 출산 후 아내가 육체와 감정의 트라우마를 낙관적으로 이겨내야 한다는 인식이 뒤섞인 상태였지. 더 폭넓게는, 웃음이나 기쁨 외의 것은 무엇이든 나에 대한 불만으로 해석한 거야. 그러니 직업과 육아를 결합하려는 순진한 노력은 결국 나도 모르는 사이에 천천히 우울증으로 빠져들어간 게지."

나이절은 자신이 원한 것—가벼운 마음과 즐거움, 편안함—과 실제 상황—어둡고, 기분이 나쁘며, 경직되고 불안한—사이에 충돌이 있었다고 말한다. "그건 내가 바라던 바가 아니야. 집에서는 나 스스로 정말 싫어진다는 생각을 많이 했어." 경제적 위기가 뒤따랐고 그 둘은 모두 항우울제를 처방받았다. "항우울제가 도움이 되더군. 보건소 의사는 내가 가볍게 하는 말이 고통스러운 사람에게서 나온 흐릿한 윤기라는 걸 잽싸게 알아차리더라고." 나이절은 비밀을 털어놓을 친구를 찾을 수 없을 때마다 외로움을 느낀다고 말한다. "아빠가 된 내 친구들 사이에서 양육의 어두운 측면이라는 주제는 그리 환영받지 못한다는 인상을 받았지. 매번 충실하지 못한 사람, 아니면 우울한 사람 같은 분위기를 풍기며 대화가 끝났으니까."

나는 나와 매우 비슷한 증상이라고 위로한다. 나이절의 고백으로 내가 아빠가 된 시점과 우울증이 발발한 시점이 일치하는 게 아닌가 하는 의심을 품어본다. "아빠가 되고 처음은 형편없지." 나이절은 말한다. "잠이 부족한 것은 말할 것도 없고 일, 배우자, 아이들, 자신 할 것 없이 제대로 할 수 있는 게 없잖아. 부모는 그저 패배의식에 빠져들 수밖에 없어." 그의 말 덕분에 나는 아프기 전에 나를 따라다니던 고약한 상투어들을 떠올린다. 만사에 투덜거리는 파김치 아빠, 천박한 머리를 하고는 반쯤 빈 잔을 찾아 허공을 가르는 아빠의 붉고 처참한 눈. 한때는 신이 났을 밤 시간대는 이제 하루 중 최악의 시간(아이들이 흩어져 들어오는 5시에서 7시 사이)을 준비하며 눈을 찡그리는 시간이 되었다. 사람들이 재미없는 장소에서 시시콜콜한 (주로 자녀들에 관련된) 대화를 나누는 것 역시 따분하기 이를 데 없다.

나는 생일과 크리스마스를 싫어하게 되었다. 사람들이 나에게, 그리고 서로에게 선물하는 별 의미없는 싸구려 물건들도 싫어졌다. 나는 평생 아무것도 깎을 일이 없고 어둠 속이 더 행복한데도 불구하고 주머니칼이나 손전등 같은 것들을 생일선물로 받는 사람 같았다. 크리스마스라면 누구나 받는 선물이 내게는 무서웠고 나쁜 쾌락의 짧은 순간을 이어가려는 것으로밖에 보이지 않았다. 크리스마스는 언제나 아프거나 신경질적인 아이들에게 보여줘야 할 길고 고단한 여행일 뿐이었다. 여름휴가는 그저 약간 색다르고 조금은 불편한 곳에서 보내는 늘 똑같은 따분한 행사였다. 주말 모임은 아이들을 쫓아다니다 끝나고 애들이 잠이 들고 나면 모두들 지쳐 나가떨어지기 일쑤였다. 한숨 아니면 툴툴거리는 소리만 났다. 어느 해인가 샤론이 생일선물로 피아노를 사주었을 때조차 내 첫 반응은 '맙소사, 저걸 누가 옮기나? 내가 할 일이 또 하나 늘었구나'였다.

세상은 넓고 되는 일은 없었다. 민주주의는 부패하고 김빠진 시간낭비였다. 선거는 뻔한 데다가 중요하지도 않았다. 축구는 속물들과 부자들에 지배당한 아름다운 게임이었다. 멍청한 기회주의자들과 백치 같은 TV 콘테스트 때문에 엉망진창이 돼버린 팝 음악은 공허하기가 이를 데 없었으며 너무나 졸아붙어서 모든 코드들이 멸종될 지경이었다. 자동차들이 도시를 황폐화시키고 슈퍼마켓은 중심상권을 피폐화시켰다. 알카에다는 신앙을 무너뜨렸고 연예인들은 문화를 파괴했으며 유명한 셰프들은 음식을 망가뜨렸고 외모 중심의 문화는 가치관을 오염시켰다. TV는 무책임했고 아이들을 데리고 볼 만한 영화가 없었으며 술값은 너무 쌌다. 영광스런 시스템은 아첨꾼들과 폭군들에게 상을 수여했다. 나는 운전자들과 청취자 참여 프로그램에 전화를 거는 사람들에게 욕을 내뱉었다. 하지만 그보다 심한 것은 더이상 아빠 말고는 될 것이 아무것도 없다는 사실이었다. 아빠^{dad}라는 말은 앞으로 읽으나 뒤로 읽으나 스펠링이 똑같은, 아무리 봐도 짧고 멍청한 말로밖에 보이지 않았다. 나는 인생을 내가 소유한 것으로 판단하지 않고 내가 잃어버린 것으로 판단했다. 토요일 밤의 외출, 자유, 나만의 시간, 친구들 같은 것으로 말이다. 모든 것은 목표지향적이고 기능적이 돼버렸다. 차, 부엌, 매주일의 쇼핑, 심지어는 섹스까지도 그랬다. 나는 5년 전이었다면, 대놓고 속물적이라고 욕했을 그런 사람이 돼가고 있었다.

세 명의 40대는 각자의 경험이 달랐다. 하지만 셋은 하나같이 변신과 존재의 재탄생을 경험하고 있었다. 또한 그러기 위해 우리는 고통스러운 존재의 분열을 견뎌내야만 했다. 그건 애벌레가 나비가 되는 것과도 같았다.

내가 할 수 없는 일은 점점 더 많아진다. 일리야 레핀^{Ilya} ^{Repin}(러시아의 사실주의 화가)의 「트로이카」^{Troika}에서처럼 아이들에게 매달려 열심히 보살펴주며 내가 얼마나 못나 보이든지 상관 않고 나를 사랑해주는 샤론이 있다. 나는 다시 그녀를 사랑하기 시작한다. 우리는 겨울 주말에 따뜻하고 조용한 포옹을 나누었고 보드게임을 했으며 아이들을 위해 요리를 하고 기분전환을 위해 침실을 바꾸기도 했다. 우리는 다시 한 침대에서 잔다. 그건 회복을 위한 또하나의 작은 행보다. 그녀는 방을 장식하기 위해 반차를 내고 우리는 산책을 나간다. 결혼기념일에 나는 꽃을 샀고 그녀는 나에게 요리를 해주었다. 나는 사소한 일을 맡기도 한다. 그녀가 아주 힘든 한주를 보냈을 때는 주말에 아이들을 태워 친정에 가지 못하게 한다. 대신 내가 아이들과 함께 야외에서 오후를 보낸다. 수개월 만에 처음으로 내가 '나 외의 셋'을 책임진 것이다.

내가 즐거이 땅을 일구고 씨를 뿌리고 물을 주고 느리게 거니는 정원도 있다. 나는 원예를 해본 적도 없고 왠지 후줄근한 식물들도 나를 싫어하는 것만 같다. 나는 화초의 달인이었던 어머니에게서 배운 게 거의 없다. 어머니는 온전히 정원에서만 나온 풀로 식단을 차리는 데 커다란 자부심을 가진 분이다. 내 누이들과 나는 그게 잘못됐다고 생각했다.

"그냥 가게에서 채소를 사지 그래요, 엄마."

"가게 것이랑 다르잖아. 더 맛있으니까."

"감자도 토마토도 그맛이 그맛인데요."

지금은 내가 그 일을 하고 있다.

우리 정원은 비좁다. 하지만 나는 정원에서 집까지 이어지는 연결통로를 비밀리에 만든다. 그곳은 질척거리는 데다 별로 수확이 좋지 않고 검은딸기나무와 소똥으로 가득 차 있다. 나는 땅을 파헤쳐 잡초들로 퇴비를 만들고 길거리의 말똥을 모아다 거름을 만들며 수일 내에 자라기 시작하는 토마토 씨를 심는다. 그건 나만의 작은 주말농장 같다. 나는 오래된 채로 퇴비를 걸러내어 그 신비한 마력 속에서 낯설고 원초적인 기쁨을 느낀다. 우리 딸은 통통하고 앙증맞은 손으로 달팽이나 벌레들을 집어내 작은 컵에 담는다.

"왜 애한텐 눈이 없어?" 달팽이를 집어올리며 아이는 묻는다.

"달팽이는 원래 그래," 나는 대답한다.

"왜?"

"대신 달팽이한텐 안테나가 있잖아. 그걸로 보는 거지."

"왜?"

"그렇게 만들어졌으니까."

"누가 만들었는데?"

"음… 하느님이?"

"왜?" 아이가 '우… 오' 하는 날카로운 신음소리를 내며 달팽이를 바닥에 떨어뜨리기 전까지 대화는 그런 식으로 계속된다.

나는 이제 레몬나무를 실외로 옮겨야겠다고 결심한다. 우리 둘에게는 중요한 순간이 온 것이다. 기술적으로는 아무 문제가 없었다. 나무는 밖에서 자라는 게 당연하니 말이다. 북쪽에서 서리가 몰려오지는 않을 거라고 확신하면서 나는 나무를 주시한다. 갑자기 빛을 쬐면 충격을 받을 테니 몇 주간은 그늘에 놓아둘 필요가 있다. 하지만 온화한 봄볕이 찾아와 정원의 가장

키 큰 나무가 되면서 볼 만한 봉우리를 터뜨리고 많은 과일을 선사하면서 나에게 감사를 전한다. 오래된 레몬들은 이상하게도 여전히 푸르다. 하지만 그것도 쓸모가 있다. 과실이 익는다. 매끈하고 노란 열매가 눈앞에 열린다.

그리고 또 오랫동안 내가 어떻게 해야 할지 몰랐던 것 하나는 음악이다. 나는 플로렌스 앤 더 머신^{Florence and the Machine}과 닉 드레이크, 그리고 '민중 음악'이라 불린 허비 행콕^{Herbie Hancok}의 유별난 곡들을 다운로드 받는다. 그 곡들은 아마도 내가 좋아하는 음악의 모든 것, 즉 1975년 무렵 부엌을 서성거리며 듣던 재즈 같으면서도 듣기 쉽고 그루브가 있는 음악을 대표하는 것일 테다. 음악이 다시 내게 다가온다. 아무도 없을 때 나는 피아노를 치며 제이미 컬럼^{Jamie Cullum}의 짧은 곡들을 크게 부른다. "나는 이제 모든 것을 극복했네. 얼마나 기쁜지 말로 할 수 없다네." 병세의 진행으로 볼 때 때이른 감이 없지 않지만 기분은 좋다. 조용하고 뭔가 느슨한 순간에 나는 전 같으면 감히 입에도 올리지 못할 곡들을 연주하고, 왼손의 리듬을 타면서 그 곡의 식스 마이너와 세븐 마이너를 연습한다. 그리고 나는 누구인지도 모를 사람에게 "이제 끝난 거야?"라고 속삭인다.

그렇지 않다. 회복에서 가장 어려운 점은 그것이 직선이 아니라는 것이다. 처음에는 좋은 날이 없다. 그러고는 이따금 하루나 이틀은 괜찮다. 그 다음에는 일주일이 거의 정상으로 되돌아온다. 하지만 질병의 거대한 맥박이 다시 비집고 들어오면, 바닥이나 침대에 앉아 낡은 벽을 마주하고 스스로를 숙고하는 것조차 불가능할 정도로 코너에 몰린 자신을 바라보게 된다. 이런 경험은 초반의 몇 주나 몇 달보다 더 당혹스럽다. 그 진폭이 너무 넓어서 좋은 날은 그냥 기분이 좋은 정도가 아니라 하늘보다 넓고 광대해져 뭐든지 할 수 있을 것 같고 책과 음식, 새로운 친구, 좋은 시간과 행동에 대한 갈망이 생긴다. 지나친 것이다. 그리고 아주 나쁜 마법이 찾아든다.

12

차트

이번 세기는 데이터의 세기다. 모든 것은 디지털화되고 0과 1의 긴 끈으로 축소되고 계량화되며, 지도화되고 차트화될 수 있다. 또한 모든 차트와 데이터는 스토리를 담고 있다. 종종 나는 그 차트가 환상적이고 놀라운 정보를 담고 있음을 발견한다. 이런 식으로 우리는 결국 모든 것에 대한 모든 것을 알게 될지도 모른다. 모든 패턴, 모든 스토리, 모든 음모는 검색될 수 있고, 압축되거나 압축에서 해제될 수 있다. 다가올 미래에는 정보를 검색하고 압축하고 압축을 풀고 추출하고 추론하는 사람들이 스토리텔러가 될 것이다. 그러나 다른 한편으로 그건 두려운 일이다. 사람들은 어디서 이 모든 데이터를 가져오는

가? 그리고 데이터가 폭발적으로 계속 증가한다면 2020년쯤의 데이터는 얼마나 많아질 것인가? 이 문장이 데이터화된다면, 어디서 누구를 위해 살아남을 것인가?

내 담당의사였던 버니가 하루는 내 기분을 객관적으로 체크하여 스스로 점수를 매겨보는 것이 좋겠다는 제안을 했다. 그러면 기반이 무너지고 나쁜 사태가 다가올 때 의지할 만한 데이터가 생길 것이라는 제안이었다. 나는 그 제안을 받아들였다.

나는 하루에 네 번(일어난 직후, 아침, 점심, 저녁) 내 기분 상태를 100으로 나눠 점수를 매긴다. 그랬더니 아주 유용한 경계 지점이 생겨난다. 50점 이하는 내가 병마와 싸우고 있다는 것을 의미한다. 40점 이하는 근심이 커지면서 잠을 제대로 못 잔다는 것을, 30점 이하는 암울한 기분을 드러낸다. 10점 이하는 나 스스로에게 위험을 알리는 경고다. 다행히 그런 경우는 아주 드물다. 반대로, 60점대는 여전히 생각이 많고 잠이 부족하긴 하지만 그런 대로 괜찮다는 것을 의미한다. 70점 이상은 폭넓은 안정과 약간의 우울감을, 80점 이상은 기분이 매우 좋고 활기찬 것을 뜻한다. 100점은 완벽하게 아무 증상이 없다는 의미다.

점수에 되도록 객관적이려고 했으나 지금의 70점이 발병 직후인 2009년 10월의 70점과 같다고 한다면 그건 조금 아닐 것이다. 그때의 70점은 더없는 행복이자 구원에 가까운 믿기 어려운 흥분을 주었다. 요즈음 70점을 받는다면 화가 날 것이다. 그것은 뭔가 잘못됐다는 의미기 때문이다.

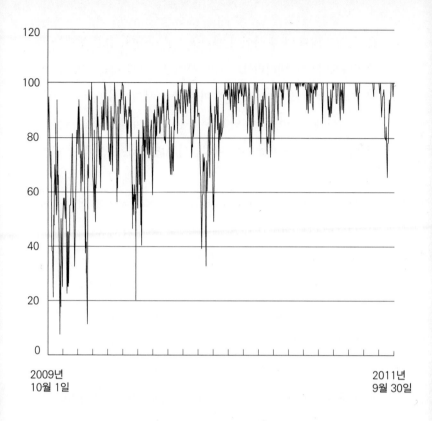

120

100

80

60

40

20

0

2009년
10월 1일

2011년
9월 30일

　　거기서 그치지 않는다. 나는 지난 1주 또는 2주, 한 달이 어떻
게 지나갔는지를 보여주는 이동 평균치를 고안했다. 또한 그걸
더 세세히 나눠서 하루에 한 번 100가지 기분상태 중 8가지 주
요 증상에 점수를 매기고 그걸 매일 점수를 산정하는 참고자료
로 활용한다. 그리고 나자 아주 간단한 스프레드시트 위에 이
점수들을 비교하고 대조할 수 있는 그래프를 만들게 되었다.
그것은 패턴을 알아내고 행동을 수정하기 위한 것이며 운동과 불면, 무기력과 생기 사이의 관계를 드러내준다. 점점 쌓이는 데이터베이스에 내러티브(서사)를 부여함으로써 나는 그 모든 걸 분별해보려고 한다. 그 결과 어떤 증상 사이에서 다음과 같은 인과관계를 찾아낼 수 있었다. 가령, 기분이 다운되고 나서 며칠은 늘 머리가 아팠으며, 며칠간의 이명 또는 무기력 후에는 불안이 엄습했다.

다른 무엇보다 그 차트는 내가 무엇을 해야 할지를 말해준다. 지금도 나는 거기서 내가 갈 길을 생각해보려 애쓴다. 패턴을 검색해보는 것은 좋은 아이디어다.

여기 패턴이 있다. 약한 투통이나 일찍 잠에서 깸, 일반적인 나른함은 깊은 추락의 표지판 같은 것이다. 불안이나 강박, 우울감 뒤에는 수면 지수가 무너진다. 우울감 지수가 먼저 회복되면 그 뒤에 불안과 강박 증세가 사라진다. 수면은 항상 맨 나중에 좋아진다. 나는 그 숨길 수 없는 표지에 주목하게 되었다. 넓게 펼쳐진 흐름을 보면 고점과 저점의 자연스런 사이클이 드러난다. 그 최고점과 최저점 사이의 간격을 계산해본 결과 나는 그 사이가 2주일 정도 된다는 사실을 발견했다. 거칠게 말한다면 좋은 한주가 지나면 나쁜 한주가 찾아온다는 의미다. 이 간격은 점점 커지며 평균 점수도 리드미컬하게 상승한다. 비록 그래프가 들락날락하고 의심 가는 부분이 있긴 하지만 믿을 만한 흐름이 있는 것도 사실이다. 지금, 물결이 일고 큰 파도가 밀려온다면, 어딘가 닻이 마련돼 있을 것이다. 그 닻이 언제나 나

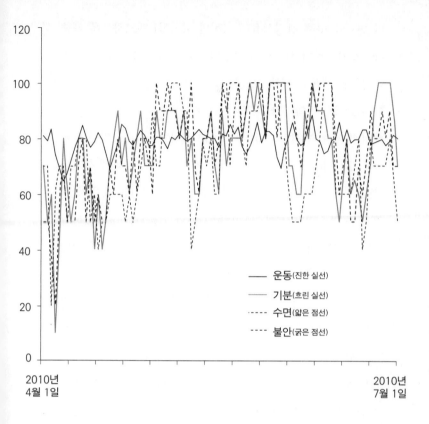

운동(진한 실선)

기분(흐린 실선)

수면(얕은 점선)

불안(굵은 점선)

2010년
4월 1일

2010년
7월 1일

를 고정시키는 것은 아니다. 하지만 그것은 분노한 마음이 일
으키는 끈질긴 선동을 가라앉히기 시작한다. "나는 결코 좋아
지지 못할 거야." 마르코가 한탄한다. "아냐, 좋아질 거야." 록
시가 대답한다. "왜냐하면 11월 19일에는 모든 게 암울했지만,
11월 22일에는 다시 안정을 되찾았으니까."

물론 이런 일을 해주는 인터넷 사이트나 앱이 있다는 것을
알았으면 더 좋았을 것이다. 무드트래커Moodtracker는 약물이나 수

면 변화에 따른 감정선을(최고점과 최저점) 체크하도록 해준다. 그 차트상의 사랑스럽고 알록달록한 핑크색, 보라색의 막대기들은 행복을 위해 고안된 것만 같다. 기분이 얼마나 끔찍한지를 서로 이야기하고 '다이어트가 아주 중요하다' '약을 꾸준히 먹어라'와 같은 충고를 나누는 채팅방도 있다. 이런 토론 가운데 사람들이 도달하는 성급한 결론은 나를 놀라게 하기도 한다. 사람들은 "수면제를 먹었지만 곧 포기했어요. 수면제 때문에 기분이 잡쳤거든!" 하지만 여러 다른 요인들이 작용하고 있는 와중에 하필이면 수면제 때문에 기분이 잡쳤는지를 어떻게 아는 것일까? 가장 큰 논란거리는 항우울제와 연관된 것이다. 그 빌어먹을 약은 예측이 불가능하다는 거였다. 어떤 사람은 약이 듣지 않는다면서 3일 후에 약을 내다버릴 거라고 말하기도 한다. 다른 사람은 약이 제대로 들으려면 시간이 걸리므로 더 참아보라고 청하기도 한다. 나는 둘 다 틀릴 수 있다고 결론짓는다. 이 병에 관해서는 방대한 데이터에 의지하지 않는 그 어떤 고정불변의 법칙이 있다고 말하기 힘들기 때문이다. 처음 항우울제를 복용하던 몇 주 동안 나는 그 약을 몇 달 복용한 사람들을 부러워했던 기억이 난다. 복용 초기에는 약효가 거의 없다는 게 통념이고, 실제로 어떤 사람들은 기분이 더 나빠진다고도 한다(물론 그런 현상은 우울증이 좀더 활개를 친 것에 불과할 테지만). 하지만 많은 사람들은 8주, 10주, 12주 후엔 기분을 되찾았다고 말한다. 그건 내 차트를 봐도 알 수 있다. 몇 몇 회의주의자들은 항우울제가 그와 같은 만능통치약이라면 왜 즉각 작용을 하지 않느냐고 지적한다. 나는 약이 적당한 혈중 농도로 올라가는 데 어느 정도의 시간이 필요하다고 믿는다. 내가 복용하는 약 중에 시탈로프람^{Citalopram}은 3일의 약물 반감기(半減期)를 가진다. 약을 먹은 지 3일이 되면 혈중에 약성분의 반 정도가 남는다는 말이다. 물론 여기에 이틀 전 먹은 약의 3분의 2, 어제 먹은 약의 5분의 4를 더해야 한다. 그런 식으로 약은 쌓이기 시작한다. 하루에 40mg을 복용하는 사람이, 혈중에 가장 높은 수치에 도달하면 200mg 정도가 된다. 하지만 결정적으로 3주가 지나기 전에는 그런 수치에 도달하지 못한다. 그래서 이 약을 끊을 경우엔 아주 천천히 용량을 줄여나가야 한다.

데이터가 항상 정답은 아니며, 늘 믿을 만한 것도 아니다. 어떤 것은 여전히 아날로그한 방식에 의존한다. 또한 차트에서 너무 지나친 기대를 읽어내기도 한다. 차트 역시 주관적이며 왜곡되거나 사악해질 수 있어서 전혀 도움이 되지 않을 때도 있다. 당신은 몇 주 동안 최고에 이른 점수를 수심에 잠겨 바라보면서, "그래, 이제 재발에 대비하는 게 낫겠어"라고 중얼거리게 될 수도 있다. 그건 분명히 실현될 예언이다.

사샤 칸은 확신에 이르지 못한다. 그는 비판하듯 차트를 바라보며, 심지어 야박하게 대하기도 한다. 나는 차트를 출력해서 지난 한주가 어땠는지를 의무적으로 그에게 보여준다. 그는 내

형편없는 점수에 눈살을 찌푸리더니 그게 우는 사람 뺨 때리는 격이 아니냐고 물었다. 혹시 내 꼬락서니가 어떤지를 상기시키는 그래프를 그려서 사태를 악화시키는 위험에 빠져드는 것은 아닌가?

하지만 차트를 완전히 포기할 수는 없다. 차트는 여전히 건재하기 때문이다.

나는 언제나 차트주의자였으며, 데이터 덕후였다. 그건 오래전 아버지의 디지털시계에 푹 빠져들었던 시절로 거슬러 올라간다. 얼마 지나지 않아 열정은 시들어버렸다. 시계는 너무나 뻔했기 때문이다. 다음 숫자가 무엇이 될지는 누구나 아는 것이다. 나는 뭔가 더 희한한 것을 원했다.

나는 묘지와 같은 BBC 방송의 여름 스케줄에서 그런 희한한 것을 발견했다. 사실상 거의 우연한 발견이었다. 예전에는 「미스터 벤」Mr Benn이나 「핑거밥스」Fingerbobs 같은 인기 프로그램이 끝나는 점심시간 이후에 TV는 거의 꺼진 것이나 다름이 없었다. 하지만 내가 할 일이 없긴 없었나보다. 나는 TV를 켜둔 채 거기서 흘러나오는 근사한 칼립소풍 음악을 들었고 곧이어 까만 점수판 위로 구불구불 번쩍이면서 이어지는 커다란 숫자들을 바라보았다. 이 숫자들은 때때로 이런저런 숫자로 변하다가는 다시 0으로 수렴되었으며, 그때부터는 천천히 다른 숫자들의 그룹이 떠오르곤 했다. 나는 그 숫자들이 의미하는 바를 몰랐다.

하지만 하얀 옷을 입은 크리켓 선수들의 우스꽝스런 행동과 뭔가 관련이 있는 것처럼 보였다. 고민 끝에 나는 오른쪽의 숫자들이 금빛 곱슬머리가 후광처럼 보이는 키 큰 젊은 남자와 연관이 있을 것이라고 결론내렸다. 왼쪽의 숫자들은 더 통통하고 축 늘어진 턱수염을 가진 남자와 연관이 있었다. 그들이 뛸 때마다 숫자판은 복잡한 발레의 춤동작처럼 요동쳤다. 물론 나는 크리켓에 관해 잘 알고 있었다. 아버지는 팬이었고 할아버지 역시 훌륭한 선수였다. 하지만 그날 오후 점수판 위로 숫자들이 넘어가기 전까지는 절대 그 경기를 이해하지 못했다. 그날 이후 지금까지 나는 크리켓에 푹 빠져 있다. 그저 숫자 때문이 아니라, 5일간의 게임 동안(크리켓은 한 경기가 길어지면 5일까지도 이어짐) 마치 드라마나 뉴스 스토리처럼 여름 내내 지그재그로 나아가는 그 변화무쌍한 서사 때문이다. 우울증이 다시 엄습해오는 느낌이다. 나는 「테스트 매치 스페셜」^{Test Match Special}(BBC 라디오에서 크리켓을 다루는 전문 방송)을 꺼야만 한다.

원래 나에게는 데이터가 중요했다. 게임을 할 때도 나는 점수와 평균, 차트 등을 노트에 기록해두었다. 그 데이터들은 자신의 스토리를 가진다. 초기만 해도 20점은 엄청난 점수였고, 13점만 되도 어떤 상대들은 게임을 포기했다. 위켓(wicket, 크리켓 용어로 야구에서의 삼진아웃과 유사함)이 너무 흔한 일이라 보울러(bowler, 야구의 투수에 해당)는 7점이나 4점만 가지고도—이 점수라면 축구에서는 거의 10골에 맞먹는다—의기양양하게 승리를 챙겼다. 나는 막대그래프에 색을 칠했고 그래서 비록 둘 다 10점 미만이긴 하지만 내 타격 평균이 투수 평균보다 낫다는 점이 뚜렷이 드러났다. 우리는 점점 더 강해져서 보통 매 게임마다 50점을 얻는 사람이 나오곤 했다. 나는 윈체스터의 경기에서 처음으로 50점을 냈는데, 그날은 너무 더워서 아무도 점수에 신경을 쓰지 않았다. 나는 비관주의에 빠졌다. 영국 팀이 서인도제도 팀에 다시 한번 참패를 당했다. 지금도 그렇지만 나는 내 자존감을 스스로의 플레이에서 찾는 게 아니라 한번 만나본 적도 없는 일군의 선수들에게 쏟는 나의 기이하고 자기파괴적인 응원 습관에서 찾는 걸 보고 충격을 받았다. 1986년 여름의 반 동안 나는 전혀 타격을 하지 못했다. 그러고는 어느날 태양이 떠올랐을 때 나는 다시금 미친 듯 점수를 냈다. 그 다음해 여름 나는 공을 너무 잘 때려서 타율이 수직 상승했다. 반면 투구는 점점 더 어려워졌다. 나는 프로 선수로서의 경력을 이어가는 많은 선수들에게 볼을 던졌다. 공이 쉬익 소리를 내며 내 귀 뒤쪽으로 날아가더니 바로 사이트스크린을 때렸다. 나는 크리켓이 그저 취미 이상이 되기는 힘들 것임을 깨닫기 시작했다.

다른 차트도 있었다. 아버지는 EMI에서 한주의 음반 판매 통계를 집으로 가져오셨다. 나는 붉은 인쇄용지에 그걸 목록화해서는 판매자료에서 다음주 싱글 톱 20에 어느 곡이 들어갈지를 뽑아냈다. 그중에서 나는 「카마 카멜레온」Karma Chameleon(영국 그룹 '컬쳐 클럽'의 히트곡)이나 「블루 먼데이」Blue Monday(영국 그룹 '뉴 오더'의 히트곡) 같은 곡에 열광했다. 또한 나는 훌륭한 곡들이 잘 안 팔리고 형편없는 곡들이 히트할 때마다 분노를 감추지 못했다. 연말이 오면 나는 어떤 싱글들이 그해 최고의 인기를 끌었는지를 아주 정확하게 계산할 수 있었고 마치 쓸 만한 지폐라도 되는 양 그 정보들을 뿌리고 다녔다.

학창 시절 리스트를 작성하는 건 하나의 강박으로 다가왔다. 아직도 내게는 '차트의 책'으로 통하는 작은 단어장이 있다. 거기에는 la fentre; 과부, la porte: 문, la bicyclette: 자전거 같은 단어들이 3페이지 정도 이어지다가 그 이후부터는 금세기 최고의 베스트 앨범 탑20, 최고의 친구 탑10, 유명해지기 전에 내가 좋아한 밴드 탑10, 1984년 최고의 TV프로 탑10, 나를 좋아하지 않았으나 내가 좋아한 여자애들 중 탑10 같은 것들로 방향을 틀었다. 나중에 학문적 성숙에 고개를 끄덕이게 될 즈음에는 독재자 탑10이나 대학 탑5 같은 것들이 채워지기도 했다.

내가 어쩔 수 없이 그려야만 하는 또다른 그래프가 있다. 그건 삶의 리듬, 즉 놀랄 만큼 규칙적인 하늘의 움직임을 기록한 것이다. 그것은 시간, 햇빛, 계절뿐 아니라 지구에서 빛과 어둠의 패턴과도 민감하게 반응하여 움직인다. 또한 시간이 시작된 이래 반복돼온 파동이며, 영원히 동일한 형태를 띠고 있다.

내 마음 속에는 기분 나쁜 생각이 도사리고 있다. 바로 이 병이 현재의 대재앙이 아니라 세월의 리듬에 대한 본능적인 거부라는 생각이다. 우리가 밝은 저녁을 맞지 못하게 된 하지(夏至) 이후에 나는 급격히 무너지기 시작한다. 어떤 위대한 비관주의자가 "아, 갑자기 가을이 온 것 같아"라고 말했던 그런 7월의 한주가 꼭 있다.

일몰 곡선이 급격히 떨어지기 시작하면서 내 기분도 추락한다. 8월 중순에서 10월 초까지 극적으로 떨어지는 일조시간은 내 기분 저하와 정확히 일치한다. 그 끔찍한 마술은 동지가 돼서야 막을 내린다. 춘분이 되자 나는 다시 좀더 사람다워진다. 나는 계절적인 장애 요인에 관한 많은 글을 읽었다. 아무도 정말 그럴 거라고는 생각하지 않는다. 하지만 나는 겨울마다 겪어야 하는 일이다. 그런 생각만 해도 불안이 밀려든다.

비록 적도에 살지 않는다고 하더라도 일몰과 일출 시간에 관한 흥미롭고 심지어 극적이기까지 한 장면을 마주하게 된다. 나는 러시아 극지에 간 적이 있는데 그곳의 낮과 밤의 교대는 사람을 미치게 만들기에 부족함이 없었다. 밤과 낮의 곡선은 급강하하다가 갑자기 솟구친다. 나는 11월 말에 그곳에 있었다. 우리는 어둠 속에서 아침을 먹었다. 태양은 10시나 돼서야 겨우 끌려나왔고 지평선 부근에서 90분가량 굴러먹다가 다시 쏙 들어가버렸다. 정오엔 땅거미가 졌다.

좀더 낮은 위도에 있는 런던에서 나를 놀라게 한 것은 변화 곡선이 불안정하다는 것이다. 여름으로 들어가는 상승곡선은 겨울로 들어가는 하강곡선과 똑같지 않다. 상승곡선이 더 가파

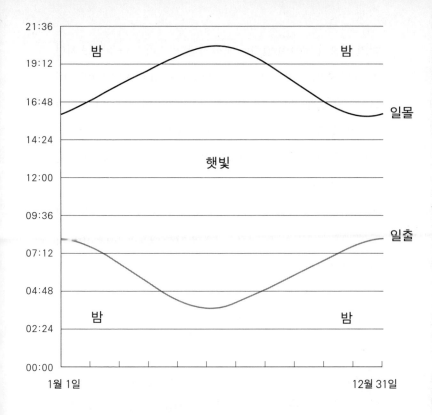

밤 / 밤 / 일몰 / 햇빛 / 밤 / 밤 / 일출

21:36
19:12
16:48
14:24
12:00
09:36
07:12
04:48
02:24
00:00

1월 1일   12월 31일

른 반면, 하강곡선은 완만하다. 동지 무렵을 전후한 2주간은 변
화가 거의 없다. 태양은 열흘 동안 8시 6분에 뜬다. 그러다가 수
십초의 차이가 나더니 일출이 1분 빨라지고 일몰이 1분 늦어
지는 식으로 급격한 변화가 찾아온다. 하루의 양끝에서 그 변
화가 2분이 되고 급기야 춘분이 되면 일출과 일몰이 3분이나
빨라지고 늦어진다. 그때 우리는 아찔하게 여름으로 진입하지
만, 그 시간이란 덤으로 주어진 것에 불과하다. 낮의 길이는 늘
어나지만 줄어드는 비율도 2분이나 되기 때문에 하지에 도달

하면 일출과 일몰이 일정하게 유지된다. 그러면 마치 요요처럼 그 경향은 역전된다. 빛은 점점 썰물처럼 빠져나간다. 아직 여름이지만 낮이 줄어들기 시작함을 느낄 수 있다. 그 다음 반년 동안은 좋은 소식도 있다. 춘분에 이르면 낮의 길이가 더이상 늘어나지 않는 것처럼, 추분이 되면 밤의 길이가 길어지지 않는다. 밤의 길이는 12월까지 점점 짧아진다. 그리고 크리스마스가 지나면 축하를 받을 만한데, 이때부터 낮이 조금씩 길어지기 때문이다. 1월 초쯤이면 겨울의 가장 어두운 달이 이미 지나간 것이다.

나는 계절적 장애요인이 어떤 지역에서 더 심해질 수 있는지 전문가들에게 물어봤다. 과학은 미묘하다. 미국에서는 위도에 따라 훨씬 더 우울증 발병률이 높은 곳이―플로리다 주보다 메인 주가 그렇듯이―존재한다. 하지만 유럽에서 그 패턴은 좀더 복잡하다. 위도 60도 위쪽에 고립된 사람들이라면 마땅히 그래야 하지만 핀란드인들은 우울증을 심하게 겪지 않는다. 나는 헬싱키에 두 번 갔었다. 7월에 그곳은 밤이 없다. 12월에는 낮이 거의 없다. 어느 것이 더 마음을 어지럽히는지는 여전히 알 수 없다.

만약 지난 10년간 차트를 그려왔다면 일출-일몰 곡선과 더 밀접한 관련성을 얻었을 것이다. 겨우내 나는 조각그림 퍼즐을 맞추거나 「와인드 더 보빈 업」^{Wind the Bobbin Up} 같은 노래를 부르면서 많은 시간을 실내에서 무료하게 보낸다. 3월이 되면 나는 새로운 한해의 탄생과 여름의 약속으로 흥분에 빠져든다. 꽃이 핀다. 아이였을 때 나는 그걸 전혀 몰랐다. 지금은 마치 다른 행성에서 벌어진 일이라는 듯 그것을 지켜본다. 때때로 봄은 너무 과한 면이 있어서 들뜬 나머지 거의 집중을 못하고 만다. 불가사의하게도 봄의 한가운데는 차분함이 있다. 내 경우에는 4월이 종종 안 좋은 경우가 있다. 그래, 그때는 오후 8시까지 해가 머문다. 하지만 서늘하고 습할 때 그 햇빛은 황량하다. 5월에서 7월까지는 눈부시게 아름다운 계절이지만 6월 말이 되면 공기 중에 뭔가 확실한 변화가 감지된다. 그때는 항상 변화가 찾아오는 시기다. 8월은 그저 끔찍할 뿐이다. 한해의 좋은 것들이 모두 끝나는 것처럼 보인다. 10월은 늘 나에게 친절하다. 그 달에는 생일이 있고 샤워를 해도 좋을 만큼 넉넉한 햇살이 있다. 아직까진 모든 걸 잃지 않았다는 느낌도 든다. 하지만 그러고는 11월이다. 이 무슨 재앙인가. 아프다. 하늘은 잡힐 만큼 낮게 깔린다. 황혼과 이슬비와 마치 설거지한 물처럼 모든 것을 질척거리게 만들어놓는 저기압을 뚫고 그 하늘을 볼 수만 있다면 말이다. 본파이어 나이트^Bonfire Night(영국의 가을축제로 불꽃놀이를 즐긴다)가 괜히 있는 게 아니다. 아마 사람들은 자신들에게 불꽃을 피워올리는 게 아닐까.

나는 하버드의 심리학자이자 한해의 계절적 주기가 정신에 미치는 영향을 연구하여 '감정의 달력'을 고안한 존 샤프^John

^{Sharp} 박사에게 자문을 구한다. 그의 이론은 달력의 패턴이 우리의 감정상태에 주로 세 가지 방식으로 영향을 미친다는 것이다. 그 첫번째를 그는 '물리적 영역'이라고 부르는데 여기서는 빛과 온도, 습도가 중요하다. 빛은 망막에 행복을 전달하는 효과가 있다. 너무 과도한 열이나 습도는 우리를 무기력하게 하기도 한다. 뭐든 적당한 것이 좋다.

두번째는 '계절적 기대'다. 이것은 크리스마스는 흥겹고 새로운 축구 시즌은 흥분된다는, 또한 가을이 올 때마다 신선함이 훅 끼쳐온다든지 11월 23일은 그저 두더지나 마음에 들 정도로 거의 항상 따분하고 울적하며 어두운 날이라는 인식을 뜻한다.

세번째는 '기념일 사건'으로, 놀랍게도 가장 강력한 요인으로 작용한다. 한해가 순환하여 뭔가 중요한 일이 일어났던 때로 다가갈 때마다 의식적이든 잠재적이든 우리 안에 단단하게 고정된 어떤 것이 반응한다는 것이다. 이것은 나무를 통과하는 빛의 각도나 그 무렵에 먹은 음식의 종류처럼 아주 사소한 일에서도 촉발된다.

"그건 일종의 생존 메커니즘입니다." 샤프 박사는 계절을 향한 자연의 소리에 반응하는 이 미묘한 동물적 감각에 대해 설명한다. "우리의 뇌는 계절의 모든 감각적인 측면들을 분류하고 배열하도록 설계돼 있습니다. 그 덕분에 무엇이 문제인지를 깨닫는 것이지요."

우리는 감정의 달력에 희생될 필요가 없다. 라이트 박스 같은 간단한 속임수로도 우리는 계절의 심리적 변화에 대응할 수 있다. 우리가 한해의 어떤 시기가 과거의 사건에 지배받을 필요가 없음을 깨닫고 적극적으로 대응한다면 기념일 증후군 같은 현상은 아마도 극복될 수 있을 것이다. 샤프 박사는 크리스마스에 어머니를 잃은 한 지인의 경우를 언급한다. 남편될 사람이 프로포즈를 할 때까지 크리스마스는 그 지인에게 힘든 일상에 불과했다. 그녀의 남편은 "우리가 크리스마스를 새롭게 바꾸는 거야"라고 말했다.

"정신의학에서는 예방의학에 주목하기 시작했습니다." 샤프 박사는 말을 잇는다. "예전에 의사들은 증상이 나타난 후에 문제에 대처했지요. 그런데 지난 50년간 예방의학은 진정 우리 생활에 들어왔어요. 하지만 정신의학에서 그것이 적용되기 시작한 것은 아주 최근의 일이죠." 그는 올해 말에 내 첫번째 기념일 증후군이 다가올 때 뭔가 건설적이고 자신감 넘치는 일을 하는 게 좋을 거라고 제안한다.

나는 그보다 더한 것도 할 필요가 있다고 생각한다. 나는 피할 수 없는 계절의 진행에서 내 행복을 떼어낼 필요가 있다. 내가 계절의 변화를 바꿀 수는 없다. 나는 너무 오랫동안 일출과 일몰, 여름과 겨울에 지나치게 민감했다. 겨울이 음침할 거라는 사실은 너무나 확실해서 변할 수 없는 것이다. 여름날의 흥분은 절대 실망시키지 않을 정도로 매력적일 것이다.

하루는 하루다. 매년 1월 24일이 얼마나 끔찍한지를 설명하는 학문적 연구 따위는 잊어버리자. 1월 24일도 좋을 수 있고, 생일에도 비참해질 수 있다. 여름도 실망스러울 수 있고, 가을이 풍성할 수도 있다. 심지어 크리스마스에 죽을 수도 있는 게 인간이다.

2010년 봄이 되자 차트는 안정을 되찾는다. 평균 점수는 70점 이상까지 오른다. 그래프는 더이상 포커 토너먼트의 거짓말탐지기처럼 요동치지 않는다. 나는 기운을 얻어 게으르게 건들거리면서 미래를 예측해보려 애쓴다. 나는 6월이면 모든 것이 끝나리라는 통통한 '추세선'을 만든다. 거기에는 여전히 상승 곡선과 모순되는 일시적인 잡음들이 있다. 나는 그걸 무시한다.

우리는 처음으로 주말을 이용해 야생마를 보러 교외로 나간다. 나는 야생마와 함께 있는 걸 좋아한다. 우리는 빈둥빈둥거리면서 TV에 나오는 사람들에 대해 농담을 나눈다. 공원 매점에 가서 25펜스짜리 도넛을 사먹기도 한다. 아이들은 모두 한 방에서 잔다. 누군가 계속 차(茶)를 탄다. 그래프가 잠시 재치기를 하기도 했지만 제자리를 찾았고 다행히도 내게 필요한 80년대와 90년대의 일들을 만들어냈다.

우리는 그래프에 대해서는 아무것도 생각하지 않았다. 나는 회복 사이클에서 다음 레벨이 찾아오기를 애타게 기다린다.

"다시 일자리로 돌아가고 싶어요," 나는 월코에게 말했고 그는 동의했다. "집에서 빈둥거리기만 해서는 그만큼만 좋아질 거예요." 그가 말한다. "마지막 최종 회복은 일상의 일자리로 돌아갔을 때 찾아오게 됩니다."

13

재발

어떻게 여기까지 왔는지 잘 모르겠다.

나는 거울 앞에 서 있다. 쉬고, 면도하고, 샤워하고, 박박 문질러 씻고, 위아래 속옷을 입은 채 작년에 입던 작업복을 입으려고 낑낑대고 있다. 그야말로 몸부림이다. 이제 내 양쪽 허벅지는 서로 척 달라붙어 있다. 지난 6개월 사이 내 체형은 거의 20년을 건너뛰었다. 40년 동안 먹어댄 끝에 마침내 나는 더이상 내 갈비뼈를 볼 수 없게 되었다. 지난번 회사를 그만두었을 때 10스톤(약 63.5킬로그램)이 채 안 되었던 것에 비해 지금은 13스톤(약 82.5킬로그램)이 넘는다. 새 옷이 필요할 것이다.

다시 일에 복귀해야 하기 때문이다. 마치 새 직장에 나가는 첫날 같은 기분이다. 초조하다. 준비를 너무 일찍 마쳤다. 라디오 주파수를 이리저리 돌리면서, 혹시 간접적인 무언가를, 내 상상력을 사로잡는 무언가를 들을 수 있을까 싶어 뉴스에 귀 기울인다. 거기가 바로 아이디어가 나오는 곳이다. 지난 6개월 동안 내가 떠올린 아이디어의 수는 한 손가락으로도 셀 수 있을 것이다. 그것은 오래된 근육을 다시 사용하는 것과 같다. 근육들이 유연하고 움직일 준비가 되어 있는 느낌이다. 아이들을 보니 자신감이 넘친다. 아이들은 놀란 듯하다. "어디 가요?" 꼭 자기가 아빠고 내가 아들인 것처럼 에드워드가 묻는다. "회사. 아빠 다시 일하러 가." 잠시 침묵. "아빠 일이 뭔데요?"

거의 기억나지 않는다. 회사는 마치 내가 1980년대에 한번 가본 적이 있는 어떤 나라처럼, 또는 고인(故人)이 되어 내가 더 이상 기억할 수 없는 얼굴의 어떤 사람처럼 멀리 동떨어져 있는 것 같다. 나는 여전히 남아 있는 몇몇 부정적인 생각들을 되풀이하며 잠시 매우 힘든 시간을 보낸다. 그들은 나를 그리워 하지 않았을 거야, 내 자리—또는 역할—는 없을 거야, 모든 것이 변했을 거야, 나는 쓸모없을 거야, 새로운 뉴스 안건도, 대략 3개월마다 우리 업계에 혁명을 일으키듯 빠르게 변하는 기술도 모르고. 나는 실세에서 멀어졌을 것이다. 에디터는 단지 실세 안에 있어야만 하는 것이 아니라 실세가 되어야 한다. 에디 터란 바로 그런 존재다. 뉴스 흐름의 교활한 관리자. 작가와 기고가가 당신을 통해 자신들의 글을 흘리도록 신뢰관계를 구축 하는 데는 수개월이 걸린다. 나는 출발선에서 시작해야만 할 것이다.

지금 이 시점에 다음과 같은 긍정적인 점들이 있다.

잘 잤다. 보통, 이렇게 중요한 날 전에, 나는 걱정하던 일을 이미 저질러버리는 꿈을 꾸며 새벽에 계속 잠에서 깨곤 했는데 이번엔 아니다.

기분이 좋다. 그냥 살아 있거나 그저그런 기분이 아니라 어마어마하고 가벼운 기분이다. 나는 춤추듯 뛰어다니며, 샤론이 옷을 입는 동안 그녀에게 섀도복싱을 한다. "저리 가." 그녀가 말한다. "당신이 아픈 게 더 좋았던 것 같아." 보라. 우리는 이제 농담도 할 수 있다. 나는 분명 점점 좋아지고 있다. 남은 증상은 거의 없다. 아마도 약간의 과민성 흥분 정도. 하지만 기절이나 공황, 불안, 우울, 이명, 소화장애, 두통, 무기력은 없다.

나 자신이 자랑스럽다. 오랜 시간 동안 내가 해낼 수 있을 거라고 단 한 번도 생각하지 않았다. 그럼에도 불구하고 나는 여기에 있다. 나는 사랑했고 잃어버렸던 삶을 되찾고 있다.

평탄치 않은 여정이 될 것이라는 주의를 들었다. 비슷한 고통을 겪은 동료가 일에 복귀하려고 시도할 때의 수많은 잘못된 시작에 대해 말해준다. 몇몇 사람들은 내게 좀 이른 게 아닌지 물었다. 일생을 단위로 삼는 병에 6개월은 아무것도 아니다. 나는 좌석에 여유가 있는 첫번째 열차를 타고 복스홀Vauxhall 역에서 지하철을 갈아타러 살며시 내려간다. 러시아 황제 니콜라이 2세가 복스홀 역에 매우 깊은 감명을 받은 나머지 역을 뜻하는 러시아어 단어 'vokzal'을 만들었다는 사실을 알고 있는가? 나는 그가 역에서 무엇을 봤는지 정말 잘 모르겠다. 틀림없이 1890년대에는 훨씬 더 웅장했을 것이다. 나는 콘크리트와 미늘판으로 이루어진 통로들이 매늡저럼 얽혀 있는 킹스크로스 역에 등장한다. 신문을 읽는다. 고든 브라운Gordon Brown(당시 영국의 총리)이 깡패처럼 군다고 비난을 받는다. 홍수가 마데이라를 폐허로 만든다. 오, 교황은 공항에서의 전신 스캔이 폭력이라고 생각한다. 나는 여느 때와 다름없이 더 펠로우 옆을 지나 요크 웨이를 따라 아주 빠르게 걸어간다. 그렇지만 전혀 여느 때와 같지 않다. 지금 나는 유리로 지어진 너울거리는 물결 모양의 킹스 플레이스 정면에 다가가고 있다. 수백 번을 다닌 길이지만, 오늘은 약간 비현실적으로 느껴진다. 어떤 의미에서 나는 한번도 회사를 떠난 적이 없는 것 같다. 하지만 목구멍에서는 어떤 기운이 일어나고 귀에서는 작은 소리가 울린다. 내가 이것을 할 수 있을까? 내가 아는 사람들은 나를 보아왔다. 사람들이 나의 안부를 물을 때 몇 번이나 지난 6개월을 간단하게 그리고 불충분하게 요약해주어야 할까? "꽤 힘들었다/괴로웠다, 바라건대 최악의 고비는 넘겼을 것이다/아직 위험한 상태에서 완전히 벗어난 것은 아니다/지금은 그저 파트타임이다/돌아와서 좋다/어떻게 극복했는지 잘 모르겠다." 나는 이 순간을—건물에 들어가고, 보도국에 다가가는—수없이 상상했다. 에스컬레이터에서 아무개를 만나면 뭐라고 할지. 다른 누군가가 내 책상을 차지하고 있으면 어떻게 반응할지. 승리감에 뒤섞인 두려움. 이렇게 멀리 올 거라고는 거의 생각조차 하지 못했다.

사람들은 친절하다. 누구는 커피를 가져다준다. 다른 누구는 예전 내 자리로, 6개월 전 거기에서 정신을 잃었던 책상으로 나를 안내한다. 나는 통신사와 웹사이트에 대해서까지 두서없이 말을 늘어놓으며 적당히 한 시간을 보낸다. 나는 또 한주를 시작하는 참에 『가디언』 직원들의 집단정신에 무엇이 있는지 듣기 위해 우리의 공개 아침회의에 들어간다. 그 뒤 논의와 기사와 뉴스 목록과 체크포인트와 회의가 이어진다. 쇼는 계속된다. 하지만 다른 면에서, 모든 것이 전과 같지 않다. 나는 지난 6개월을 무효로 만들 수 없다. 그러지 않도록 늘 주의할 것이다. 나는 매우 조심스럽게 발을 내디딘다.

나는 앞으로 몇 주 동안 점심시간에 퇴근할 것이다. 좋다. 오후에는 집중해서 매우 차분한 시간을 가질 수 있다. 하지만 첫날부터 또다시 잠드는 데 어려움을 겪는다. 심장이 그날의 격렬한 활동에 항의하며 가슴에서 튀어나오려고 하기 때문에 왼쪽으로 돌아누울 수가 없다. 오른쪽 귀에 울리는 소리는 상당히 극적이다. 나는 손님용 침실의 간이침대로 서둘러 도망간다. 다음날 나는 활기가 없다. 나는 겨우 격일로만 사무실에 나가고, 그래서 집에 있을 때면 얼굴을 찌푸린 채 복수를 다짐하며 진흙을 파고 가지를 친다.

나는 사무실에서의 두번째 날을 힘들게 보낸다. 나는 뉴스 안건과 우리가 따낼 수 있는 특종에 대해 논의할 때 집중하지 못하고 할 말이 없다. 나는 보고되지 않은 모든 정신병에 대해 생각한다. 우리가 카불 폭격이나 가자 봉쇄에 관해 쓸 때, 전쟁을 수행하는 군인들 또는 정적을 철창에 가두는 독재자들에 관해 쓸 때, 혹은 자연재해를 다루고 때때로 볼 수 있는 자연활동의 방대한 규모에 대해 이야기할 때, 이 모든 상황에서 정신건강이 인간에게 미치는 엄청난 파급효과가 언급될 시간이나 공간은 없다. 작년에 100만 명의 미국인이 자살을 시도했다. 100만 명. 이것이 내가 읽고 싶은 기사다. 애석하게도, 좀더 다양한 독자에게 팔릴 만큼 폭넓은 매력은 없는 것 같다. 기사가 확실하고 역동적이며 멋지고 과장된 문구가 아니라면—예컨대 '불경기가 우울증의 증가를 야기하다' 또는 '항우울제 처방이 10년 새 열 배 늘다'—그것은 신중하고 보수적인 에디터들의 관심을 끌기 어려울 것이다. 하지만 매년 스스로 목숨을 끊는 수십만 명의 사람들은 무엇인가? 또는 자살이 35세 이하 영국 남성의 가장 흔한 사망원인이라는 통계는? 나는 내가 무엇을 하고 싶은지, 무엇을 해야 하는지 안다. 나는 이것에 관해 써야 한다. 이러한 것에 관해, 나에게 도움이 되며, 자살은 절대 선택사항이 아니라는 사실을 깨닫게 만드는 기사를 써야 한다. 자살은 그저 곧 지나가는 절망의 순간적인 표출일 뿐이다. 그리고 지나가고 나면, 두번째 기회를 얻는 것이, 사형선고로부터 집행유예를 받는 것이, 삶을 다시 한번 손에 쥐는 것이 얼마나 경이로운지 경험하기 위해서라도 살아 있고 싶을 것이다.

나는 여전히 자다가 자주 깬다. 심장이 멎는 듯한 갑작스러운 충격으로 계속 깨어 있다. 나는 손님용 침실에서 다시 잠든다. 한결 편한 밤이 뒤따른다. 첫번째 주가 끝날 무렵 나는 스스로를 자랑스러워한다. 나는 일기장에 나 자신에게 몇 마디 적는다.

정말 잘했다. 자리에 앉고, 설득력 있는 생각을 하고, 기사를 쓰는 것은 고사하고 건물 근처에 가는 것조차 절대 하지 못할 거라고 수없이 생각했는데. 이 수준에서 안정을 유지한 다음 더 멀리 나아가야 한다. 크리스마스 이후의 회복 스케줄은 다음과 같다.

조피클론 없이 자기: 12월 말

로라제팜 끊기: 1월 중순

가장 지독한 증상들 없애기: 1월 중순

업무 복귀하기: 3월

반일 근무 수월하게 처리하기: 3월 중순?

종일 근무 수월하게 처리하기: 4월 중순?

미르타자핀 끊기: 5월

수면 문제 완전히 해결하기: 6월

시탈로프람 끊기: 2011년 3월?

메모를 마치기 전에 나는 이 목록에 문제가 있음을 깨닫는다. 우울증은 그렇게 단계적이지 않다. 차트를 보라. 우울증은 이와 같은 엄격한 일정표에 맞춰 억지로 끌려가는 것을 좋아하지 않는다. 항의할 것이다. 반란을 일으킬지도 모른다.

『가디언』은 뛰어난 사람들로 가득하지만, 어느 뉴스룸이나 마찬가지로 건강 회복과는 거리가 먼 곳이다. 모두가 날카롭고 빠르고 활기차다. 대화는 9초면 끝이다. 지금 좋아 보이는 아이디어조차 10분 내에 잊힌다. 자신이 원하는 것에 관해 사람들이 항상 명확히 알고 있는 것은 아니다. 대개 그들은 자신이 무엇을 원하는지 정말로 모르기 때문이다. 보도국은 닳고 닳은 볼베어링으로 가득한 핀볼 기계다. 부질없이 왜 나는 '0'이라고 표시된 구멍에 빠졌고 다른 사람은 아무도 그렇지 않은지 궁금해한다.

이것은 『가디언』만의 특성이 아니라 뉴스 조직의 특성이다. 뉴스는 참을성 없는 지배자다. 뉴스룸은 오직 두 가지 상태만 안다. 위기 모드와 다음 위기 전(前) 모드. 어느 쪽도 쉽지 않다. 위기 모드에서는 모든 사람이 항시 인터넷에 접속해 있고, 사람은 적은데 커버해야 할 지역은 너무 넓으며, 우리가 아무래도 무언가를 놓치고 있다는, 충분히 현명하지 못해 자카르타나 디바이지스^{Devizes}(영국 윌트셔 주의 상업중심지) 또는 양쪽 모두에 사람이 부족하다는 따가운 질책의 분위기가 감돈다. 하지만 모든 위기는 뉴스를 방출하고, 결국에는 잦아들어 해결되거나 중단되거나 무관심 속에 사그라든다. 그러고 나면 다음 위기 전 모드가 시작된다. 어떤 면에서는 이때가 훨씬 더 힘들다. 이때는 어떤 기사를 쓸지 또는 어디서 기사를 찾을지에 대한 감각이 없다. 리포터는 뭔가 괜찮은 것을 찾기 위해 더 열심히 파헤쳐야 한다. 에디터는 키워볼 만한 가치가 있는 것을 찾기 위해 언제나 미친 듯이 인터넷 이면을 캐고 다녀야 한다. 이론적으로 이때 사람들은 재충전하고, 휴식을 취하고, 5시에 퇴근하고, 가려운 곳을 긁고, 좀 느슨해지고, 긴장을 풀어야 한다. 그것은 직원들이 예컨대 신경쇠약 같은 것에 걸리지 않도록 하는 좋은 방법일 것이다. 하지만 아무도 그러지 않는다. 아무도 설렁설렁 일하지 않는다. 여기는 **빡빡한** 업계고, **빡빡한** 시장이다.

인터넷은 이 업계를 더욱 힘들게 만들었다. 20년 전, 내가 처음 일을 시작했을 때는, 이해할 수 있는 정보가 훨씬 적었다. 세상은 유한했다. 언젠가 실을 가능성이 있는 모든 국제뉴스 기사를 한 사람의 뇌가 처리하는 것이 얼추 가능했다. 경쟁사의 기사는 내일 읽는 것이었다. 가끔 기삿거리를 놓치고는 자책하기도 했다. 자주 경쟁사 기사의 부실함을 경멸하는 기사를 지어냈다. 그러고는 넘어갔다. 제대로 된 기사를 쓰는 방식 또한 더 정직했다. 웹사이트에서 다른 사람의 인용문을 오려붙일 수가 없기 때문에 고생스럽기는 했지만, 아무도 이미 기사를 인터넷에서 여섯 번이나 읽지 않았기 때문에 새로운 것을 정확하게 생산하기가 더 쉬웠다. 기사의 대부분은 진짜 사람들과 실제로 나눈 대화를 바탕으로 구성되었다. 또한 그 덕분에 기사가 더 생생하게 느껴졌다.

인터넷 시대의 데드라인은 어처구니없다. 인터넷은 뉴스 공급자를 미치게 만들기 위해 고안된 끔찍한 발명품이다. 시간 내에, 즉 일간신문의 저녁 데드라인에 맞춰 스냅사진을 인상적으로 배치하는 것은 끊임없이 수정하고, 다시 쓰고, 누가 말하는지도 모르는, 디지털 기기에서 쏟아져 나오는 트위터 시대의 줄줄이 이어지는 말에 응답하는 것보다 훨씬 쉽다. 아마도 나는 이제야 좀 익숙해진 것 같다. 아마도 20대는 세상을 아주 다르게 볼 것이다. 그들은 매우 젊다. 그렇지 않은가, 20대여?

어쨌든, 내가 다시 엎어지는 데는 정확히 5주가 걸렸다. 종일 근무까지는 가지도 못했다. 나는 다시 뉴스 때문에 잔뜩 흥분했다. 이라크 선거는 아슬아슬한 접전이다! 북한이 남한의 배를 침몰시킨다! 린제이 로한^{Lindsay Lohan}(미국의 영화배우, 가수)이 다시 중독 치료를 받는다! 그 모든 뉴스 그리고 오직 두 눈. 주말이 되면 나는 모든 것에 관해 뭔가를 알지만 어떤 것에 관해서도 제대로 알지 못하는 그 익숙한 느낌으로 집에 갔다.

그날 밤 나는 BBC2인가 BBC4에 묻혀버린, 신스팝^{Synthpop}(1970년

대 말 신시사이저를 기반으로 유행한 팝음악)의 기원에 관한 다소 헐렁한 프로그램을 본다. 자신이 이 나라에서 그 프로를 시청하는 여덟 명 중 한 명이 틀림없다고 생각하게 만드는 그런 프로그램이다. 도저히 거부할 수 없는 보위^{Bowie}와 재팬^{Japan}(영국의 일렉트로닉 밴드), 크라프트베르크^{Kraftwerk}(독일의 일렉트로닉 밴드)와 스파크스^{Sparks}(미국의 일렉트로닉 밴드)의 현기증나는 장면을 다른 모든 시청자들은 보지 못한다. 나는 그 어느 때보다도 머릿속이 꽉 찬 채로 잠자리에 든다.

나는 갑작스러운 충격에 잠에서 깬다. 심장마비 환자에게 전기충격이 가해질 때처럼 펄쩍 뛴다. 23시 30분. 「두 더 스트랜드」^{Do the Strand}(영국의 록 그룹 록시 뮤직의 곡)의 솔로가 머릿속에서 끝없이 반복된다. 떨쳐낼 수가 없다. 위층으로 올라가 몸을 마구 흔들어댄다. 잠을 계속 설친다. 다음날 밤은 더 나쁘다. 나는 누운 채 안절부절못하고, 커지는 소용돌이 속에서 돌고 또 돈다. 어둠 속을 빤히 쳐다본다. '안 돼! 다시 증상이 오고 있어. 나는 절대 좋아지지 못할 거야. 끝없이 계속 닥쳐올 거야' 하고 생각하지 않을 수가 없다. '이게 다야?' 하고 물을 때마다 답이 돌아온다. '아니!'

부활절(이번에는 망친)이다. 우리는 글렌딘에 간다. 어린이들을 위한 부활절 달걀 찾기, 바비큐 파티가 열리고, 교회에서는 수많은 성가가 불린다. 하지만 나는 기분이 처지면서 빠르게 지쳐간다. 사람들이 말을 걸어오는데 거의 견딜 수 없다. 어머니를 보며 한쪽 눈꺼풀이 뒤집힐 정도로 심하게 운다. 점심 식사 후 간신히 숲을 산책하다가 어머니에게 단지 평범한 삶을 원할 뿐이라고 말한다. 왜 나는 평범한 삶을 누릴 수 없을까? 6월에 샤론과 함께 홍콩에 가서 디버그의 집에서 머물려고 예약을 해두었다. 샤론의 마흔번째 생일을 특별한 날로 만들기 위해서였다. 이제 그 티켓은 쓸모없게 될 것이다. 나는 집에서 무용지물이 되어 그저 앉아서 허공을 응시하고 있을 것이다. 여름, 정말 멋진 여름이 통째로 날아갈 것이고, 나는 하릴없이 노한해의 겨울과….

다시 조피클론으로 돌아온다. 심지어 하루 이틀 동안 로라즈에도 손을 댄다. 하지만 내가 그녀를 진지하게 생각하지 않는데 짜증이 난 나머지 그녀는 도와주지 않는다. 재발에는 참으로 비참한 절차가 따른다. 나는 동료들에게 시간이 더 필요하다고 말해야 한다. 질병수당이 떨어져가기 때문에 인사팀에 말해야 한다. 의료 지원팀에 말해야 하고, 많은 비용이 드는 윌킨스 박사, 사샤 칸과의 면담도 다시 시작해야 한다. 나는 일에서 물러나 거의 예전만큼이나 무용지물이 된다. 차트는 의미가 없다. 8월 무렵 알제리의 기온 차트처럼 90대에서 나아질 줄을 모르고 몇 주 동안이나 그대로다. 이제 차트는 마치 차 뒷좌석에 앉은 아이가 그린 것처럼 그저 엉망진창이다.

"며칠 동안 차트는 내버려둬." 샤론이 말한다.

"하지만 그럴 수 없어, 그건…"

"그건 효과가 없어. 그저 숫자일 뿐이라고."

"전에는 도움이 됐어."

"하지만 이젠 도움이 안 되잖아."

우리는 집으로 돌아가는 차 안에 있다. 멋진 4월 밤이 햄프셔 전원에 펼쳐진다. 살찐 양들이 아무 계획 없이 느긋하게 돌아다닌다. 나무들은 새로 창조된 색들로 충만하다. 골짜기들은 안개와 새 생명으로 넘쳐난다. 샤론은 시속 90km로 달리고 있다. 나는 차 문을 열고 몸을 던지는 장면을 잠시 상상한다. 성공할까? 이것이 탈출구로서 자살을 생각하는 마지막 순간이 될 것이다.

*

회복은 힘들다. 그렇다, 밑바닥은 살아 있기에 가장 나쁜 곳이다. 왜냐하면 당혹스럽고 무섭고 다른 무엇보다도, 비참함을 느끼기 때문이다. 하지만 적어도 밑바닥에서는 무엇을 해야 할지 안다. 그저 앉아서 그대로 있어라. 다음 5분을 견디는 것 말고는 생각할 것이 없다. 그리고 또 다음 5분. 그리고 또 다음 5분. 그러나 회복의 중간 단계에는 더 힘든 결정들이 있다. 종일 근무로 복귀할 때까지 맹렬히 나아갈까, 좀더 어슬렁거릴까? 수면제를 3일만 쓸까, 일주일 내내 쓸까? 조만간 끊을까? 운동을 더 열심히 할까, 얼마간은 설렁설렁 할까? 예약하고, 계획하고,

준비할까, 그냥 흐지부지 둘까? 그때 난데없이 안 좋은 날이 엄습한다. 그러면 한동안 그런 날이 없었기 때문에, 마치 배신당한 것처럼 상처를 받는다. '언젠가 좋아지기는 하는 걸까? 항상 상처받아야 하는 걸까?' 하는 생각이 든다. 사무실을 둘러보며, 과감하게 자신의 일에 착수하는 모든 건강하고 활기찬 사람들을 바라보며 생각한다. '다른 사람들도 이걸 겪었으면 좋겠어. 그래서 이해할 수 있게. 더 많은 사람들이 내가 왜 그렇게 약하고 멍헌지, 예전의 나의 반노 못 되는지 이해할 수 있게. 다른 사람들도 이걸 겪었으면 좋겠어. 나만 그런 게 아니게, 다른 사람들도 핸드브레이크가 걸린 채 나아가는 느낌이 어떤 건지 알도록.' 하지만 뒤이어 그것이 얼마나 끔찍한지, 내가 얼마나 멀리 왔는지를 다시 생각한다. 그리고 계획과 인생의 경력과 약간의 계략을 가진 동료들을 바라본다. 그들 중 누구에게도 이런 일이 일어나기를 바랄 수는 없다.

이 재발은 무엇일까? 새로운 반복일까, 아니면 단지 후유증일까? 실제로 얼마 동안 더 좋아졌고 지금의 재발은 그 결과인 걸까? 아니면 여전히 첫 단계이고 이것은 단지 추가 사항에 불과한 것일까? 몇 주 동안 상태는 다시 좋지 않다. 내가 기억할 수 있는 가장 멋진 4월이지만, 그것이 조금의 변화도 만들어내지는 못한다. 나는 비틀거리고 여위어가며, 잠을 못 자고 기쁨이 없으며, 3월에 컨디션이 얼마나 좋았는지를 떠올리며 좌절

한다.

나는 바닥에 앉아 명상한다. 실은 아니다. 나는 생각한다. 회복의 피라미드에 관해 생각한다. 맨 아래 단계에서는 쪽잠이라도 들거나, 갑작스러운 극심한 불안과 터무니없이 이어지며 재잘거리는 반추가 끝나는 등 잠깐씩의 소강상태 덕분에 그럭저럭 버틴다. '회복된다면 너무 많이 원하지 않고, 너무 많이 요구하지 않고, 너무 많이 행하지 않고, 너무 많이 갈망하지 않을 거야. 이 모든 소름 끼치는 기분 없이 다시 나 자신으로 돌아간다면 그것으로 충분하겠지. 단지 나로, 행복하게 돌아다니며 꽃과 하늘과 계절의 변화와 바다의 위력에 경탄하는 인간으로 말이야' 하고 스스로에게 말한다. 하지만 다음 단계에 이르면, 그 모든 것에 경탄할 수 있을 만큼 좋아지면, 당연한 듯 그러지 않는다. 그 모든 것이 재미없어진다. 더 많이 원하는 것이 인간의 본성이다. 이제 안정적으로 잠들고, 불안은 사라지고, 꼬리를 무는 생각도 사라지고, 조금씩 빗나가기 시작한다. 일로, 격렬한 운동으로, 책으로 돌아간다. 그리고 서서히 그러나 확실히 그 단계 또한 지루해진다. 그저 직장에 나와 어슬렁거리다가 집에 가는 것을 원하지 않는다. 만족감을, 보람찬 하루를 원한다. 그래서 좀더 힘든 날을 며칠 보내고, 괜찮다고 생각한다. 스스로에게 말한다. "나는 출근해 열심히 일하다 휴식 시간에 자신을 돌보는 그런 사람이 될 거야. 재발하지 않도록 말이야." 그러나 얼마 뒤 그조차 따분해진다. 눈을 들어 세번째 단계를 올려다본다. 이 단계에서 사람들은 다른 사람들과 어울리고, 카사블랑카나 빌뉴스에서 주말을 보낸다. 더 스미스 트리뷰트 밴드에서 연주하거나, 난민들을 돕는다. 그래, 이건 내게 주어진 두번째 기회야, 하고 말한다. 삶은 짧고, 게다가 오랫동안 죽어 있었다. 나는 더 많은 것을 원한다. 여행과 신나는 일과 술 파티와 이벤트, 그리고… 또 그리고…. 그리고 머지않아 여섯번째 또는 일곱번째 단계에서 삶을 약간 지나치게 즐기고 과거와 같은 실수들을 고스란히 저지르는, 예전의 원래 상태로 돌아간다. 그리고 첫번째 단계를 내려다본다. 그것은 먼 길처럼 보인다. 어떻게 저기 아래서 조용히 느긋하게 걷는 것만으로 만족할 수 있었을까. 경멸 어린 푸념이 담긴 목소리로 스스로에게 묻는다. 보기 좋게 그리고 갑작스럽게 밑바닥으로 굴러떨어지기 전까지는 말이다. 그것은 그야말로 멀고 먼 내리막길이다. 그리고 정신을 차리고 냉혹하게 자신의 처지를 받아들인 후, 다시 거울을 깊이 들여다보며 자신과 또다른 협상을 한다. 제발, 오, 제발, 나를 다시 첫번째 단계로 돌려보내줘. 이번에는 거기에 정착할게, 약속할게.

내가 재발한 원인은 얼마든지 있을 수 있다. "그런 일이 일어나기는 합니다." 월킨스 박사가 말한다. 하지만 '일어나기는'에서 그의 억양과 강세가 그렇게 자주 일어나지는 않는다는 것을, 내가 여전히 정상분포에서 벗어난 이상한 사람이라는 것을 암시한다. 어쩌면 우리 모두가 그럴지도 모른다. 너무 이르게 너무 많은 일을 했기 때문일 수도 있다. 단순히 그렇게 될 수밖에 없었고 나 자신에게 기회를 줄 수 있을 만큼 행동을 바꾸지 못했기 때문일 수도 있다. 나는 매일 명상하기, 일에서 벗어나기, 달릴 수 있을 만큼 걷기 등, 내가 한 약속들을 얼마나 빨리 어겼는지 깨달았다. 우선 무엇이 나를 아프게 만들었는지 정말로 이해하지 못했기 때문일 수도 있다. 윌코는 리튬(리튬은 조울증 등의 정신과 질환에 사용된다)을 제안한다. 내가 알기로 모바일 폰을 작동시키는 데 쓰는 그것 말이다.

"제가 조울증인가요?" 내가 불쑥 말한다.

"음, 분명 그렇지 않습니다. 하지만 리튬이 감정 기복에서 벗어나는 데 도움이 될지도 모릅니다." 윌킨스 박사가 대답한다. 싫다. 나는 감정 기복이 있는 그런 사람이 아니다. 그것은 내가 되고 싶은 모습이 아니다. 록시와 마르코와 mro는 아주 차분한 사람들이다. 나는 더이상 어떤 약도 원하지 않는다. 나는 더이상 약물 치료를 믿지 않는 지점에 와 있다.

원래 윌코를 만나면 상태가 좋아졌다. 그런데 이번 예약은 상태를 더 나쁘게 만들었다. 나는 그 어느 때보다도 확신이 없다. 아무리 애써도, 내 안에서 서서히 퍼져가는 이야기—이것이 바로 지금의 나다—를 없앨 수가 없다. 나는 절대 나의 우울증에서 자유로울 수 없을 것이다. 그것은 다시 일어나기를 기다리며 항상 거기 있을 것이다.

나는 2주 전에 사샤 칸에게 전화를 해 모든 것에 감사하며 결코 다시는 보지 않기를 바란다고 말했다. 지금 나는 그에게 다시 전화를 한다. 사샤, 우리는 아직 할 일이 있는 것 같아요, 나는 그렇게 말한다.

4월의 재발은 마지막 재발이 아니다. 사실 나는 어느 것이 나의 마지막 재발이었는지 모른다. 아직 일어나지 않았는지도 모른다. 어쩌면 곧 일어날지도, 다음주에, 다음달에 일어날지도 모른다. 우울증이 언제 재발할지는 절대 알 수 없다. 이번에는 6주 정도 지속된다. 따뜻한 봄날 어느 토요일에 나는 에치 어스케치^{Etch A Sketch}(두 개의 손잡이를 돌려 화면에 그림을 그리는 장난감)의 화면을 깨끗하게 지우듯 갑작스러운 통찰을 얻는다. 5월 초 나는 다시 시도한다. 잠은 여전히 불안정하고, 때로는 노인처럼 몸을 떤다. 하지만 서서히 우울감이 가시기 시작한다. 석 달을 괜찮게 보낸다. 나는 다시 사무실에서 종일 근무를 할 정도로 강해지고 실제로 기고를 시작한다. 월드컵이 열리는 여름, 때도 좋다. 레몬나무는 분발해 6인치나 더 자라고, 살아 있어서 좋은 듯 산들바람에 하늘거린다. 토마토와 강낭콩에 좋은 뜨거운 여름이다. 나는 다시 윔블던 패거리와 축구를 하고, 사랑스러운 삼총사와 리허설을 한다. 그렇다, 나는 너무 많은 것을 하고 있다. 그러나 다시 아주아주 굉장히 건강하다고 느끼는 것은 신나는 일이다. 우리는 홍콩에 간다. 조금 겁이 난다. 하지만 가장 오래된 친구들과 함께하는 멋진 시간이다. 우리는 남중국해에서 수영하고, 빗속에서 버스와 택시를 타고, 카드놀이를 하고, 노래방에서 노래를 부른다. 나는 샤론에게 「유 메이크 미 필 브랜드 뉴」You Make Me Feel Brand New를 불러 그날 밤의 환희를 망쳐놓는다. 그 노래는 우리를 울게 만든다. "당신은 바보야, 바보." 샤론이 말한다. 하지만 사랑이 어린 말투다. 우리는 집으로 돌아온다.

여름이 끝나갈 무렵, 나의 1주년이 다가오면서, 상황은 다시 위기를 맞는다. 나는 님Nimes(프랑스 남부의 도시)에 있는 회전목마의 플라스틱 말 위에서 오르락내리락 하다가, 어리석은 짓을 했을지도 모른다는 것을 깨닫는다. 처남이 회전목마 옆에 서서 내가 우울증에 관해 『가디언』에 쓴 기사가 재수록된 『데일리 메일』 한 부를 손에 쥐고 장난스럽게 씩 웃고 있다. 로마식 원형경기장의 그림자 속에서 4분의 3박자 음악에 맞춰 즐겁게 돌면서 나는 헤드라인을 조각조각 본다. 전체를 온전히 파악하기까지 세 바퀴를 돌았다. '어떻게 완벽한 아빠가 되려는 노력이 나를 산산이 부서진, 무력한 만신창이로 만들었는가.'

'아이들이 보지 못하게 해.' 나는 그에게 입 모양으로 말한다. 그러나 내가 걱정하는 것은 아이들이 아니다.

나는 이 책을 쓰고 있는 것과 같은 이유로 그 기사를 썼다. 사람들의 마음을 움직이기 위해. 즉, 그들에게 희망을 주기 위해, 내가 밑바닥에 있을 때 읽고 싶었던 이야기를 해주기 위해. 그러나 기사가 불러일으킨 갑작스러운 관심의 폭발은 너무도 엄청나다. 내 전화기는 쉴 새 없이 울린다. 트렌트 브리지Trent

Bridge(영국 웨스트 브리지퍼드에 있는 크리켓 경기장)에서 소식을 들은 아버지를 필두로 문자 메시지가 쏟아져 들어온다. 방송 출연, 후속 기사, 페이스북 친구 신청도 여럿 있고, 그들의 상태를 보면 나는 사실 상대적으로 운이 좋은 편이 아니었나 하고 생각하게 만드는, 같은 처지에 있는 환자들이 직접 손으로 쓴 긴 찬가들도 몇 통 받는다. 어떤 것들은 진짜 감동적이고, 어떤 것들은 미소짓게 한다. 그것들 모두가 나로 하여금 생각하게 만든다. 그리고 생각하는 짓은 회복의 중간 단계에 있는 사람에게는 아마도 최악의 행동 방침일 것이다.

전문가들이 끼어든다. 우울증의 권위자 도로시 로[Dorothy Rowe]가 나에 관한 글을 블로그에 올린다. 그녀는 나에 대해 이렇게 쓴다. "그는 우울증이 가르쳐줄 수 있는 모든 것을 배우지는 못했다. (…) 마크는 다시 우울해지지 않는 방법을 배우지 못했다. 결코 역경 없는 삶은 없다. 그는 다시 우울해질 가능성이 높다. (…) 그의 우울증이 그에게 가르쳐줄 수 있는 교훈을 배울 때까지는 말이다."

그녀는 틀리지 않았다. 다시 일을 시작한 지 사흘 만에 나는 재발했다. 목구멍에 느껴지는 불길한 기운, 귀에서 울리는 소리, 전부 삐뚤어진 수평선과 수직선, 나에게서 불안하게 반쯤 떨어져나간 주위의 모든 것, 내가 도저히 받아들일 수 없는 화면 속 단어들. 그 차가운 쇄도, 마치 내 정맥 속에 다른 사람의 피가 흐르는 듯한. 나는 3주 동안 집에 있었다. 이번 재발은 새로운 부정적 생각과 함께 닥쳐온다. 한 번의 재발은 우연한 사건처럼 보일 수 있다. 두 번은 패턴처럼 보이기 시작한다. 나는 차트를 본다. 10월, 11월, 12월, 3-4월, 8월. 패턴이다. 추정해보라. 그러면 내가 내년 초에 다시 고통받을 것임을 알 수 있다. 나는 받아들일 것이다. 재발을 거듭거듭 일으키고, 그 사이사이의 시간을, 아마 차츰 더 길어질 그 시간을 즐길 것이다.

"그는 우울증이 가르쳐줄 수 있는 모든 것을 배우지는 못했다." 글쎄, 나는 노력했다. 나는 할 수 있는 한 많이 배우기 위해 노력했다. 하지만 알다시피, 그것은 어렵다. 무엇을 배워야 하는지, 주의를 딴 데로 돌리는 것이 무엇인지 아는 것은 어렵다. 나의 어떤 부분을 개선해야 하는지, 어떤 부분을 유지해도 괜찮은지 아는 것은 어렵다. 왜냐하면, 솔직히 말해 나는 나의 거의 모든 것을 좋아하기 때문이다. 내가 진심으로 바꾸고 싶은 것은 하나도 없다. 그래, 나는 코가 삐뚤어졌고, 무릎이 부실하고, 더 굵은 목소리를 갖고 싶고, 그래서 이런 것들을 할 수만 있다면 바꿀 것이다. 그러나 나의 성격은 나에게 딱 맞는다. 나는 항상 다른 사람이길 바라는, 다른 것이길 바라는 그런 사람이 아니다. 나는 지금 이대로가 딱 좋다. 그러니 다만 내가 바꿔야 하는 부분을 말하라. 그러면 나는 바꿀 것이다. 하지만 나머지는 유지하게 해달라. 재미에 대한 감각과 사랑할 수 있는 능력과 함께 있음의 기쁨과 기대의 설렘을 유지하게 해달라. 계속 축구공을 차고 음악을 듣게 해달라. 계속 가정적인 남자이자 성실한 전문가이게 해달라. 이 모든 것을 유지하게 해달라. 그러면 다른 것들 중 일부는 기꺼이 수정하겠다. 만족시키고자 하는 과도한 열망. 정면으로 부딪치는 것에 대한 꺼림. 심술궂은 노인 흉내내기. 거만함. 단지 나를 나이게끔 해준다면, 나는 이 모든 것을 바꾸기 위해 노력할 것이다.

또 무엇을 배워야 합니까, 도로시? 나는 분명 자기만족에 빠지지 않았다. 이제 나는 단지 우울한 것이 아니다. 나는 화가 나 있다.

14

경쟁에서 연민으로

무엇이 나의 우울증을 야기했을까? 모두가 다른 의견을 갖고 있다. 아마 지금쯤이면 당신도 그럴 것이다.

부모님과 장인·장모님은 동의한다. 우울증을 야기한 것은 나의 일이었다. 증거? 간단하다. 나의 신경쇠약은 직장에서 장기적으로 스트레스를 받은 뒤에 찾아왔다. 그리고 위험을 무릅쓰고 직장으로 돌아갈 때마다 재발했다. 어머니가 부드러운 말로 위로한다. "그것 말고도 네가 할 수 있는 일은 많이 있어." 어머니는 더욱 애쓴다. "필요하다면 세인스베리(영국의 슈퍼마켓 체인)에서 진열대를 채울 수도 있어, 진정될 때까지만 말이야." 큰누나 줄리앤은 내가 지난 몇 년간 기자로서 다룬 모든 끔찍한 것들과 연관된 것은 아닌지 의심한다. 나는 누나에게 실은 발목을 삐끗한 사람조차 본 적이 없다고 말하고 싶지 않다. 내가 목격한 가장 무서운 것은 잉글랜드 은행의 인플레이션 보고서였다. 그리고 그것도 사람들이 도대체 무슨 말을 하는지 몰랐기 때문에 무서운 것이었다. 샤론은 무엇이 원인인지는 모르지만, 무엇이 원인이 아니길 바라는지는 안다. 그것은 그녀의 사업이다. 그녀는 내가 병들기 6개월 전에 사업을 시작했다. 우리 둘 다 그것이 이미 감당힐 수 있는 능력을 넘어선 우리를 계속 밀어붙여왔음을 안다. 캐롤린 누나는 그 이상이라고 생각한다. 누나도 마찬가지로 아이가 셋이다. 누나는 항상 나의 육아에 감탄했던 것 같다. 하지만 나에게 지워진 모든 부담이 무리가 되었던 것은 아닐까 생각한다. "넌 꼭 백조 같아. 수면 위에선 고요하지만 밑에서는 미친 듯이 물장구를 치잖아." 친구들은 내가 너무 오랫동안 좀 지나치게 진지했다고 말한다. 지나친 마크, 부족한 록시.

나로서는, 위에 언급한 모든 것이 사실이라고 생각한다. 그리고 더 있다. 그러나 무엇인지만큼이나 왜인지가 중요하다. 왜 나는 지금의 나인가? 무엇이 나를 너무 열심히 일하고 여가 시간에는 따분한 집안일로 자신을 반쯤 죽이는 그런 사람으로 만들었는가? 언제 모든 것이 그런 장거리 행군이 되었는가? 언제만이 아니라 왜? 세탁이 안 될 수도 있다는 것 또는 테이크아웃 음식을 좀더 먹을 수도 있다는 사실을 인정하고 받아들였더라도 상황은 과연 무너져 내렸을까? 왜 나는 항상 사무실에 늦게까지 남아서 일이 해결되고 사람들이 행복하도록 각고의 노력을 기울였을까? 왜 모든 것이 항상 최고여야 했을까? 왜 나는 『가디언』 같은 일류 회사에서 일해야 하는가? 왜 나는 취미들을 그저 편안히 앉아 즐기는 대신 그렇게 열심히 잘하려고 노력하는가? 왜 나는 경기에서 이기는 것을 좋아하는가? 왜 나는 쓰레기 같은 소설을 읽지 못하거나 텔레비전 추리극을 보지 못하는가?

왜 나는 내가 하는 것을 하는가?

이렇게 자꾸 내 꼬리를 잡는 것은 좋지 않다. 나는 무엇을 잘못하는지 확인하고, 그것을 잘라내고, 그런 다음 말끔히 나아야 한다. 하지만 그런 자기반성은 양파 껍질 벗기기다. 어디서 멈춰야 하는지, 더러운 부분이 정확히 어디인지를 모른다. 조심하지 않으면 수많은 건강에 좋은 재료를 결국 버리게 될지도 모른다.

모든 것이 대상인 것 같다. 어쩌면 그것은 내 성격일 수도 있다. 아마도 나는 더 인색해지거나, 덜 조심해야 할지도 모른다. 어쩌면 그것은 가정생활일 수도 있으며 나는 가정생활에 소질이 없는지도 모른다. 어쩌면 그것은 더 깊고, 더 어두운 것일 수도 있다. 아니면 정말로 모든 것이 대상일 수도 있고, 따라서 나를 바닥부터 다시 세워올려야 할지도 모른다. 나이 마흔에.

사샤 칸은 내가 잘게 조각난 양파 껍질에 에워싸이기 전에 나를 멈춰세운다. 그의 말에 따르면, 우리 모두는 삶의 초기에 성격과 특성들을 발달시킨다. 때때로, 양육될 때 극단적 상황에 노출되면 '적응력이 떨어질' 수도 있다. 명백한 예는 방치되거나 거부된 아이들의 경우로, 성인이 되었을 때 지속적인 애착 관계 형성에 좀더 어려움을 겪을 수 있다. 또는 너무 좋은 환경에서 자란 아이는 성인이 되었을 때 자기주장을 하는 법을 모를 수도 있다. 그러나 성장하면서 발달하는 더 미묘한 기질들도 많이 있다. 그것들은 잘라내기 어려울 것이다. 나무의 뿌리처럼 일찍 형성되었기 때문이다. 하지만 시도해볼 만한 가치가 있다.

그것은 도식치료schema therapy라고 하는데, 미국의 인지행동주의자 제프리 영Jeffrey Young이 개발한 프로그램이다. 성인이 되었을 때 해로울 수 있는 조기 틱장애를 검사하고 바로잡는 것 역시 도식치료에 포함된다. 도식이란 행동 본능의 핵심을 형성하는 선입관과 편견과 무의식적 반응의 덩어리다. 그것은 다음과 같은 다섯 개의 넓은 양육 영역으로 분류된다(이해하기 쉽게 필자가 단어를 바꿨다). 거부, 과잉보호, 지나친 방임, 타인 지향(즉, 자신이 아닌 타인의 기준에 따르는 것), 억압.

이 추상명사들에서 기본적인 생각이 나온다. 인생 초기에 잘못된 양육에 노출되면 우리는 이상한 무의식적 반응과 대응기제를 발달시킨다. 이것들은 변화에 매우 저항적이며, 논리에는 절대 반응하지 않는다.

나의 도식을 확인하는 것은 아주 쉽다. 그것들은 대개 '타인지향' 그룹 아래 모여 있다. 그것은 선명하지 못한 표제지만, 부제는 상당히 잔혹하다. '자신의 욕구를 희생하면서, 타인의 욕구, 감정, 반응에 지나치게 집중하는 것—사랑과 인정을 얻거나, 유대감을 유지하거나, 보복을 피하기 위해.' 이 표제의 하위에는 '인정 추구' '복종' '자기희생'이 있다. 나는 기본적으로 부지런하지만 비굴한 아첨쟁이다. 나는 자기표현을 희생해서라도, 다른 사람들의 환심을 사기 위해 내가 할 수 있는 모든 것을 한다.

나는 또한 각각 다른 표제 아래 있는 두 개의 다른 도식에도 이름을 올린다. 하나는 '무자비한 기준'이라 부르는데, '해야 한다'와 '해야만 한다'에 대한 강조로 가장 잘 요약된다. 다른 하나는 간단히 '비관주의'라 부르는데, 상실, 실망, 일어날지도 모르는 일, 잘못될 수도 있는 일에 대한 집착이다.

이것으로부터 도식을 완화하기 위한 대응전략을 확인하는 것이 가능하다. 내 경우 그것은 주로 과잉보상과 관련된다. 기대 이상의 성과를 올리기 위해, 사람들을 기쁘게 하기 위해, 인정을 얻기 위해 너무 열심히 노력하는 것이다.

내가 이런 이유는 더 복잡하다. 나는 행복하게 자랐고, 충분하지만 너무 과하지 않은 관심과 많은 사랑을 받았으며, 즐겁고 폭넓은 자유를 누렸다. 나는 왜 내가 인정과 칭찬과 위신이 필요한 사람이 되었는지 도저히 이해할 수 없다. 네 명의 아이가 자라는 가정이라면 재빨리 그 반대를, 즉 관심이 나에게 머무는 시간은 얼마 되지 않는다는 것을 배우게 된다.

사샤 칸 덕분에 나는 이러한 본능들에 세심한 주의를 기울이고, 그것들을 무시하고, 이따금 혀를 쑥 내밀고 다르게 행동해도 세상이 무너지지 않는다는 것을 깨닫는다. 그는 집 안에 어떤 것도 제자리에 있지 않으면 견디지 못하는 강박증 환자를 예로 든다. 사샤는 그 환자에게 책 한 권을 하룻밤 동안 책장에서 튀어나온 채 누라고 정중하게 요청했다. 그녀는 처음에는 미칠 것 같았지만, 그 뒤로는 조금씩 쉬워졌다. 그리고 시간과 경험이 쌓이면서 책들이 책장에 어질러져 있어도 나쁜 일이 일어나지 않는다는 것을 깨닫게 되었다.

내 경우는 다르다. 나는 사람들에게 아니라고 말해도 좋으며 그래도 그들은 여전히 친구, 동료, 아내일 것임을 배워야 한다. 때로는 상황이 완벽하지 않아도 충분히 좋으면 대개 훌륭하다는 것을 배워야 한다. 다른 사람들이 무엇을 생각하는지 항상 걱정하지 않아도 된다. 특히 나 자신을 괴롭히는 것은 그들이 실제로 생각하는 것이 아니라 그들이 생각하고 있을 거라고 미루어 짐작하는 것이기 때문이다.

나는 직장에서 좋은 예를 발견한다. 병들기 전에 나는 자주 그날의 주요 뉴스와 다소 동떨어져 있다고 걱정하곤 했다. 매우 자주, 중요한 기삿거리가 터졌을 때, 선임 에디터들이 그것을 인계받고 나에게는 모든 따분한 찌꺼기들이, 다음날 누구도 읽지 않을 자잘한 세계 뉴스들이 맡겨지곤 했다. 사실 그 과정은 여전히 재미있는 일이고, 여전히 무엇이 흥미로운지, 무엇이 잘 어울리는지, 무엇이 정보와 오락의 완벽한 조합을 제공해 신문에 꽂아넣을 만한지 생각해내는 훌륭한 지적 퍼즐이다. 하지만 나는 대역처럼, 1군에서 뛰지 못하는 축구 선수처럼 느꼈다. 나는 내 생각에 휩쓸리곤 했다. 여기서 나는 그저 엑스트라일 뿐이다, 나의 전문 지식과 능력은 충분히 쓰이고 있지 않다, 내가 이렇게 열외로 내몰린 것을 보면, 누군가를 열받게 한 게 틀림없다. 우리 부서에서 감원을 한다면 내가 제일 먼저일 것이다. 죽은 배우와 비만 캥거루에 관한 세계 단신들을 쓸어담는 편집부 하급 직원에 불과하니까. 사실 나는 사람들이 나에 대해 어떻게 생각하는지 여러 번 들었다. 그것은 합리적인 분업이었다. 하지만 내 머릿속에서는 아주아주 달랐다. 이제 나는 이 생각의 흐름을 멈추어야 한다. 그것이 무엇인지 검토해야 한다. 그냥 그런 것일 뿐이라는 것을 인정해야 한다. 숨겨진 나쁜 의미는 없다. 나는 열외로 취급받은 적이 없기 때문에, 열외로 취급받지 않기 위해 환심을 사려는 노력을 두 배로 열심히 하지 않아도 된다. 대신, 이제 나는 잠시 멈춰 서서 내가 얼마나 멀리 왔는지 생각해야 한다. 여기로 돌아올 수 있어서 얼마나 운이 좋은가. 여기저기서 고되고 단조로운 일을 하는 몇 시간이 어째서 이제 막 극복한 병보다 훨씬 더 견디기 쉬운지 생각해야 한다.

내가 하기 힘들다고 여기는 한 가지 과제는 사람들 앞에서 일부러 자신을 완전히 바보로 만드는 것이다. 사샤는 보건의 진료소의 대기실에서 엎드려 팔굽혀펴기를 몇 번 해보라고, 또는 철물점에 들어가 아이스크림을 달라고 해보라고 제안한다. 목적은 자기 자신에게 창피를 주는 것이다. 하지만 그것은 실제로 어떠한 손해나 구체적인 불편도 일으키지 않는다. 당신이 항상 우월하다고 느끼는 것이 그렇게 중요하지 않다는 것을 깨닫는다. 몇 시간 내에 그것은 모두 잊힌다. 물론 30분 뒤 나사 스물네 개와 경사측정용 수준기(水準器)를 사러 다시 철물점에 가야 하지 않는다면 말이다.

*

그 개념을 고안한 것은 둘째 아이였다. 에드워드한테는 형이 있고, 그래서 많이 이기지 못한다. 그 아이는 진짜로 그것을 괴로워하지 않는다. 아이는 그렇게 매우 차분하다. 하지만 가끔 패배를 두려워하지 않고 우리와 붙기를 원한다. 그래서 우리에게 이렇게 말하곤 한다. "이건 이기고 지는 게임이 아니에요." 제임스와 나는 약간 실망한 얼굴이지만, 에드워드의 말뜻을 이해한다. 식기세척기를 채우는 것은 경쟁을 벌이는 일일 필요가 없다.

아이들과 나는 항상 게임을 발명한다. 가장 최근의 역작은 트라이풋^{TriFoot}이라는 것이다. 그것은 선수가 세 명뿐이어서 공평한 팀을 만들 수 없을 때를 위한 축구다. 대신 일종의 삼각형 경기장에 골문을 세 개 만들고, 각 선수는 득점해야 하는 지정된 골문을 갖는다. 어쨌든, 첫번째 선수가 득점할 때까지는 꽤 재미있다. 그게 나면, 제임스가 시무룩해질 것이다. 그게 제임스면, 에드워드가 시무룩해질 것이다. 그리고 그게 에드워드면… 음, 에드워드는 보통 덤불 속에서 악당을 찾으며 깡충깡충 뛰어다니기 때문에, 절대 에드워드는 아니다. 그래서 게임은 흐지부지 끝난다. 또다른 게임은 우리가 '아빠 나 찾을 수 있어요?'라고 부르는 것이다. 그것은 약간 부적절한 명칭인데, 아이들이 찾고, 나는 아이들에게 찾아야 할 것들을 지시하기 때문이다. 그것은 침울한 기분으로 고속도로 휴게소에 잠시 들렀을 때나 별 보람 없이 학교까지 함께 걸어갈 때 하면 좋다. 단지 한 아이가 첫번째 것을 찾으면 다른 아이가 두번째 것을 찾고, 그런 식으로 계속되도록 조정하기만 하면 된다. 만일 둘 중 하나가 2점을 앞서면 다른 아이는 절차상의 문제를 따지거나 더이상 놀이하기를 거부하며 게임을 대충 끝내버린다. 이것은 휘파람 불기 게임(내가 TV 쇼의 노래를 휘파람으로 불면 아이들이 무슨 쇼인지 맞힌다)이나 머릿속에 누구를 떠올렸는지 맞히기, 하늘의 치즈, 윙크 살인, 종이에 숨바꼭질, 또는 내가 텔레비전 시청 한도를 다 소진한 우중충한 겨울 오후에 생각해낸 무수히 많은 게임 중 어떤 것의 경우에도 마찬가지다.

왜 이기는 것이 중요할까? 잘 모르겠다. 그것은 틀림없이 원시시대의 생존 본능으로 거슬러 올라갈 것이다. 승리가 가져다주는 우월감은 분명 초기의 인간들에게 큰 안도감을 불러일으켰을 것이다. 부족의 승리는 힘, 난공불락, 상서로운 전망을 의미했다. 승리의 의미가 알아볼 수 없게 바뀌었음에도 불구하고, 그러한 감정은 어떻게든 여러 세대에 걸쳐 지속되었다. 지금 우리는 우리의 안녕이라는 광범위한 상태에 거의 또는 전혀 의미가 없는 승리에서 그와 같은 만족감을 느낀다. 땅에 판 구멍을 향해 작고 하얀 공을 멀리 치는 것에서 다른 사람이 우리보다 약간 더 낫다고 해서 무엇이 달라지는가? 선술집 퀴즈대회의 '1950년대 영국의 진기한 기록' 라운드에서 옆 테이블이 더 높은 점수를 받든 말든 누가 신경쓰는가? 우리는 심지어 눈앞의 경쟁에 직접 참여하지 않을 때조차 만족감을 느낀다. 만난 적도 없는, 만났다면 아마 좋아하지도 않았을 11명이 먼 곳의 운동장에서 이룬 업적에 관해 내가 얼마나 격하게 감동할 수 있는지에 나는 항상 놀란다.

나는 언제나 경쟁적인 경향이 있었다. 그것은 나이를 먹을수록 오히려 더 광범위해졌다. 어렸을 때 나는 팀 운동에서 지는 것은 그다지 신경쓰지 않았지만, 시험 점수에는 집착했다. 경쟁자들에게 뒤질 때마다 강렬한 패배감을 느꼈다. 한편, 좋은 성적에 따르는 관심—선생님, 부모님, 또래들로부터의—을 아주 좋아했다. 이후로 줄곧 기준이 상당히 높게 설정되었다. 웃기게도, 이기는 것을 좋아하는 사람치곤 사실 별로 많이 이기지 못했다. 두 번의 크리켓 토너먼트, 학교에서 열린 1978년 주니어 다이빙 대회(이에 대해서는 다이빙대에서 거꾸로 뛰어내렸고 점수가 전부 9점 또는 10점이었던 것 외에는 잘 기억나지 않는다), '로브스터 카드리유'(『이상한 나라의 앨리스』 10장)를 읽어서 받은 낭독상, 가끔 하는 축구 경기, 월드컵 때 사무실 사람들과 하는 내기 외에는 정말 거의 이기지 못했다.

사샤의 처방은 이상하면서도 현명하다. 그는 내가 잘 못하는 것들을 다시 시작해보라고 한다. 나는 그 생각이 설득력있다고 생각한다. 장담하건대, 우리들 대부분은 대개 우리가 꽤 잘하는 것들을 즐긴다. 자신에게 재능이 거의 없는 어떤 것을 고집하는 것은 마조히스트 같은 특정 부류뿐이다. 나는 별로 잘하지 못하는 것들을 빨리 포기했다. 럭비, 클라리넷, 연기, 사진, 그림, 달리기, 예배, 쇼핑, 연애 등등. 시간을 허비할 가치가 없었다. 이제 나는 때로 어떤 것은 성과나 결과 때문이 아니라, 단지 그것을 하기 때문에 할 가치가 있음을 알고 있다. 거기에는 압박감이 없다.

또한 너무 심각하게 받아들이지 않아도 되는 것, 노력과 집중을 수반하지 않는 가볍고 시시한 것, 어떤 목표에 이르지 않는 것을 택해야 한다. 그래서 샤론과 나는 다시 춤 레슨을 받는다. 우리는 월요일 밤에 서로를 계속 밟으면서 유쾌하게 떠들어댄다. 특히 우리를 웃게 만드는 것은 삼바다. 내가 보타포

구^{Botafogo}(삼바의 한 스텝)를 배우고 있을 때 샤론이 나더러 꼭 목제 의족을 한 사람 같다고 말한다. 우리가 자이브를 출 때는 새로 편자를 박은 말처럼 팔짝대는 내 동작이 그녀를 즐겁게 한다. 춤은 대부분 약간의 과장된 표현 없이는 추기 어렵다. 샤론은 틈만 나면 나를 놀린다. 모든 것이 아주 마음 편하다. 그럼에도 불구하고 여전히… 우리는 단지 춤만을 원하는 것이 아니라는 느낌이 있다. 우리는 나아지기를 원한다. 우리는 웃음거리가 되는 것을 원하지 않는다. 우리는 언제까지나 지루하고 뻔하게 움직이며 1단계에 머물러 있을 각오가 되어 있지 않다. 우리는 더 많은 것을 원한다. 내가 사랑하는 탱고의 급전환과 민첩한 움직임과 약간의 극적 요소를 원한다. 몇 달 뒤 우리는 꽤 괜찮은 왈츠와 차차차를 추고 있고, 기분이 매우 좋아져서 더욱더 나아지기를 원한다. 나는 춤이 이기고 지는 게임이 되는 것을 걱정하고 있다.

나는 정원으로 돌아간다. 레몬나무는 굉장하다. 내가 본 레몬나무 중 최고다. 그러나 감자는 대성공이 아니었다. 대부분이 완두콩보다도 작았다. 나는 실망한다. 나는 비경쟁적 행동이라는 새로운 자세로 실망을 달래고, 그것이 정말로 별 의미 없다는 것을 깨닫고 넘어간다. 내년에는, 내년에는 더 큰 감자가 생길 것이라고 나는 말한다. 우리가 하는 일에서 어떤 종류의 발전을 바라지 않기는 어렵다.

내가 다시 시작한 또다른 것은 체스다. 그리고 나는 지는 것을 개의치 않는다. 정말로 그러지 않는다. 나는 체스를 자주 하기 때문에 그것은 다행한 일이다. 컴퓨터는 실수를 거의 하지 않는다. 나는 내가 둔 위험한 수를 취소하기 위해 Apple-Z 키를 자주 사용한다. 때로는 멋진 승리를 거둘 수 있도록 세팅 옵션을 1이나 2로 내리기도 하지만, 보통은 내가 진다. 그것은 상처가 되지 않는다. 포커는 체스와 별 다를 바 없다. 친구 몇 명과 함께 하거나 온라인 게임을 한다. 나는 굉장히 잘하지도, 굉장히 못하지도 않는다. 돈을 잃지는 않지만, 게임에서 지면 지속할 만한 어떤 가치가 있다고 나 스스로 사실상 인정하는 분노와 실망과 절망을 느낀다. 나는 질 때마다 그 불쾌함의 도가니 속에 앉아서 호기심을 갖고 그것을 분석하고, 그것이 정말 세상의 끝이 아니라는 것을 이해하게 된다. 몇 달 전의 나에게 그것은 거의 세상의 끝이었다. 이것은 단지 무작위적인 순간이며, 성공과 실패는 다루기 힘든 개념이다. 우리가 하는 것들을 다른 용어의 틀에 집어넣는 것이 최선이다.

그다음에는 이것이 있다. 이 책. 내가 이 책을 쓰기 시작했을 때, 이 책은 꼬리를 무는 생각 때문에 혼란스럽고, 공포감에 정신이 나가고, 밤에 머리카락을 쥐어뜯고 거울을 들여다보고 두 눈에 끔찍한 질문을 던지는 당신을, 우울증 초기에 있는 나의 가련한 동료 환자들을 위한 것이었다. 하지만 지금 나는, 결말에 가까워지면서, 이것이 모두 계략이라는 것을, 핑계라는 것을 깨닫는다. 사실 나는 이 책을 나를 위해 쓰고 있었다. 이것은 또 하나의 이기고 지는 게임이고, 나의 능력을 입증하기 위해 쓸 수 있는 또 하나의 도구였다. 그러나 누구에게, 그리고 왜 나의 능력을 입증해야 하는 걸까? 나의 능력을 입증하겠다는 나폴레옹 같은 무서운 욕구는 어디서 왔을까? 나는 그저 나일 수 없는 것일까?

경쟁의 반대는? 연민이다. 나는 아직 이것을 정말로 이해하지는 못했다. 시샤가 도와준다. 우리는 내가 다시 아주 안 좋은 상태가 된 기간에 작은 과제를 한다. 그는 나에게 눈을 감고 다른 사람을 도와주었을 때를 생각해보라고 말한다.

…나는 러시아 북부에서 기차를 타고 가며 샤론과 자석 체스를 하고 있다. 우리는 한 무리를 이루고 있는데, 우리 중 여섯인가 여덟은 주말을 모스크바에서 보낸 참이었다. 우리는 러시아인 승객들과 친해졌다. 몇 명은 우리 게임을 지켜보면서 나에게 폰을 그렇게 바보같이 움직이지 말라고 훈수한다. 다른 사람들은 우리 뒤에서 조, 닐과 함께 수다를 떨고 있다. 한 인심 좋은 사람이 갑자기 조에게 선물을, 내 생각엔 스카프를, 또는 어쩌면 팔찌를 준다. 거절해서는 안 된다. 그것은 친구가 되는 중대한 순간에 아주 잘 어울리는 것이다. 하지만 무엇으로 보답하지? 우리는 가진 게 아무것도 없다. 우리가 입고 있는 옷뿐이다. 그리고 나의 체스판. 나는 체스판을 접는다. 그것을 넘겨준다. 모두가 기분이 좋다…

…학교로 걸어가는 길에 뒤에서 끔찍한 소리가 들린다. 고무가 끼익 미끄러지는 소리, 단단한 물체가 단단한 물체에 부딪히는 소리. 뒤로 돌아서자 우리가 아는 사람이 아스팔트 위에 널브러져 있다. 그녀의 자전거는 잠자리처럼 땅바닥 위에 찌부러져 있고, 그 뒤에는 아기용 트레일러가 붙어 있는데 그것 역시 엉망이다. 그녀는 충격에 빠져 있다. 아이는 무사하다. "거리를 충분히 벌리지 못했어요." 그녀가 말한다. "트레일러 말이에요. 차랑 부딪힌 게 틀림없어요." 우리는 학교에 늦었지만 괜찮다. 그녀의 자전거가 망가져서, 나는 그것을 그녀의 집으로 날라준다. "고마워요." 그녀가 말한다…

…나는 교회에서 헌혈을 한다. 얼마나 고결한가? 기다리는 시간은 즐겁고 짧다. 게다가 그들은 초콜릿 비스킷을 갖고 있다. 나는 피 주머니를 매우 빨리 채운다. 나에게는 자전거의 브레이크 케이블 같은 훌륭한 정맥이 있다. 간호사는 재잘재잘 말이 많고 나는 대꾸한다. 언젠가 나는 한 간호사가 수혈하는 것을 잊어버려서 시멘트 색이 될 때까지 피가 전부 빠져나간 한 남자에 관한 단편소설을 쓴 적이 있다. 그것이 지금 나를 약간 불안하게 만든다. "잘했어요." 그녀가 말한다. "훌륭해요." 나는 훌륭하다. 그것이 오늘 오후의 주제다. 나는 피를 주고 있고, 다른 누군가는 그것을 이용하게 될 것이다—이 경탄할 만한 네거티브 O형 피, 대부분 적혈구와 혈장인, 하지만 약간의 호르몬과 비타민과 아미노산과 탄수화물 또한 함유된 화학적

구성물이 가득 든, 당밀처럼 걸쭉한 와인색의 1파인트. 아, 아마 항우울제 잔여물도 조금 들어 있을 듯싶다. 그것은 여기서 혈액은행으로 간 다음 다른 사람의 삶을 좀더 좋게 만드는 데 쓰일 것이다. 걱정 마라. 나는 몇 시간 내에 다시 피를 만들어 채울 수 있다. 기분이 째진다. 모두가 승자다. 나는 변화를 만들고 있다.

내가 쓴 기사, 내가 받은 회신, 자신과 같은 상태에 있는 다른 누군가의 글을 읽음으로써 안도감을 느꼈다고 전해온 메시지들에 대해 생각한다. 나는 사샤에게 이 모든 사람들, 내가 의도적으로 또는 나도 모르게 도와준 사람들에 대해 이야기한다. 그중에 캐롤린이 있었다. 그녀는 이렇게 썼다. "내가 우울증에 관한 당신의 최근 기사들과 당신의 경험들을 얼마나 소중히 생각하는지 말하기 위해 직접 편지를 쓰고 싶었습니다." 나와 마찬가지로 캐롤린은 자신의 상태에 관해 더 많은 것을 알려줄 무엇이든 찾기 위해 인터넷을 샅샅이 뒤졌다고 말한다. 그녀는 "어떤 안개와 비현실적인 세계 속에서" 사는 것 같았고, 내 기사가 "위로와 지지의 소중한 원천"이었다고 말한다. 캐롤린 같은 사람들과 닿을 수 있는 플랫폼을 갖고 있었으니 나는 운이 참 좋다.

다음은 산후우울증으로 완전히 무너지기 전인 20대 때부터 이미 가벼운 우울증을 몇 차례 겪은 캐서린이었다. 그녀는 이렇게 시작했다. "나는 정확히 당신이 묘사한 것처럼 느꼈어요.

다른 사람이고 싶은 갈망, 책에만 빠져들고 싶은 갈망, 세상에 존재하는 것조차 원하지 않고 내가 없으면 다른 모든 사람들이 더 잘 살 거라고 생각하고 싶은 갈망 말이에요." 캐서린은 자신의 기분이 나아진 것을 뚜렷이 확인할 수 있기까지 16개월이 걸렸다고 말한다. 그녀는 이렇게 결론맺을 정도로 상냥했다. "당신의 기사가 단 한 사람이라도 스스로 혼자가 아니라고 느끼게 만든다면, 또는 도움이 될 수 있는 생각을 그들에게 전한다면, 당신은 엄청나게 중요한 일을 한 거예요. 우울증은 누구에게나 일어나고, 영향력이 큰 직장에 다니든지, 아주 행복한 가정을 소유하든지에 상관없이 우울증이 덮칠 수 있다는 것을 보여줬어요."

우리는 캐롤린과 캐서린과 거기에 있는 다른 많은 사람들에게 초점을 맞춘다. 우리는 그들의 삶에 의도치 않게 개입한 나에게서 비롯된 그들의 소강상태를, 안도감을 느낀다. 무언가의 물결이 나를 휩쓸고 지나가며, 나의 뱃속 깊이 자리한 불안의 응어리를 씻어낸다.

나는 사무실에 돌아와 있다. 동료들은 잘하고 있다. 외신팀은 탁월하다. 나는 우등생 명단 어디에도 없지만, 상관없다. 나는 동료들을 바라보며 그들의 승리와 발전을 느긋이 즐긴다. 그들은 나와 같다. 열외로 취급받거나 언제까지나 세계 단신만 담당하기를 원하지 않는다. 그들은 똑똑하고, 유능하고, 좋은 사람들이다. 이제부터 나는 그들의 순간들을 음미하고, 그들의 조그마한 승리에도 기뻐하고, 그들을 지지하고 격려할 것이다.

사샤는 나에게 목록을 작성하도록 한다. '나에게 일어난 최악의 사건 탑10'. 아무래도 좀 한정된 목록이 된 것 같다. 우울증이 절대적으로 1위다. 가정에 일어난 두어 건의 재난도 상위권이다. 아파트가 너무 심하게 물에 잠겨 9개월 동안 이사를 나가 있어야 했던 때를 포함해 지난 몇 년간 집에 수많은 수해를 입었다. 두어 건의 잘못된 연애 사건도 있었다. 그리고 성장의 커다란 분수령이 되었던 순간들―새로운 학교, 스위스, 대학에서의 첫날. 10위는 내가 아버지가 된 것이다. 그러나 그것은 '나에게 일어난 최고의 사건 탑10'에도 들어간다.

사샤는 또다른 과제를 준다. 이제 숙제가 엄청 많다. 나는 몇 주 동안 긍정적인 자료 일지와 생각-감정-행동 리포트를 써왔다. 이제 나는 연설 원고를 작성해야 한다. 그냥 아무 연설이 아니라, 좋은 친구가 내 여든번째 생일에 해주었으면 하는 연설이다.

나는 친구가 뭐라고 말하기를 원할까? 연설이 어떻게 들리기를 원할까? 삶은 무엇을 위한 것일까? 우리는 이승에서의 짧은 몇 년이 어떻게 흘러가기를 원할까?

나는 그 과제가 까다로움을 고백해야 한다. 내가 듣고 싶어할 연설은 해마다, 심지어 날마다 다를 것이다. 30년 전 나는 내 삶이 온통 영국을 위한 축구나 크리켓 등에 바쳐지기를 원했을 것이다. 10년 전 나는 친구가 내 일에 관해 칭찬해주기를 원했을지도 모른다. 칭찬할 점이 엄청나게 많은 것은 아니지만, 내가 이야기한 장소, 내가 한 고생과 모험에 관해서라도 말이다. 그러나 그것은 모두 매우 따분한 소재다. 할 이야기가 대단히 많은 것도 아니고, 내가 변화를 만들었는지도 잘 모르겠다. 삶은 그 이상의 무엇이어야 한다. 그렇지 않은가? 이제 나는 아이들이 있다. 아이들은 틀림없이 중요한 역할을 할 것이다. 그렇다면 나는 스스로 얼마나 훌륭한 아빠였는지에 관한 열광적인 이야기를 원하는 것일까? 나는 훌륭한 아빠였을까? 훌륭한 아빠란 무엇인가? 내 아버지가 그랬던 것처럼, 자식들에게 기회를 주기 위해 일주일에 60시간을 고되게 일하는 남자인가, 아니면 자신의 경력, 승진, 즐거움과 여가를 희생하여 자식들에게 더 많은 것을 줄 수 있는 남자인가? 갈피를 못 잡겠다. 나는 내가 아버지들에게 중도가 있음을, 좋은 전문가이자 동시에 좋은 아버지인 남자가 있음을 보여준 개척자로 연설에 소개되기를 원한다.

이 모든 접근방식의 문제는 내가 과거의 일들에 집중한다는 것이다. 어떤 면에서 이 과제의 핵심은 이미 성취한 것이 아니라 여전히 하기를 원하는 것에, 단지 지금까지의 인생 이야기가 아니라 자신의 일생이 어떻게 되기를 원하는지에 초점을 맞추게 하는 것이다. 나는 이에 대해 잠시 생각하다가 백지 상태가 된다. 21세기의 삶은 무엇을 위한 것일까? 하느님을 찬양하는 것일까, 휴머니티를 확대하는 것일까? 타인에게 친절해지는 것일까, 자신에게 친절해지는 것일까? 한 가지를 빼어나게 잘하는 것일까, 여러 가지를 그만그만하게 하는 것일까? 새로운 길을 여는 것일까, 불을 끄는 것일까? 선행을 하는 것일까, 단지 누구에게도 피해를 주지 않는 것일까? 빛나는 것일까, 견디는 것일까? 나는 내게 이룰 무엇이 남아 있는지 잘 모르겠다. 만일, 20년 전에, 당신이 나에게 세 자녀를, 아내와 집과 내가 중년이 되었을 때 영국에서 가장 훌륭한 신문사의 좋은 일자리를 제안했다면, 나는 덥석 받아들였을 것이다. 나는 원하는 직업과 원하는 가족을 갖고 있다. 35세 무렵에 그 모든 것을 얻었다. 정말로 나를 위해 남아 있는 것이 아무것도 없을까? 진정 나는 하기로 작정한 모든 것을 다 했을까? 그게 전부일까?

15

새롭게 돌아온 일상

나는 정신적으로 아프다.

그것은 내가 지하철에서 당신 옆자리에 앉아 당신을 찌르거나 당신에게 추근대거나 저칼로리 치즈 케이크 레시피를 요구할 것이라는 뜻이 아니다. 침을 질질 흘리거나 고약한 냄새를 풍기거나 당신의 아이를 유괴하거나 당신의 애완동물을 감염시킬 것이라는 뜻이 아니다. 세상을 지배하고 싶거나 당신의 돈으로 도박을 하거나 파티에서 당신을 구석에 몰아넣고 우울증에 관해 이야기하고 싶다는 뜻도 아니다.

나는 정신적으로 아프다. 뇌에 약간 문제가 생겼다. 뼈에 문제가 생기듯이 말이다. 수많은 치료를 받았다. 뇌는 항상 상처

받기 쉽다. 재발할 수도 있다. 나는 뇌의 질환이 편견의 대상이 되는 것은 옳지 않다고 생각한다. 폐암이나 심장병이 있는 사람들의 경우 종종 자신들의 라이프스타일 때문에 고통을 겪기도 하지만, 배척당하거나 모욕당하거나 일자리나 기회를 빼앗기지 않는다. 정신병은 라이프스타일이나 스스로의 선택, 나약한 성격과는 거의 관계가 없다. 그것은 그냥 여러 이유로 수많은 사람에게 일어난다. 그것은 충분히 고통스럽다. 그렇기에 차별을 가해 벌을 두 배로 만드는 것은 지독하게 불공평해 보인다. 그러나 우리는 그렇게 하고야 만다. 왜냐하면 우리가 정신병을 이해하지 못하고 정신병이 인간의 정체성을 바꾸어놓기 때문이다. 그들의 얼굴은 떨리고, 서서히 퍼지는 무언가가 눈 뒤에서 어른거린다. 그들은 늘 그런 일을 당한다. 이것이 늘 그들 같은 사람들에게 악영향을 미친다. 그들은 우리가 확실히 신뢰할 수 없는, 믿을 수 없고 예측할 수 없으며, 히스테릭하고 성가신 사람으로 변한다. 그들을 고용하면, 1년 동안 아파서 쉴지도 모른다. 그들과 친해지면, 우리를 따라다니며 괴롭히기 시작할지도 모른다. 정신병은 가장 피해야 할 대상이다. 우리들 대부분이 자신의 우울증을 비밀로 간직하는 것은 놀랄 일이 아니다.

"정신건강에 문제가 있는 사람들 중 대다수가 다른 사람들로부터 부정적인 반응을 받을 거라고 예상하며, 이 때문에 그들은 다른 사람들에게 말을 걸지 못합니다." 정신병에 대한 부정적인 사고방식을 바꾸기 위해 설립된 '타임 투 체인지' 프로그램의 책임자 수 베이커^Sue Baker가 말한다. 베이커의 말에 따르면, 정신병을 앓는 사람들 중 열에 아홉은 낙인과 차별을 경험한 적이 있다고 한다. 그녀는 심지어 정신건강 분야의 일자리에 지원하면서 자신의 정신건강 이력을 밝히기를 재고한 적이 있다고 말한다.

"그럼에도 불구하고, 역설적으로 '커밍 아웃'은 정신병을 앓는 사람들에게 최선일 수 있어요. 그것은 강력한 영향을 미칠수 있어요." 베이커는 말한다. "당신을 드러내지 않으면, 당신을 도울 수도 있는 사람들이 그러지 못하게 될 거예요."

여러 가지 의미에서 나는 아주아주 운이 좋았다. 나의 우울증은 때를 매우 신중하게 골랐다. 그 병은 가족들이 꽤 안정될때까지 기다렸다가 뒷문으로 슬그머니 들어와 편안하게 자리를 잡았다. 다행히도, 나는 2009년에 병에 걸릴 수 있었다. 다른때였다면 상황은 매우 달랐을 수도 있다. 조그마한 아기들이더는 없었고, 아이들은 곧 학교에 들어갈 터였으며, 샤론은 과감히 사업을 시작했다. 1년 전이었다면 샤론은 아마 그러지 못했을 것이다. 3~4년 전이었다면 우리의 유쾌한 막내딸 제이니를 가지지 못했을 것이다. 2001년 이전이었다면 나는 아마 아이를 전혀 가지지 못했을 것이다. 2003년 이전이었다면 『가디언』은 나를 고용하지 않았을 것이고, 나도 거기서 일하고 싶지않았을 것이다. 그 병은 거의 모든 것이 안정되기를 기다렸다가 "좋아, 지금이 즉각적인 신경쇠약과 우울증 발병에 최고로 좋은 때야"라고 말하는 것 같았다.

차트가 이해가 됐다. 전에는 차트가 갱도에 버려진 부서진 아코디언처럼 완전히 패턴 없이 기형적으로 보이는 때가 있었다. 하지만 이제는 그것이 정확하게 내가 생각했던 모양 그대로였음을 알 수 있다. 자연의 다른 모든 잔물결과 같은 물결. 지진에 뒤따르는 여진의 패턴. 목장 일꾼이 휙 휘두르는 로프의 움직임. 돌이 연못에 빠질 때 물의 이동. 처음의 물결은 거칠지만, 당신이 겪은 사건으로부터 멀어질수록 곡선은 부드러워지고, 결국 모든 것이 다시 잔잔해진다.

샤론은 나에게 기억 팔찌를 사준다. 적어도 나는 그것을 그렇게 부른다. 원래 나는 장신구를 절대 하지 않지만 이제는 한다. 그것은 안쪽은 검은색이고 가장자리는 은색이다. 나는 그것을 영원히 차고다닐 것이다.

*

샤론과 나는 산책을 나간다. 우리는 둘 다 특별히 할 일이 없는 드문 날을 맞았다. 아이들은 학교에 있다. 나는 파트타임으로 일한다. 샤론은 휴가를 받았다. 우리는 산책용 신발을 신고 아침을 향해 출발한다.

우리는 내가 무수히 많이 찍어놓은 발자국을 따라간다. 언덕을 내려가, 킹스턴 게이트를 거쳐 리치먼드 파크로 들어간 다음, 우리가 '위-슬라이드' 파크라고 부르는 놀이터를 지나, 아주 오래된 오크나무들이 만드는 반그림자를 지나간 뒤, 언덕을 올라가 정상 근처에서 숨을 조금 헉헉거린다. 그런 다음 레더스틸 게이트를 향해 가는데, 조깅하는 사람들과 개를 산책시키는 사람들이 우리를 추월해 가고, 자전거를 타는 사람들은 분주하게 코스를 한 바퀴 도는 중에 콧노래를 부르며 지나간다. 우리는 왼쪽으로 꺾어 여름이면 가족들이 소풍을 가는, 히스가 무성한 탁 트인 황야를 가로질러 간다. 우리는 말을 많이 하지 않는다. 우리는 이미 수많은 이야기를 나누었지만, 내 인생에서 처음으로 나는 서로가 어떤 일을 겪었는지 진정으로 알 수는 없다고 생각한다. 우울증이라는 어두운 바이러스가 정말로 어떤 느낌인지 아는 것은, 내 얼굴에 그것이 아무리 많이 드러난다 해도, 샤론에게는 불가능한—누구에게나 불가능하듯이—일이다. 나도 마찬가지다. 나는 우울증이 있는 사람과 결혼하는 것이 어떤 것인지 전혀 모른다. 임상적 우울증을 겪는 것보다 더 힘든 것이 딱 하나 있다고 생각한다. 그것은 임상적 우울증을 겪는 사람을 간호하는 일이다. 샤론은 당신이 원하는 그런 간호사다. 충실하고, 헌신적이고, 동정심과 단호함이 섬세하게 섞여 있는.

그래서 우리는 그 모든 것에 관해 제대로 대화를 나누기 위해 시간을 마련한다. 나는 샤론에게 최악의 몇 달 동안 제정신을 지키고 냉정함을 유지하기 위해 무엇을 했는지 묻는 것으로 시작한다.

SRO(샤론 라이스-옥슬리): 분명한 것이 있어. 반드시 자기 자신을 돌보아야 해. 모두가 나한테 그렇게 말했는데, 나는 그게 무슨 말인지 이해하지 못했어.

MRO(마이크 라이스-옥슬리): 자신을 돌보기 위해 뭘 했어?

SRO: 모든 것이 생존에 관한 거야. 생존은 사람들마다 다르게 보여. 처음 나에게 그것은 부모님이었어. 부모님은 생명선이었어. 전화기 저 끝에 누군가가 있다고 느끼기 위해 부모님에게 말을 한 거지. 그리고 그 병의 심각성을 어느 정도 이상은 인정하지 않았어. 만일 당신이 그것의 심각성을 인정하면 당신 또한 쓰러질 거야. 나는 계속 일하러 갔고 아이들을 위해 일을 했어. 친구들에게, 그리고 이야기하기 편한 사람들에게 이야기했어. 그것을 직장 동료나 가족이나 친구에게 숨기려고 했다면 나는 무너졌을 거야.

MRO: 내 상태를 이해하기가 어렵지 않았어?

SRO: 당신이 회복하지 못하는 것을 보고 심각하다는 걸 알 수 있었어.

MRO: "좀 진정해"라고 말하고 싶었어?

SRO: 아니. 며칠 지나면 괜찮아질 거라고 두어 번 생각했어. 며칠 좀 쉴 수 있으면 말이야. 그게 빠른 해결책일 거라고 생각했어.

그리고 몇 주 안에 좋아질 거라고 말하고 싶었어. 그런데 그게 몇 주 또는 몇 달이 아닐 거라는 사실이 분명해졌지.

MRO: 그때 기분이 어땠어?

SRO: 제일 무서웠던 시간이었어. 마흔번째 생일날 밤 런던의 호텔에서 당신이 신경쇠약에 걸렸을 때와 엄청난 공황발작을 일으켰던 게 기억나. 그때 처음으로 그걸 심각하게 받아들였어. 그 밤은 우리한테 환상적인 시간이야. 호텔에 있다가 느긋하게 극장에 가고, 저녁식사를 하고, 우리 둘 다 아주 좋아하는 거지. 그런데 당신은 그걸 할 수 없었어.

MRO: 그때 당신은 앞날을 내다보고 무슨 일이 일어날지 궁금했어?

SRO: 아니. 그 시점에서 그게 얼마나 심각한지 몰랐거든. 주말 동안 그것이 그저 단 한 번의 일이 아니라는 게, 당신이 더 심각하게 싸우고 있다는 게 분명해졌어. 하지만 나한테 가장 무서웠던 시간은 크리스마스 즈음이었어. 당신은 조금도 나아지지 않았고, 두 달인가 석 달 동안 약을 먹었는데도 전혀 호전되는 것 같지 않았어. 그리고 당신이 잠자리에 들면 나는 '젠장! 우리한테 무슨 일이 일어나려는 거야?' 하고 생각하곤 했어.

MRO: 대응기제가 있었겠지?

SRO: 나는 삶을 최대한 정상적으로 유지했어. 정말 책임감을 가졌어. 우리는 동등한 동반자 관계였으니까. 그 병이 무엇인지 깨달았을 때, 그때 나는 집안일을 다르게 처리해야 한다고 생각했어.

보모를 몇 시간 더 쓰고 추가적인 스트레스를 줄이기 위해 가정부를 고용하고.

MRO: 하지만 우리가 이런 것들을 감당할 수 있을지 없을지도 몰랐잖아?

SRO: 맞아. 하지만 나는 일하러 가야 했어. 그리고 그것은 쇼핑한 물건을 배달시키고 다른 누군가에게 집안일을 시켜야 한다는 뜻이었지. 왜냐하면 당신이 할 수 없으니까.

MRO: 당신은 정신적으로 아픈 사람을 어떻게 보살필 거야? 그런 사람을 간호해서 건강을 되찾게 하려면 어떻게 해야 해?

SRO: 정상적으로 대해. 그 사람들이 육체적으로 아프다고 받아들여봐. 그러니까 누군가가 다리가 부러지면 그 사람이 계단을 오를 거라고 기대하지 않듯이 말이야. 당신은 다른 길로 돌아가겠지. 그건 덜 이기적이며 그 사람에게 좋아질 수 있는 공간을 만들어주는 것을 의미해.

MRO: 아픈 사람들이 당신에게 안심시켜주기를 요구하거나 자기들은 여기에서 벗어날 수 없다고 천 번이나 말하면 어떤 일이 일어날까?

SRO: 우리는 같은 대화를 1억 번은 나눴어. 나는 모든 작전을 다 써봤어. 동정심을 보이기도 하고, 이해해보기도 하고, 당신과 함께 여행을 가기도 했어. 때로는 당신에게 소리를 질렀어. 울음을 터트리기도 했고, 더이상 이에 관해 얘기하고 싶지 않다고 말하기도 했어. 나는 당신이 당신답게 행동해야 한다고 생각해.

MRO: 그들이 더이상 당신이 알던 그 사람이 아니라는 건 분명 이상할 거야.

SRO: 그들은 여전히 그들이야. 그들은 단지 건강이 좋지 않을 뿐이야. 그건 매우 아파서 병원 침대에 누워 있는 거랑 똑같아. 그런 상황에서 그들답게 행동하기가 상당히 어렵겠지.

MRO: 그런 사람은 사랑하기가 어려워질까?

SRO: 사람마다 다르지. 당신은 한 번도 나한테나 아이들한테 고약하게 굴지 않았어. 내가 이야기를 나눠본, 같은 일을 겪은 친구들은 배우자가 자신이나 아이들한테 정말로 끔찍하게 굴었다고 이야기했어. 당신이 그랬다면 내가 어떻게 반응했을지 모르겠어. 당신은 다만 자기 안으로 틀어박혔고, 사랑을 주지 않았고, 나한테도 아이들한테도 전혀 애정을 주지 않았어.

MRO: 힘들었겠네.

SRO: 그렇지만 모든 게 다 힘들어. 뭐가 제일 힘든지 딱 집어 말하기는 어렵지. 살아서 정신적으로 아픈 누군가를 감당해야 하는 것은 힘든 일이야. 나는 당신의 불면증이 가장 대처하기 어렵다고 생각했어. 나는 자야 했고 동시에 당신이 자고 있는지 아닌지 예민하게 의식하고 있었어. 어떤 때는 마치 갓 태어난 아기가 있는 것 같았지. 당신이 잠들어 있으면 혹시라도 깨울까봐 가서 확인하고 싶지 않았어. 우리는 다섯 달 동안 한 침대에서 자지 않았어. 그게 정말 힘들었어. 우리가 언제 다시 한 침대에서 잘 수 있게 될지 궁금했어.

MRO: 지나갈 거라고 생각했어, 아니면 앞으로 계속 이럴 거라고 생각했어?

SRO: 처음에는 끊임없이 당신이 언제 좋아질까에 초점을 맞췄어. 하지만 그러다가 지난 부활절에, 당신이 또 한번 크게 재발했을 때, 언제가 아니라 어떻게 당신이 좋아지는지가 문제라는 걸 깨달았어. 나는 '그이가 정상으로 돌아올까?' 하고 생각하는 걸 그만뒀어. 대신 '그이는 괜찮은가?' 하고 생각했지.

같은 상황에 놓인 친구들과 이야기하는 게 도움이 됐어. 예를 들면 제인하고. 꼭 그들이 우리보다 1년 앞서 있는 것 같았어. 당신은 그것이 얼마나 나빠질 수 있을지뿐만 아니라, 다른 누군가가 그것을 힘들게 겪고 있고 당신만 그런 게 아니라는 것 또한 알고 싶어했어.

MRO: 다른 사람이 고통을 겪고 있음을 아는 게 왜 당신한테 도움이 돼?

SRO: 왜냐하면 그것이 내가 지금껏 경험한 가장 외로운 일이니까. 당신에게 아무리 힘이 되는 부모님과 친구들이 있다고 해도, 당신은 당신이 더 좋아지는 것에 초점을 맞춰야 했고 나는 다른 모든 것에 초점을 맞춰야 했어. 나는 당신과 이성적인 대화를 할 수가 없었어. 우리는 항상 이야기를 나눴고, 그것은 좋았지만, 당신이 이야기하고 싶은 것에 관해서만 이야기했어. 우리 관계에서 처음으로 나는 당신에게 무언가를 말하기 전에 자제하곤 했어.

MRO: 어떤 종류의 말을?

SRO: "토요일에 우리…" 같은 거. 나는 이거 하자 저거 하자 같은 말을 더이상 하지 않았어. 그건 일정 부분 지나친 부담이었으니까. 그래서 나는 계획하는 것을 그만뒀고, 계획을 당신과 공유하는 것을 그만뒀어. 물론 "당신이 영원히 좋아지지 않으면 어쩌지?" 같은 말은 절대 하려고 하지 않았어. 하지만 물론 생각은 했지. 이제 그런 생각은 사라졌고, 나는 자제하지도 않아. 하지만 족히 여섯 달에서 여덟 달 동안은 그랬지.

MRO: 이런 경험에서 배울 게 있어?

SRO: 물론이지. 그건 사람에 따라 달라. 나는 단 한 번도 내가 간병인으로서 아주 훌륭할 거라고 생각하지 않았어. 왜냐하면 내가 누구보다도 동정적인 사람이라고 할 수는 없으니까. 하지만 나는 당신이 굉장히 많은 것을 극복할 수 있음을 배웠어. 나 자신에게 친절해지는 것도 배웠지. 그건 중요한 메시지야. 아픈 사람이 좋아지는 동안, 간병인 또한 좋아져야 해. 스트레스가 엄청나니까. 크리스마스 즈음에 나는 가끔 폭발할 것 같다고 느꼈어. 소소한 재발이 있을 때마다 물 한 주전자를 마시고 싶었고, 좀더 크게 재발할 때마다 비축해둔 물이 점점 빠져나갔어. 간병인은 물통을 다시 채워야 하지. 나는 오직 브렌다^{Brenda}(카운슬러)를 보러 갈 때만 그렇게 물통을 채우는 기분이었어. 6~7개월이 지나서야 나는 브렌다에게 갔고, 세상에, 나에겐 그것이 정말 필요했던 거야. 친구들은 동정적일 수 있지만, 때로는 너무 가깝고, 너무 밀착돼 있지. 또 때로는 배우자가 말한 모든 것을 친구들한테 말하고 싶지 않기도

해. 배우자와 친구들의 관계에 불화를 일으키고 싶지 않으니까. 믿을 수 있는 사람이 있다는 걸 알면 도움이 돼.

나는 당신이 좋아져서 정말 기뻐. 우리가 그것과 함께 살 수 있는 길을 찾은 것도. 심지어 지난 주말 당신이 글렌딘에서 잘 자지 못했을 때, 나는 약간 불안했어. 당신이 서성거리는 밤이면 나는 가라앉는, 휘청하는 끔찍한 기분을 느끼곤 했어.

MRO: 당신은 아이들에게 사실을 감추려고 해?

SRO: 아니, 그랬다고 생각하지 않아. 우리가 정말 잘한 것 하나는 모두에게 이야기한 거였어. 아주 많은 사람들이 당신이 아이들에게 이야기할 만큼 아주 용감하게 대처하고 있다고 말했어. 하지만 나는 달리 방법이 없다고 생각해. 아이들은 알아야 했어. 나는 당신이 그것의 거친 실상으로부터 아이들을 보호해야 한다고 생각해. 우리가 그러지 않은 적이 한 번 있는데, 당신이 현관 옆에서 눈물을 펑펑 흘리고 있었고, 그걸 본 제이니는 그 장면을 기억하고 있어. 하지만 당신이 아이들에게 말하지 않으면 아이들은 그것이 자기 잘못이라고 생각할 거야. 아이들은 자기중심적이니까. 그리고 우리는 학교에도 말했어. 당신은 그러기를 원한 것 같지 않지만.

MRO: 그건 약간 경솔했던 것 같아.

SRO: 하지만 전혀 아니야. 아이들은 일주일 중 5일을 학교에 가. 그리고 만약 증세가 나타나려 하면 우리는 만반의 준비를 해야 했고 선생님들도 알아야 했어. 당신은 내가 너무 많은 사람들에게 말한다고 느꼈는지도 모르겠어. "오, 아무개한테는 말하지 않았지, 그렇지?" 하고 말하곤 했잖아.

MRO: 자, 그냥 공개가 있고 완전 공개가 있잖아. 당신은 정보가 어디로 흘러가는지 어느 정도 장악하기를 원하지. 전문용어는 아주 쓰레기 같아서, 당신이 우울증에 관해 사람들에게 말해도 그들은 도저히 이해하지 못해.

SRO: 어떤 사람들은 당신에게 도움이 되지만, 어떤 사람들은 항상 "오, 좀 어때?" 하고 묻는 정도지. 당신은 사람들이 당신을 정상적으로 대해주길 원하는데, 만일 그러지 못하면 사람들을 피하기 시작할 거야.

MRO: 나를 짜증나게 하는 건 사람들이 약물치료 중이냐고 물을 때야. 그래, 맞아, 그런데 그건 별로 말해주는 게 없어.

SRO: 사람들은 그걸 당신이 얼마나 아픈지 이해하기 위한 지표로 사용해. 당신이 약물치료 중이라면 틀림없이 심각하다는 거니까.

MRO: 하지만 어떤 보건의들은 약간 슬픈 사람한테도 항우울제를 처방해.

SRO: 맞아. 하지만 사람들은 여전히 나한테 확인해. "마크는 아직도 약물치료 중이에요?" 내 대답은 "그래요, 그리고 평생 그래야 한대도 괜찮아요"야. 그건 상관없어.

MRO: 그렇다 해도 그건 상황이 어떤지를 전혀 보여주지 않아. 그건 사람들이 그 병과 그 병이 수반하는 것에 관해 정말로 모르기 때문이야.

SRO: 남편이 앞으로 나아갈 수 있다고 생각하지 않는다고 말할 때가 정말 힘들어. 처음에 나는 공포에 휩싸였어. 그것은 무시되어서는 안 되는, 도움을 요청하는 외침이었어. 당신한테 정말로 화를 내고 "그러기만 해봐. 그러면 당신은 우리 아이들의 삶을 망칠 거야"라고 세 번쯤 말했던 게 기억나. 그게 내 느낌이었어. 당신이 심각하면, 당신은 많은 삶을 엉망으로 만들 거야.

MRO: 그것은 심한 우울증을 겪는 수많은 사람들의 마음을 관통한다고 생각해. 그들은 아이들이 있을지도 모르고, 어떻게 그런 행동이 세대를 거쳐 파문을 일으킬 수 있는지 알고 있을 거야. 하지만 결국 가장 중요한 것은, 때로는 그 병이 아주 강력할 수 있다는 거야.

SRO: 그건 이해할 수 있어. 당신의 경우 그것이 아주 강력하다고 생각한 적이 없었어. 그것이 끔찍하다는 건 알 수 있었지. 나는 그것이 어느 누구에게도 일어나지 않았으면 좋겠어. 하지만 나는 당신이 강한 사람이라는 걸 알아. 당신이 극복할 수 있다는 걸 의심하지 않았어. 당신은 믿을 수 없을 정도로 강하니까. 그리고 바로 그것이 당신이 병든 이유의 일부라는 것도 알아. 나는 항상 당신이 길을 찾으리라는 믿음이 있었어. 나는 당신의 상태가 좋아지는 데 도움이 될 수 없었으니까.

MRO: 하지만 도움이 되었는걸.

SRO: 나는 그저 내 일을 충실하게 함으로써 당신을 도울 수 있었을 뿐이야.

MRO: 당신은 자기 자신에게 너무 야박해. 나는 독신자들, 부모가 없는 사람들, 친한 친구나 애인이 없는 사람들에게 마음이 쓰여. 그런 사람들이 병드는 게 걱정돼. 그들의 회복을 돕기 위해 그들에게 무슨 말을 해야 할지 모르겠어. 왜냐하면 내 경우에는 나를 회복시키는 가장 강력한 것들 가운데 하나가 당신과 아이들이었거든. 빌과 대화를 나눴는데, 그는 아내와 아이들이 아니었다면 그냥 포기했을지도 모른다고 말했어. 그의 말이 딱 맞아. 우리들 대다수는 똑같이 느꼈을 거야.

SRO: 어쩌면 자살하는 사람들은 혼자인 사람들인지도 몰라.

MRO: 매일 접촉하는 것도 문제야. 때로는 다른 사람들과 함께 있는 게 상당히 힘들어. 나의 도화선 중 하나는 우리가 침대에서 책을 읽고 있다가 당신이 책갈피를 집으려고 손을 뻗었는데 나는 '젠장, 저쪽 불을 끄려고 하는구나' 하고 생각했을 때였어. 그건 나한테는 나 혼자 밤에 직면한다는 의미야. 다른 사람의 일상생활의 리듬은 양날의 검이 될 수 있어. 한편으로는 아침에 일어나고 밤에 자는 게 어떤 규칙을 유지하게 하지. 하지만 다른 한편으로는 정상이 무엇인지, 인간다운 게 무엇인지, 그리고 자신이 그런 것들에서 얼마나 멀리 떨어져 있는지 생각하게 만들어.

SRO: 그 병의 리듬을 이해하게 되고 당신이 언제 기분이 가라앉는지 알 수 있었을 때 나는 가끔 당신한테 정말 화를 냈어. 당신이 너무 열심히 밀어붙이고, 너무 열심히 일하고, 그러다가 재발하려 하고, 나는 그것이 오고 있는 걸 알 수 있었던 때가 두어 번 있었어.

MRO: 그렇지만 그건 아주 최근이었지?

SRO: 맞아, 당신이 회복되고 있고 그것에서 벗어나고 있었을 때. 당신은 평화를 위태롭게 하고 있었고 나는 당신한테 정말로 화가 났어. 당신은 이런 일을 다시 겪어선 안 되는데도 항상 그래야 하는 것보다 더 빨리 약을 끊기 위해 노력했어. 그건 거의 경쟁과 같았어.

MRO: 밑바닥에 있었던 5~6개월은 의심의 여지 없이 가장 충격적인 시간이었어. 하지만 회복을 향한 단계들이 오히려 더 위험해. 왜냐하면 그건 모두 시행착오거든. 나는 정상으로 돌아가기 위해 노력하고 있는데 거듭거듭 실수를 저질러. 그리고 우리 둘 다 원하는 것을 하는데도 당신은 나한테 계속 화를 내고.

SRO: 그건 어려운 문제야. 나는 모든 걸 관리하고 있었어. 우리는 어떤 대단한 일도 하지 않았어. 나는 책임자였어. 그래서 나는 당신에게 그런 결정들을 할 권리가 없다고 느꼈어. 하지만 물론 당신에겐 그럴 권리가 있었지. 처음 카운슬러를 만나러 갔을 때 그녀가 "당신은 운전대를 이렇게 꽉 붙잡고 있어요. 등도 구부리고 있고. 나는 당신이 손을 조심스럽게 놓을 수 있도록 노력하고 도울 거고, 당신은 차가 충돌하지 않는다는 걸 알게 될 거예요"라고 말했던 게 기억나.

당신 어머니도 대단하셨지. 내 곁에는 그분의 끊임없는 지지의 목소리가 있었어. 우리 부모님은 그걸 힘들어하셨어. 부모님은 나를, 그리고 당신을 몹시 걱정하셨어. 그리고 즉시 와주시기도 했고. 하지만 계속 무슨 일이 일어나는 거냐고 물으셨지. 우리가 어떻게 대처할까? 당신이 재발할 때마다 나는 어머니하고 통화를 했어. 그건 어머니한테는 끔찍한 상황이었지. 딸이 전화기 너머에서 자신을 향해 흐느끼고 있으니. 어머니한테 이렇게 말한 게 기억나. "내가 대처할 수 있을 거라고 생각하지 않아요." 어머니는 말했지. "글쎄, 넌 할 거야. 잘할 거야."

MRO: 사람들은 모든 종류의 기이한 일에 대처하지. 그건 대개 여러 달이 걸리는 것 같아. 대처라는 게 단 하루에 할 수 있는 일이 아니니까. 그건 인생을 바꾸는 과정이고 오랜 동안 겪게 되지. 그러고 나면 좀더 많은 주름과 회색 머리칼, 그리고 뱃살처럼 두둑해진 경험과 함께 다른 세상을 맞게 되는 거야.

SRO: 일은 나한테 정말 중요했어. 내가 실수를 저질렀다고 생각했던 때가 있었어. 불과 몇 개월 전에 회사를 세웠던 거지. 그리고 나는 '여기에 우선순위를 잘못 둔 걸까? 아이 셋과 건강이 안 좋은 남편이 있는데' 하고 생각했어. 나는 어머니한테 물었고, 어머니는 아니라고, 계속 나아가지 않으면 안 된다고 말했어.

MRO: 아버지도 똑같이 말했어. 언젠가 가장 암울했던 때 아버지하고 이야기를 나눴거든. 아버지는 네가 무슨 생각을 하든 난 신경 안 쓴다, 샤론은 계속 일을 해야 한다, 그건 가정생활의 중추다, 샤론이 일을 포기하면 넌 완전히 네 안으로만 초점을 맞출 거다,

하고 말했어.

SRO: 그 당시에는 묘한 기분이었어. 아침에 기차에 올라 당신을 보지 않아도 된다고 생각하는 게 가장 좋았어. 그게 정말 힘들었으니까. 당신 곁에 있는 게 정말 힘들었어.

MRO: 내가 당신한테 전화를 하곤…

SRO: 그래, 당신은 꼭 그래야만 할 때를 빼곤 나한테 절대 전화를 하지 않지. 그리고 나는 당신이 '여보세요' 하는 걸 듣고 좋은 날인지 나쁜 날인지 판단할 수 있었어. 하지만 일반적으로 당신이 나한테 전화를 하면 그건 나쁜 날이었어. 당신은 "뭘 해야 할지 모르겠어, 앞으로 몇 시간을 어떻게 견뎌야 할지 모르겠어"라고 말하곤 했지. 하지만 당신을 놔두고 갈 수 없다고 느낀 날은 많지 않았어. 우린 몇 번 점심 때 당신 아버지를 불러 모시기도 했어. 그리고 스파키하고 팀도 나한테 전화해서 자기들이 와주길 원하느냐고 묻곤 했어. 그들은 신경을 많이 써줬고, 진짜 도움이 됐어.

하지만 나는 그것이 어느 누구에게도 일어나지 않았으면 좋겠어. 그건 끔찍한, 정말 끔찍한 일이야.

MRO: 당신은 그걸 다시 겪고 싶지 않을 거야. 하지만 그것이 다시 일어나면 이번에는 다를까?

SRO: 그 병의 특성상 다를 수 있을 거야. 나는 한 번도 처음 그랬던 것만큼 절망적으로 느껴지진 않는다는 사실에서 용기를 얻곤 했어. 나빠질 수도 있을 거라 생각해. 결코 회복되지 않을지도 모르고. 하지만 이제 우리는 그것을 우리 삶 속에 받아들였다고 생각해. 그래서 우리는 그것이 다시 일어나게 하지 않을 거야.

내가 좀 좋아졌을 때 휘파람으로 불곤 하는 쳇 베이커^{Chet Baker}의 노래가 있다. 「모든 일이 내게 일어난다」^{Everything Happens to Me}. 애잔한 노래다. 제목은 양쪽 모두로 이해할 수 있다. 나쁜 일이 일어날 수도, 좋은 일이 일어날 수도 있다. 어떤 일이 일어날지 누가 안단 말인가?

나는 집을 향해 언덕을 올라가고 있다. 지구의 생명을 위한 완벽한 온도를 찾으려는 영광스러운 실험의 일환인 양 황금빛의 9월 태양이 쏟아져 내린다. 나는 최근에 은퇴한 오랜 지인과 갑자기 마주친다. 우리는 정원 가꾸기와 그의 손주들과 일과 여가에 대해 이야기한다. 그런 뒤 나는 컨디션이 좋지 않았다고 말한다.

"알아." 그가 말한다. 그는 나에게 야간 근무를 하고, 이른 시간에 M3 고속도로를 질주하고, 네다섯 시간의 잠으로 만족하던 1980년대 중반 어떻게 비슷한 일을 겪었는지 이야기한다. "대처가 집권하던 때였거든. 나는 생각했지. 그녀가 할 수 있다면 나라고 왜 못해?" 하지만 그 모든 것이 흐트러지기 시작했고, 그는 처음부터 다시 쌓아올려야 했다.

"가장 중요한 건 받아들이는 거야." 그가 말한다.

그의 말은 오랫동안 나와 함께하고 있다. 가장 중요한 것은 받아들이는 것이다. 그것은 나는 나이고 너는 너이고 우리는 둘 다 정말로 괜찮다는 것이다. 우리는 최선을 다해 할 수 있는 것을 하지만, 아무리 많이 고민하거나 분투하거나 바라거나 생각하거나 시도해도 우리 통제 밖의 상황을 바꾸지 못할 것임을 받아들여야 한다. 사실 우리가 그러한 것들에 쏟는 엄청난 에너지와 고통은 단지 상황을 더 악화시킬 뿐이다.

자주 인용되는 사례는 노예 에픽테토스^{Epictetus}(그리스 철학자. 노예 신분이었으나 스토아 학파의 사상을 정립했다)의 경우다. 그는 주인에 의해 쇠사슬이 채워졌지만 풀려고 노력하지 않았다. 그는 피부를 금속 잠금장치에 비벼대며 벗어나려고 해봐야 오히려 자신을 다치게만 한다는 것을 알았다. 만일 당신이 쇠사슬에 묶여 있다면 자유를 얻기 위해 애쓰다 다리를 부러뜨려서 상황을 악화시키지 마라. 받아들여라. 비가 퍼붓는데 피신처에서 몸을 웅크리고 있다면, 물에 젖는 것이 얼마나 나쁠지 또는 해가 반짝이면 얼마나 좋을지에 관해 고민하지 마라. 그냥 물에 젖어 그게 정말 어떤 기분인지 겪어봐라. 그것이 이 병에 관한 근본적인 진리, 내가 이제야 겨우 이해하게 된 역설이다. 즉, 결코 제대로 좋아지지 않을 것임을 진정으로 받아들일 때 비로소 회복이 찾아온다. 자신에게 모든 것이 다 끝났다고 말하자마자 당신은 재발한다.

친구가 몇 주 전에 죽었다. 그는 잠시 병을 앓았지만, 그것은 전혀 위로가 되지 않는다. 그는 마흔네살이었고, 그들 가족을 향해 무한한 가능성이 열려 있는 찬란한 나이의 두 아이가 있었다.

그가 죽은 뒤 얼마 되지 않아 그의 아내는 남편 케빈이 자신의 끔찍한 병에 대해 결코 "왜 나야?"라고 말하지 않았다고 이야기한다. 대신 그는 항상 "왜 내가 아니겠어?"라고 말했다. 그것은 그가 없는 세상이 왜 더 초라한지에 대한 명쾌한 예다. 탓하고, 잘못을 찾고, 우리의 통제 밖에 있는 환경을 한탄하는 것이 인간의 성향이다. 사실상, 케빈이 분명하게 표현한 것은 이런 성향과 정반대였다. 즉, 우리는 우리가 얼마나 불행한지 불평해서는 안 된다. 우리는 우리가 얼마나 건강한지 축하해야 한다. 우리는 우리 존재의 기이하고 불안정한 본성에 대해, 태양계 내 지구가 차지한 믿기지 않는 기하학적 위치에 대해, 70억 인구가 매일 살아갈 수 있게 하는 섬세한 동물학적 균형에 대해, 이 책을 읽는 모든 사람들이 천 년 또는 백 년 전이 아니라 지금 이 시대에 태어날 수 있었던 뜻밖의 행운에 대해, 우리들 대부분을 치명적인 병이나 잔인한 악행이나 자연의 우여곡절로부터 피하게 해준 끊임없는 행운에 대해 매일, 매 순간, 중단 없이 경탄해야 한다. 우리의 삶은 기적이다. 우리의 계속되는 행복은 기정사실이 아니라 뜻밖의 엄청난 행운이다. 우리는 비참한 좌절에 고통받을 때가 아니라, 잠에서 깨어나고 세상이 여전히 거기에 있고 우리의 삶이 우리 앞으로 뻗어나가는 놀랄 만큼 믿기지 않는 매일 매일을 향해 "왜 나야?" 하고 물어야 한다.

하강(下降).

하강이 올 거야, 마르코, 기억해둬. 기운이 없고 읽던 책에 집중하지 못하는 하루나 이틀. 피로. 약간의 나른한 무기력, 소화불량, 계속 나오는 방귀. 하품. 조이는 듯한 두통. 주변에 대한 갑작스러운 무관심. 그러고는 잠들지 못하는 첫번째 밤. 불규칙한 집중력. 쇄골에 묻은 블루 코발트처럼 가슴 윗부분에 느껴지는 그 가벼운 공황. 복부의 꾸르륵거림. 생각… 그것이 하강이다. 하강이 올 것이다. 와서 머물러 있을 것이다. 그리고 지나갈 것이다. 모든 것이 그렇게 지나간다.

제임스는 열살이다. 세상에. 나에게 열살 난 아들이 있다. 나는 그 순간을 기념하기 위한 시를 쓰겠다.

완전히 분석해보면
육아를 하는 긴 10년은
때로 무서운 것이었고
심지어 절망적인 것이었다

그것은 분만실에서 시작됐다
우리 둘 모두가 몹시 사랑한 조그만 녀석
우리의 보상이 그렇게 잘 변장할 줄

우리는 알지 못했다

갓난아기들이 졸고 걸음마 뗀 아이들이 소리치는 동안
우리는 까꿍 놀이를 하고 또 했다
그리고 곧 우리는 완전히 가루가 된 10년을
통째로 잃어버렸다

병과 열은 온통 전염되고
짜증은 더없이 난폭하고
아이들 중 누구도 아직 10대가 아니고
그저 조그만 녀석들일 뿐

그럼에도 가장 후줄근한 아빠가 되는 것은
그렇게 나쁘지 않았다
나는 아이들에게 차드의 수도뿐 아니라
더 많은 것들을 가르칠 수 있으니까

사실 아이들을
그렇듯 공손하게 키우는 일은 훌륭했다
특히 너희들이 모두 학교에 있거나
또는 텔레비전으로 방송되는
정말 끝내주는 것을 보고 있을 때

레몬나무는 죽었다. 그것은 몇 달 동안 불행했다. 물론 겨울 동안 안으로 들어와야 했고, 어둠이 발언하기 시작한 지난 연말까지는 거의 늘 생기넘쳐 보였다. 나는 화분에 심고, 영양분을 주고, 야단 법석을 떨어보았지만, 그저 레몬나무를 더 나쁘게만 만드는 것 같았다. 나는 레몬나무를 볕이 드는 곳으로, 들지 않는 곳으로, 더 따뜻한 곳으로 계속 옮겼다. 하지만 소용없었다. 열매는 녹색이었고 딱딱했다. 잎이 떨어지기 시작했다. 처음에는 몇 개씩 떨어지더니 나중에는 한꺼번에 수없이 떨어졌다. 결국 겨우 아홉 개 정도만 남았다. 불길한 비늘 같은 것이 나뭇가지를 휘감고 오르기 시작하며 녹색을 옅은 갈색으로 바꾸어놓았다. 아마 그것은 우울했는지도 모른다. 이것이 소설이었다면 그 나무를 모방하여 자연주의적인 글을 쓸 수 있었을 것이다. 개화하는 나무를 나의 쇠약과 연결하고, 나의 회복을 나무의 죽음과 연결하고. 하지만 이것은 소설이 아니다. 그러니 그러지 말자. 대신 내가 있었고, 나무가 있었다. 우리 중 하나가 죽었다. 나는 그것이 나무여서 기쁘다.

한편 나는 겨울을 잘 보냈다. 그것은 빛과 시계와 오래된 천체가 그리는 곡선과 아무 관계가 없었다. 그것은 단지 나의 것하고만 관계가 있었다. 그게 다다. 나의 것. 그것이 왔고, 잠시, 약간 길게 머물렀다. 어둡고 힘겨운 막간이었다. 그리고 지난 9개월 넘게 그것은 입을 다문 것 같다. 내 증상들은 점점 조용해졌고, 하나씩 사라져갔다. 마침내 그것들은 완전히 침묵하게 되었고, 아무것도 불러일으킬 수 없게 되었다. 차트는 100점에서 계속 수평선을 그렸다. 결국 그럴 거라고 확신했던 대로다. 여전히 가끔씩 일시적인 문제들과 실수들이 있다. 그러나 그것은 100 아니면 0으로 수렴되었다. 내가 지금 추세선을 하나 추가하면 무엇이 진행되었는지 분명해진다. 나는 너무 빨리 회복되려고 했다. 작년 중반의 화가 나는 몇 개월은 모두 내가 너무 많은 것을 너무 빨리 하려 했기 때문이다. 나는 내가 1980년대와 1990년대에 활기찼다고 생각했다. 실은 별로 그렇지 않았지만 말이다. 내가 재발한 것은 당연하다. 우울증은 완전히 떠날 준비가 되기 전에 쫓겨나는 것을 좋아하지 않는다. 회복은 또 하나의 끔찍한 수동형 동사다. 당신은 우울증에서 회복되지 않는다. 회복이 당신을 찾아온다. 완전히 준비되었을 때.

나는 세상에 관심을 기울이고 있다―아름다움, 계절들, 사람들. 나는 제때 생일 선물을 산다. 어떤 경이로움을 느끼며 사과를 먹는다. 서두르지 않는다. 파티에서 나는 결코 특별한 사람이 아니다. 술을 마시긴 하지만 조심스럽게 마신다. 너무 많은 알코올은 나를 계속 깨어 있게 할 것이다. 나는 읽고, 곡을 쓰고, 씨앗을 심는다. 나는 다른 사람들은 물론, 저널리스트의 꿈을 키우게 만든 나의 순수한 관심을 재발견한다. 나는 비록 여유를 두고 잘 대처해야 하지만, 직장에서 쓸모있는 사람이 되는 길을 발견한다. 지난 시절은 내가 기억하는 한 가장 흥미진진한 뉴스 시즌이었다. 나는 다시 거기로 돌아갈 수 있을 만큼

운이 좋았다.

보시다시피, 나는 또한 계속 썼다. 목적을 위한 수단으로가 아니라, 그저 세상과 연을 이어가는 방법으로 글을 썼다. 하지만 당신이 이 책을 읽고 있다면(그럴 거라고 가정할 수밖에 없는데), 그것은 내가 또한 이 책을 출간했다는 뜻이고, 그것은 구름을 드리울 수도 있는 요소다. 사실 이제는 구름이 전혀 없는 것 같다. 모든 것이 하나의 빛나는 커다란 금빛 후광이다.

육아에서도 최고의 해를 보내고 있다. 더이상 아기가 아니지만, 아직 10대는 아닌 세 꼬마들. 나는 아이들에게 독재자와 다이아몬드와 재즈와 세금에 관해, 악센트와 신화와 모스크바와 1970년대에 관해 이야기하고, 아이들은 그것들을 스펀지처럼 빨아들인다. 나는 아이들에게 신경쇠약과 우울증과 회복에 관해 이야기하고, 아이들은 진지하게 고개를 끄덕인다. 나는 아이들에게 아랍 세계의 격변에 대해 들려주고, 아이들은 무바라크(이집트의 전 대통령으로 2011년 시민들의 시위로 하야함)의 축출을 재현한다("아냐, 내가 경찰이야, 너희는 시민이야!"). 우리는 목욕 시간에 휘파람 불기 게임을 하고, 에드워드가 목욕 수건으로 스스로를 물고문하듯 장난치는 것을 보며 웃는다. 우리는 공원에서 진이 빠질 때까지 트라이풋을 하고, 행복하게 잔디밭에 누워 하늘을 올려다보며 하늘이 어디에서 끝나는지, 가장자리 너머에서는 무슨 일이 일어나는지 서로에게 묻는다. 우리는 수도 맞히기와 '어떤 나라 옆에 어떤 나라가 있게?'와 '플레이 유어 카드 라이트'^{Play Your Cards Right}(퀴즈쇼 형식의 영국 TV프로그램)를 한다. 우리는 학교에서 돌아오는 길에 쓰레기를 줍는다. 우리는 에드워드가 악센트를 완벽히 곁들여 「스펀지밥」^{SpongeBob}(미국 TV애니메이션 시리즈)의 에피소드 전체를 이야기하는 것을 듣는다. 우리는 제이니가 차 안에서 운전석의 페달들을 가리키며 "운전하려면 다리가 세 개 필요해요?" 하고 말할 때 웃는다. 우리는 서로에게 상상력 발휘 수수께끼를 낸다. (나는 다음의 수수께끼가 마음에 든다. '한 남자가 도서관에서 마지막 근무를 하고 있다. 그는 은퇴하거나 다른 직장으로 옮기지 않지만, 내몰리는 것에 대해서는 불만족스럽다. 왜일까?' 아들 녀석들은 답을 얻는 데 20분이 걸린다. 힌트를 더 원한다면 내 트위터〔@markriceoxley69〕로 문의할 것.)

우리는 제멋대로 퍼져나가는, 무작위적인, 초현실적인 대화를 나눈다.

"아빠, 세계를 일주하려면 얼마나 오래 걸려요?"

"어떻게 가느냐에 따라 다르지."

"비행기로 가면?"

"음, 스물네 시간."

"차로 가면?"

"글쎄, 한 달, 어쩌면 두 달."

"걸어서 가면?"

"어이쿠, 모르겠는데, 2년?"

"울타리로는 어때요?"

"울타리로?"

"모자로는?"

"너희 지금 바보 같은 소리만 하고 있잖아."

"메뚜기로는 어때요?"

나는 아이들에게 살아 있음의 기쁨을 몇 가지 보여준다. 멋진 광경, 절묘한 코드 변화, 타오르는 불, 블랙베리. 아이들에게 이런 것들을 보여주고, 아이들이 면밀히 살피는 동안 나는 아이들을 관찰한다. 아이들이 미소를 짓거나, 놀라운 것을 보고 눈을 동그랗게 뜨거나, 내 도움으로 뭔가를 갑작스럽게 이해하는 순간 얼굴의 긴장이 풀릴 때, 나는 이제껏 그 어떤 사람이 느꼈던 것보다 더한 행복을 느낀다. 그리고 모든 것이 가치가 있었음을 깨닫는다.

이게 다야? 나는 묻는다, 나 자신에게, 그 병에게, 세상에게. 그리고 나는 답을 안다.

아니다.

절대 아니다.

하지만 더이상 상관없다.

옮긴이의 말

마흔이 되기 전까지는 나 역시 운이 좋은 편이었다. 이 책의 저자가 근무한 『가디언』같은 세계적인 언론사는 아니지만, 적어도 우리나라에서는 꽤 명망있는 출판사에 들어가 편집자로서 좋은 책들을 만들 수 있었기 때문이다. 30대를 돌아보면 그저 감사할 뿐이다. 점잖은 선배들과 깍듯하고 총명한 후배들, 이름 석 자만 대도 알 만한 필자들에다 출간하는 족족 반향을 일으키는 책들 덕분에 나는 어깨가 으쓱할 수밖에 없었다. 결혼생활도 큰 싸움 한번 없이 순탄했으며 비록 하나지만 귀여운 아이가 있어 시간가는 줄 몰랐다.

그런데 딱 마흔이 되었을 때, 뭔가 이상한 조짐들이 나타났다. 우선 내 직업에 처음으로 중압감이 밀려왔다. 편집자란 직업은 뭐랄까, 늘 어딘가에 끼어 있는 존재에 가깝다. 세상에 나서고 싶어하는 필자와 그런 욕망 따위엔 아무 관심 없는 듯 냉담한 독자들. 편집자는 그 사이에서 예리한 균형감각을 발휘해야 한다. 필자를 조율하는 한편, 독자를 고무해야 하는 이중적인 상황 속에서 나는 알게 모르게 스트레스를 많이 받았다. 수천, 수만에 이르는 독자의 날카로운 눈을 생각하다보면 원고를 엄정하게 볼 수밖에 없었는데, 그러다보면 필자들의 항의에 부딪혔다. 애써 고친 원고를 필자의 불호령에 다시 원래대로 돌려놓을 때마다(물론 대부분의 필자들은 편집자의 수정 제안을 흔쾌히 받아들인다), 나는 이게 무슨 짓인가 내심 자조에 빠지지 않을 수 없었다. 한창 때라 그런지 일에 대한 욕심도 상당했던 듯싶다. 마흔에 팀장 자리에 올랐지만 나는 거기에 만족하지 못했다. 내고 싶은 책을 마음대로 기획하고 싶었다. 그런데 층층이 쌓인 조직의 서열이 너무 답답해 보였다. 결국 나는 회사에 사표를 내고 말았다.

1인출판사를 한답시고 덜렁 사무실을 냈으나 아무 대책 없이 뛰쳐나왔으니 막상 낼 책이 없었다. 일산의 한 오피스텔 옥상에 올라가 무심한 하늘을 보고 있자니 눈물이 다 났다. 내가 먹여살려야 하는 가족이 있는데, 당장 들어오는 돈 한푼이 없으니 눈앞이 캄캄했다. 결국 보험을 깨서 당분간의 생활비에 보탰다. 내 인생 처음으로 그냥 폼잡는 우울이 아니라, 제대로 된 우울이 밀려왔다. 그러던 때 『가디언』지 서평란을 뒤지다가 찾아낸 책이 바로 이 책 『마흔통』(원제 '레몬트리 아래서' *Underneath the Lemon Tree*)이었다.

저자 마크 라이스-옥슬리의 우울 증세는 나와 비교될 수 없을 정도로 심각하다. 나는 우울하기는 했지만 항우울제나 수면제 없이도 견딜 만했고 자살충동 같은 것은 거의 없었다. 책을 못 읽을 정도는 아니었고 좋아하는 음악도 여전히 잘 들었으며 일에도 큰 지장은 없었다. 그러나 나는 이 책을 읽으면서 깊은 공감을 느꼈다. 비록 내가 우울증은 아니더라도 거의 그와 유사한 심리 상태에 이르렀음을 알 수 있었기 때문이다.

가령, 저자처럼 나도 모든 것이 부러웠다. 정말 지나가는 사람들만 봐도 부러웠다. '저들은 나와 달라. 적어도 월급 걱정은 안하겠지.' 그런 생각이 꼬리를 물고 이어졌다. 퇴근 무렵 관공서를 나오는 직장인들을 볼 때면 부러운 나머지 거의 눈을 뗄수가 없었다. 그래서 저자가 "모두가 부럽다. 우리 아이들마저 부럽다"고 할 때의 그 눈물겨운 마음 상태를 조금은 이해할 수 있을 거 같았고, 그런 저자의 모습에서 동병상련의 연민을 느꼈다.

또 하나는 직장에서의 일과 경쟁이다. 그 전까지는 일을 즐기는 편이었는데 마흔 무렵이 되자 모든 게 버겁게 다가오기 시작했다. 팀장이라는 감투를 달자 회사가 요구하는 능력도 더욱 커졌다. 일을 잘해야 하는 것은 물론 부하 직원과의 관계도 매끄러워야 했다. 회사는 더욱 뛰어난 성과를 요구하는데, 그걸 다 따라가려니 내 감정의 소모가 너무 컸다. 인정을 받으면 받을수록 더 욕심이 나고, 욕심을 키워갈수록 더 불안해졌다. 되돌이켜보면, 그때가 한발 물러설 수 있는 좋은 타이밍이었을 것이다. 그러나 저자가 대처^{Thatcher}의 아이(성과 중심적인 신자유주의 세대)인 것처럼, 나 또한 박정희(묻지마 근대화 시대)의 아이다. 우리는 모두 "단기성과를 내도록 교육받은 세대"로서 물러섬이라든가 희생 같은 가치에 익숙하지 않다. 결국 그런 성향이 우리의 마음을 더욱 메마르게 했으며, 우울의 불씨에 불을 댕겼던 것이다.

결과적으로 저자는 그 불씨에 확 타올랐던 반면, 나는 직장을 그만두면서 위기를 모면했다. 저자는 20대에 모스크바에서 첫 기자생활을 시작해 30대에 보스니아 등지에서 AFP 기자로 활동하다 드디어 세계적인 언론사 『가디언』에 입사했다. 하지만 마흔살이 되는 생일에 저자는 우울증에 빠져 칩거를 시작한다. 더이상 음악을 들을 수도, 책을 읽을 수도 없다. 그는 공황장애, 불면증, 자살충동에 시달리다 비로소 자신에게 무슨 일이 벌어졌는지를 깨닫는다.

이 아름다우면서도 감동적인 고통의 기록에서 마크 라이스-옥슬리는 지독한 우울증의 기억을 파헤치는 동시에 의학적 치료, 명상, 마음챙김에 이르는 유용한 치료법들을 소개한다. 의사, 심리치료사, 환자와 친구들을 인터뷰하면서 그는 자신의 삶을 낱낱이 파고들 뿐 아니라 우울증이 일과 가족에 미친 끔찍한 결과들을 솔직하게 고백한다.

암이나 뇌졸중 같은 질병이 누구에게나 찾아올 수 있는 것처럼, 우울증 역시 불시에 우리를 무너뜨릴 수 있다는 사실을 나는 이 책을 읽으면서 깨달았다. 무엇보다, 그것을 피해가기에는 시대가 너무 악하다. 저자의 말처럼, 우리는 "목표 지향적이고, 자아 중심적이고, 조급하고, 분명하고, 자만심이 강하고, 풍요롭고, 소유욕이 강한 존재로 키워졌다. 어떤 일에든 인내심이나 복종, 희생, 개방성이 필요하다고 가르쳐준 이는 아무도 없었다." 저자와 거의 같은 시대를 살아온 동시대인이자 현재 중년의 한가운데를 통과하는 사람으로서, 이 책은 지금의 나의 생활과 정신건강을 되돌아보는 값진 체험을 전해주었다. 우울증의 변방까지 다녀온 나는, 이 책이 던져준 따뜻한 위로와 솔직한 고백에서 많은 도움을 받았다.

역자로서 이처럼 아름답고 유머러스하며 지적이고 감성에 찬 책을 번역한 것을 큰 행운으로 생각한다. 우울증의 시작과 끝을 잔잔하게 그려낸 한편의 수기이자 에세이로서도 뛰어나지만, 그 증세의 사회적 의미와 의학적 현황을 파헤친 르포로서도 손색이 없는 책이다. 우울증이 얼마나 무서운 병이며 또한 그 극복을 위해 어떤 과정을 거쳐야 하는지를 가감없이 서

술한 이 책이 현재 이 증세로 아픔을 겪는 분들뿐 아니라, 중년을 통과하며 마음의 병을 심하게 앓는 분들에게까지 도움이 되리라 확신한다.

　이 책의 앞부분(처음~9장)은 박명준 선생님이, 그리고 뒷부분(10장~끝)은 필자(안병률)가 각각 번역했다. 뒷부분 번역의 일부는 채세진 선생님의 도움을 받았다. 가장 많은 부분을 유려한 문체로 번역해주신 박명준 선생님이 옮긴이의 말을 써야 마땅하지만, 이 책을 기획했다는 이유로 필자가 옮긴이 대표로 글을 썼다. 두 분 선생님께 깊은 감사를 드리고, 아울러 나의 40대 초반, 어려운 시절을 잘 참고 견뎌준 아내와 아들에게 이 자리를 빌려 감사의 인사를 전한다. 이 책을 읽게 될 누구든 용기를 잃지 말고, 지금 처한 고통에서 어서 회복되기를 기원한다.

2016년 10월

옮긴이를 대표하여

안병률

마흔통

초판 1쇄 발행 2016년 11월 5일

지은이 마크 라이스-옥슬리
옮긴이 박명준 · 안병률
펴낸이 안병률
펴낸곳 북인더갭
등록 제396-2010-000040호
주소 410-906 경기도 고양시 일산동구 고봉로 20-32, B동 617호
전화 031-901-8268
팩스 031-901-8280
홈페이지 www.bookinthegap.com
이메일 mokdong70@hanmail.net

ⓒ 북인더갭 2016
ISBN 979-11-85359-15-1 03180

이 도서의 국립중앙도서관 출판예정도서목록(CIP)은
서지정보유통지원시스템 홈페이지(http://seoji.nl.go.kr)와
국가자료공동목록시스템(http://www.nl.go.kr/kolisnet)에서 이용하실 수 있습니다.
(CIP제어번호: CIP2016025106)